La
biblioteca
del **guripa**

Edita: Vicente J. Sanjuán Sanjuán
        C/ Carrascar de Parcent, 24-9
        03530 La Nucía (Alicante)
        www.labibliotecadelguripa.es
        contabilidad@labibliotecadelguripa.es

1ª edición: mayo 2024
© Vicente J. Sanjuán por la presente edición.
© Por el texto Prólogo: Carlos Caballero Jurado.
© Por el texto Del palmeral a la estepa: Jesús Antonio Rueda Cuenca.
© Por las fotografías: Archivos familiares, Cátedra Pedro de Ibarra / Universidad
        Miguel Hernández, Jesús Antonio Rueda Cuenca.
© Vicente Blanes por diseño, maquetación y artes finales para imprenta.
© Gráficas Azorín S.L por la impresión y encuadernación.

ISBN: 978-84-128202-1-8
Depósito Legal: A 164-2024

Impreso en Gráficas Azorín S.L
Impreso en España

DEL PALMERAL A LA ESTEPA

ILICITANOS EN LA DIVISIÓN AZUL

Jesús A. Rueda Cuenca

Prólogo de Carlos Caballero Jurado

ÍNDICE

PRÓLOGO

El episodio histórico de la División Azul, pese a que se trata de un fenómeno que duró poco más de dos años, ya que en total pasaron por ella solo unas decenas de miles de hombres, mantiene una, a primera vista sorprendente presencia en el mundo de las publicaciones de tema histórico. El número de libros y artículos que se le dedica, lejos de disminuir, aumenta cada año que pasa.

Pero, a poco que nos fijemos, este hecho no tiene nada de raro. Como epílogo que fue de la Guerra Civil Española -un tema que sigue provocando un vivo interés entre nosotros- y como capítulo que forma parte de la II Guerra Mundial -un episodio que sigue dominando abrumadoramente en el ámbito editorial consagrado a la historia contemporánea-, la División Azul sigue siendo objeto de atención para muchos estudiosos, que la analizan desde las más variadas perspectivas.

Pero la cuestión clave al respecto de la División Azul está muy clara: ¿Cómo explicar que casi 45.000 españoles marcharan a combatir a una guerra -la abierta entre Alemania y la Unión Soviética- a cinco mil kilómetros de su Patria y de manera voluntaria?

Sobre esta cuestión ha existido y existe una amplia polémica, absolutamente artificial sin embargo. Porque la documentación, los testimonios y aún el sentido común tienen una respuesta clara y contundente a la cuestión. Se ha pretendido que los divisionarios marcharon a Rusia por los motivos más absurdos, por la paga, por "lavar su pasado", para acortar el servicio militar, forzados desde los cuarteles o sacados de las cárceles. Ni un solo documento de los archivos avala afirmaciones así. No existe ni tan solo un testimonio de un divisionario que afirme eso, y me refiero a testimonio escrito por divisionario, firmado por él, habiéndose verificado la identidad del personaje. Porque escritores que se inventan un divisionario al que presentan como perseguido político al que se fuerza a alistarse, si, de esos hay muchos. Pero cuando se les pregunta a esos autores por el personaje, dicen que son creaciones literarias y que tienen el derecho que les asiste a los literatos a inventar personajes.

Y cuando nos encontramos con personajes como García-Berlanga o Ciges que, en documentales o entrevistas, sostienen afirmaciones de ese tipo, resulta que un análisis de la documentación archivística y hemerográfica les desmiente total y radicalmente. García-Berlanga, por ejemplo, llegado cierto momento de la historia, pasó a afirmar que fue a Rusia para ayudar a su padre preso, pero la historia real de este cineasta en la División Azul es absolutamente distinta.

Y el simple sentido común ya nos da las respuestas más seguras: ¿quién puede creer que el régimen franquista enviara contra su voluntad a muchos de sus enemigos políticos a integrarse en la División Azul? No se les enviaba a realizar trabajos forzados a una colonia penal, sino que se les iba a proveer de modernas armas y municiones, que -ni que decir tiene- podían ser empleadas inmediatamente contra los mandos de la División Azul, como parte de un motín y paso previo a una deserción

Y en la historia de la División Azul, que conocemos con detalle, nunca hubo motín alguno, ni deserción en masa, ni nada similar. Que un puñado de individuos intentaran alistarse con motivos distintos a los de la mayoría de los divisionarios no es más que la excepción que confirma la regla, y el hecho de que en cuanto se detectara un caso así -o se intuyera- el personaje en cuestión fuera devuelto a España es la enésima demostración del carácter ferozmente anticomunista y completamente voluntario de la División Azul.

No es la primera vez que Jesús Rueda se acerca a este tema. El trabajo que consagró al voluntario ilicitano Dositeo Climent fue de hecho una aportación memorable. Porque el diario de Climent, que fue el que Rueda analizó "al microscopio" no cita ni una sola vez las razones que le llevaron a Rusia. La investigación que Jesús realizó sobre el personaje las puso de manifiesto a la perfección. La persecución de la que había sido objeto su familia directa en Elche, y también sus familiares en Játiva -en este caso, mucho más cruel- llevaron a Rusia a un joven que ni tenía vocación de mercenario, ni necesitaba un sueldo, ni deseaba ver mundo, ni quería abrirse paso en la política, etc., etc. Ninguna de las "razones" que algunos alegan fueron las que empujaron a Rusia a los voluntarios de la División Azul se cumple en el caso de Climent.

Quienes habían tratado con tal crueldad a su familia alardeaban de su vocación revolucionaria y de que era desde la Rusia soviética desde donde les venía la inspiración. Aquel espantoso régimen que fue la Unión Soviética, que no por casualidad cayó por implosión, tras largas décadas de miseria, mentira y terror, ya era sentido en 1941 por miles de españoles como el principal enemigo de la humanidad. Stalin -al que tantos en España quisieron ver como "faro de la humanidad progresista y avanzada"- asentaba su poder sobre la mayor máquina de terror de la historia, que después sería emulada por Mao, por el camboyano Pol Pot y aún hoy por un esperpéntico dictador norcoreano, que encarna la tercera generación de una dinastía de psicópatas, que mantiene a su pueblo en la miseria mientras se pertrecha con misiles intercontinentales y bombas atómicas. Si, ese es el Stalin de hoy, que emula al dictador soviético que, en 1941 disponía ya de más tanques, aviones de combate y cañones de artillería que el resto de los ejércitos del mundo juntos.

Ahora Jesús ha ampliado el campo de su investigación. Ya no es una sola persona, sino un conjunto mucho más amplio, el de los voluntarios para la campaña de Rusia nacidos en Elche o vinculados con esta ciudad. Son ya numerosos los estudios "territoriales" sobre los voluntarios de la División Azul. Hay estudios cuyo marco es toda una región (Aragón, Extremadura, Canarias), muchos más que han establecido los límites de una provincia como campo de estudio (Baleares, Ciudad Real, Lérida, Santander, Toledo, Murcia, Burgos, Huelva) y no faltan los que analizan escenarios comarcales (El Bierzo, por ejemplo) y aún locales (Miranda de Duero, por citar un caso).

La provincia de Alicante no ha sido objeto aún de un estudio global sobre sus voluntarios en la campaña de Rusia, pero hay excelentes aportaciones a nivel local sobre los voluntarios de Sax, Torrevieja, Monóvar e Ibi, debidas respectivamente a José Antonio Sáez López, Francisco Rebollo Ortega, Lorenzo Vidal Guardiola y Armando Giménez Gisbert. Este de Jesús Rueda, es el más ambicioso, dado que el número de divisionarios estudiados es mayor.

Y las conclusiones a las que llega Jesús son las mismas a las que han llegado estos cuatro estudiosos citados anteriormente. Los motivos reales de los voluntarios, no tienen nada que ver con lo que persistentes campañas de propaganda intentan hacernos creer. En esencia fueron dos, que en muchos casos se daban a la vez en la misma persona: haber sufrido en primera persona o en el ámbito familiar la violencia política ejercida de manera sistemática y premeditada por las fuerzas políticas encuadradas en el Frente Popular; y no haber podido combatir durante la Guerra Civil con las armas en la mano contra las ideologías que alimentaban el Frente Popular, especialmente el marxismo.

Con esta nueva aportación, Jesús Rueda se acredita como el historiador de raza que es, y nos recuerda que tenemos una asignatura pendiente: estudiar al conjunto de los voluntarios alicantinos de la División Azul.

Carlos Caballero Jurado

ABREVIATURAS

A.C.M. = Acción Cívica de la Mujer
A.G.M.Av. = Archivo General Militar de Ávila.
A.H.M.E. = Archivo Histórico Municipal de Elche.
Artill. = Artillería.
Bia. = Batería.
Bon. = Batallón.
C.E.D.A. = Confederación Española de Derechas Autónomas.
Cia. = Compañía.
C.N.S. = Confederación Nacional de Sindicatos (Falangista).
C.N.T. = Confederación Nacional del Trabajo (Anarquista).
C.P.I.U.M.H.E. = Cátedra Pedro Ibarra de la Universidad Miguel Hernández de Elche.
D.A. = División Azul.
D.I. = Derecha Ilicitana.
F.D.A. = Fundación División Azul.
F.E.T. = Falange Española Tradicionalista.
F.E.T./F.E.T.- J.O.N.S. = Falange Española Tradicionalista y de las Juntas de Ofensiva Nacional-Sindicalista.
G.A.N. = Glorioso Alzamiento Nacional.
G.C.E. = Guerra Civil Española
H.D.A. = Hermandad de la División Azul.
Infant. = Infantería.

Ingen. = Ingenieros.

J.A.P. = Juventudes de Acción Popular.

N.K.V.D.= Comisariado del Pueblo para Asuntos Internos soviético.

O.K.W.= Oberkommando der Wehrmacht, Mando Supremo del Ejército Alemán.

O.K.H.= Oberkommando der Heer, Mando Supremo del Ejército de Tierra Alemán.

O.K.L. = Oberkommando der Luftwaffe, Mando Supremo del Ejército del Aire Alemán.

O.K.K. = Oberkommando der Kriegsmarine, Mando Supremo de la Armada Alemana.

P.C.E. = Partido Comunista de España.

P.S.O.E. = Partido Socialista Obrero Español.

P.R.R.S. = Partido Republicano Radical Socialista.

Rgt°. = Regimiento.

U.G.T.= Unión General de Trabajadores (Socialista).

U.M.H.E.= Universidad Miguel Hernández de Elche.

U.P.= Unión Patriótica del General Primo de Rivera.

Zap. = Zapadores.

PROEMIO

He escrito este libro con la finalidad de contribuir, si quiera modestamente, a ir rellenando los huecos que quedan aún pendientes en la historiografía de la conocida como División Azul

La abundante literatura que existe sobre ella puede dividirse en varios grupos, en función del aspecto concreto que venga cada uno de ellos a tratar; sirva como muestra la categorización que hizo en su momento Carlos Caballero, (Caballero Jurado, 2017), quien estratificó las historias globales de la División Azul desde diversas perspectivas, a saber:

a).- Estudios sobre alguno de los cuerpos militares que formaron parte de ella.

b).- Estudios exhaustivos de diversos hechos de armas y ciclos de combate protagonizados por ella.

c).- Estudios de ámbito regional o local sobre los voluntarios.

d).- Ediciones de obras inéditas de autores divisionarios.

e).- Estudios en torno a la situación internacional del momento.

f).- Estudios sobre diversos colectivos.

g).- Aspectos intrínsecamente militares.

h).- Obras divulgadoras y biografías de divisionarios.

Podría incluso añadirse una categoría más, la de historias noveladas de divisionarios.

De forma más sucinta y siguiendo el esquema clásico, podríamos dividir esta literatura en dos raíces fundamentales, fuentes primarias y fuentes secundarias, que se pueden dividir, a su vez, en otra variedad de subgéneros: los relatos autobiográficos y las memorias: los primeros vienen en recordar el día a día, la cotidianeidad del autor; los segundos, conservan los sentimientos; la mayoría de ellos salieron de la mano de sus propios actores, algunos lo fueron por intermedio de algún amanuense, escritos tiempo después del regreso, en tono íntimo, a modo de confesión, por y para uno mismo, como intentando abrir la puerta de salida a un sentimiento latente en el fondo del propio yo, allá en las profundidades del subconsciente, que necesitara salir al exterior para conceder la paz y el sosiego, que no el olvido, al ex combatiente, bajo el rescoldo del amargor de lo que no pudo ser; son recuerdos emborronados, de bordes romos, difuminados, que traducen valores de entrega, generosidad, abnegación, camaradería, sacrificio; son narraciones que reflejan multitud de matices de la vida cotidiana, a veces incluso en tono jovial y desenfadado, omitiendo voluntariamente la angustia previa al combate, las penalidades de la guerra, la duda sobre un mañana que quizás no llegase.

Este análisis, esta descomposición en partes, nos da una idea de la multitud y variedad de la literatura vertida sobre esta unidad militar española y su epopeya en la estepa rusa; y la abundancia de publicaciones, tanto en libros como en artículos de revistas, especializadas o no, pone de manifiesto la importancia y actualidad de la actuación de la División Azul.

Con mayor o menor acierto y rigor, dentro del apartado c) vienen proliferando (en los demás, también), las publicaciones circunscritas a ámbitos lo corregionales determinados: Murcia (Torres García, 2014); Islas Baleares (Negreira Parets, 2011 y 2022); Ciudad Real (Céspedes, 2023); Cantabria, (Puente Fernández, 2012); Cataluña (Oriente Coromina, 2022); Almería (Viciana Martínez-Lage, 2018); Huelva (Pérez Maestre, 2008, y Ramírez Copeiro, 2023); Toledo (López-Covarrubias, 2012); Canarias (Jiménez Soto, 2015); Burgos (Hernando Arribas, 2023); Extremadura (Gragera & Infantes, 2010); Aragón (Palacio Pilacés, 2013); Palencia (Arconada, 2016); Gerona (Gay, 2002); Vigo, en la provincia de Pontevedra (Abad, 2005); Miranda de Ebro, de la provincia de Burgos, (Fernandez López, 2016); Hijar, de la provincia de-Teruel (Ferrer Mirasol, 2003), etc.. Esta lista no es exhaustiva, pero aún quedan muchos huecos por rellenar, y este estudio pretende ocupar el espacio que le correspondería a una ciudad, como es Elche.

Ciudad eminentemente industrial, pivotando su riqueza sobre la fabricación de calzado, sin desdeñar facetas del sector primario, ha sido tradicionalmente una población de tendencia socialista; apenas colaboró con la Dictadura de Primo de Rivera, (Rueda Cuenca, 2017) apoyó sin reservas la sublevación de 1930 en Jaca (uno de los oficiales sublevados, el alférez Campos, era natural de Elche), dio el poder a socialistas y republicanos en las elecciones de 1931, proclamando la República desde el primer momento; la alcaldía estuvo en manos socialistas todo el periodo de vigencia de esta, a excepción del intervalo en que una gestora sustituyó al ayuntamiento, por mandato gubernativo durante el bienio de derechas. En febrero de 1936 volvieron los partidos de izquierdas al poder local, principalmente el P.S.O.E. de modo hegemónico; en esos momentos el partido comunista no era ni siquiera testimonial (Martínez Leal, 2005).

Con la transición a la democracia, el partido socialista ha ocupado la alcaldía en todas las legislaturas, a excepción de la 2011-2015, que la ocupó el Partido Popular, hasta mayo de 2023, que volvió este partido a las tareas de gobierno local.

Desde el 1º de abril de 1939 hasta entonces, el gobierno local, llamado ayuntamiento o gestora, estuvo siempre en manos falangistas; la primera corporación de postguerra, bajo control del capitán honorario del Cuerpo Jurídico Militar Luciano Sánchez González, se constituyó el día 6, con Santiago Canales Mira-Perceval como alcalde, y Federico Fenoll Follana, Juan Castaño Martínez, Manuel Antón Mateu, Sebastián Guirao Ruiz, Antonio Antón Mollá, Antonio Gras Maciá, José Botella Sánchez, Juan Más Aznar, Marcelino Sánchez Verdete, Francisco López Santos y José Tormo Pérez.

Nombre del alcalde	Inicio mandato	Fin mandato
Santiago CANALES MIRA-PERCEVAL	Abril 1939	Octubre 1940
Antonio MÁS ESTEVE	Octubre 1940	Mayo 1942
Jesús MELENDRO ALMELA	Mayo 1942	Diciembre 1946
Rogelio FENOLL TARÍ	Marzo 1947	Enero 1948
Tomás SEMPERE IRLES	Enero 1948	Noviembre 1954
Porfirio PASCUAL PASCUAL	Febrero 1955	Enero 1957
Francisco PICÓ IBARRA (accidental)	Enero 1957	Marzo 1957
José FERRÁNDEZ CRUZ	Marzo 1957	Febrero 1961
Francisco FLUXÁ MOLLA (accidental)	Noviembre 1960	Enero 1961
Luis CHORRO JUAN	Febrero 1961	Octubre 1966
Vicente QUILES FUENTES	Octubre 1966	Abril 1979

En abril de 1979 tuvieron lugar las elecciones democráticas que llevaron a la alcaldía al socialista Ramón Pastor Castell.

Vaya por delante que este no es un libro de política, sino de historia; en él no se va a atacar a unos, aunque sí se va a defender, con la palabra, a otros que, equivocados o acertados, dieron lo mejor de sí mismos por defender una idea e implantar un sistema de convivencia que consideraban mejor; no se juzga a nada ni a nadie; solo se expone, serenamente, una decisión, unas razones, unos hechos y unas consecuencias, sin el más mínimo animus injurandi, ni para unos ni para otros. Si alguien, llegado este punto, cree que voy a justificar una desgraciadamente amplia sucesión de hechos ocurridos en España, antes, durante y después de la guerra, ya le digo que no lo voy a hacer; ni voy condenar a la República, ni a hacer apología del franquismo. Explicar, exponer, no es justificar ni aprobar; ya decía Enrique Moradiellos, historiador de tendencia nada equívoca, que hablar bien de Franco no te hace necesariamente franquista; en el relato va a ser imprescindible reflejar una buena parte de tales sucesos, que van a dar motivo, o cuerpo de razón a ciertas decisiones individuales; reconozco que para construir este entramado, solo se necesita mirar hacia un lado, y eso, puede, en cierta medida, comprometer la imparcialidad; una parte considerable de los voluntarios de la División Azul se alistó para luchar contra el comunismo en su lugar de origen y punto de expansión, como réplica a las actividades de los comunistas, tanto españoles como extranjeros, sobre todo, rusos, durante el periodo febrero 1936-marzo 1939; es de destacar que la práctica totalidad de los relatos de los divisionarios protagonistas manifiesta con rotundidad que su lucha era contra el sistema y no contra las personas; no lucharon contra el pueblo ruso, sino contra el comunismo como régimen político y como doctrina social.

De paso, intentaré romper algunos mitos, falsos, que se han propalado sobre la División Azul; por ejemplo, aclarar que no fue enviada por Franco como pago de la deuda que tenía con Hitler por su ayuda durante la Guerra Civil; que tampoco fue solicitada por el canciller alemán; confirmar que todos fueron voluntarios y no forzados a alistarse, aunque algunos se alistaron con fines distintos a los oficiales; que no fueron tantos los que se apuntaron para lavar un pasado y congraciarse con el bando vencedor; ni que se fueron porque aquí se estaban muriendo de hambre, y necesitaban el dinero que les daban de soldada. Más bien ocurrió lo contrario: no pocos divisionarios, andando el tiempo, cambiaron de idea, y expresaron, si no con mentiras, si al con menos verdades incompletas, su paso por la División, intentando justificar lo que no podían borrar.

Otro propósito, derivado de los anteriores, es exponer, en breve síntesis y en la medida de lo posible, la génesis, desarrollo y desaparición de la División Azul, nombre con que se conoció popularmente a la División Española de Voluntarios, formada en su mayoría, por falangistas; otra falacia sobre ella, era su franquismo, y nada más lejos de la realidad; toda la simbología, toda la animación fue siempre falangista; se hacen más menciones al 20 de noviembre que al 18 de julio en los diarios de los protagonistas; los camaradas muertos eran enterrados a los sones del Cara al Sol, y muchos pedían serlo con la camisa azul; los gritos de guerra hablaban de arribas a España, de primaveras rientes, de amaneceres que empezaban; nadie saltó una trinchera gritando viva Franco; nadie bordó el Águila de San Juan sobre el escudo que llevaban en la manga, sino el yugo y las flechas de Falange; la animadversión de los militares de carrera hacia los voluntarios civiles fue patente desde los primeros compases; son incontables los testimonios que así lo atestiguan; sirva como ejemplo, obviamente nada proclive ni sesgado, del divorcio existente entre militares profesionales y falangistas, la circunstancia que refleja el comandante Mariano del Prado, de la 2ª sección de Estado Mayor y jefe de la 10ª expedición en su informe sobre las incidencias ocurridas durante su transporte: "la recluta de Falange ha sido bastante defectuosa o mal organizada" porque, en el momento de salir, se presentan dos madres de voluntarios solicitando se excluya a sus hijos, uno por ser inútil y otro por ser menor de edad y haberse alistado sin consentimiento de sus padres; o porque tiene que repetir varias veces las órdenes sobre subir y bajar de los coches o prohibir bajar en mangas de camisa, "lo cual atribuyo a ser parte del personal reclutado fuera del Ejército, sin poseer aún espíritu militar"; o al hecho de que al sonar el himno nacional, algunos cantaron el himno de Falange, lo que comunica "por si pudiera ser un síntoma de un posible espíritu equivocado del personal reclutado por F.E.T."; aunque la perfecta maquinaria del Ejército no fue capaz de detectar a su debido tiempo "dos soldados de infantería y un cabo de artillería que venían en la expedición como polizones, no obstante las numerosas listas que iban ya pasadas". O la rebeldía de los falangistas a la hora de pasar lista: se negaban a contestar "¡presente!", respondiendo con un "¡Arriba España!" a la llamada, como nos refiere en su diario José Luis Royuela (Royuela Cristóbal, 2022).

Y, por último, quiero sumar humildemente mi pluma a la de tantos y tantos escritores que han ensalzado a la División Azul, muy en especial a Carlos Caballero Jurado; vilipendiada, marginada, olvidada por el régimen franquista a su vuelta del frente, hubo, hay y espero que siga habiendo un nutrido grupo de personas, neovoluntarios, que defienden su legado y su memoria desde la Hermandad de la División Azul, sin afanes políticos, con recuerdo, pero sin añoranza de otros tiempos; a ellos, agradezco su apoyo, su afán y su generosidad por considerarme y distinguirme como uno más entre ellos.

Ya nos recordó el General Charles de Gaulle que todas las guerras son malas, pero las guerras civiles son imperdonables porque la paz no nace cuando termina la guerra. Por eso, ¿me permiten un último deseo?: que esto nos sirva de experiencia y aprendizaje para no volver a caer en los mismos errores del pasado; que nunca nadie ni nada nos vuelva a dividir ni enfrentar.

DEDICATORIA

A mi padre, Guardia Civil, que me enseñó que la principal divisa es el Honor
A mis hijos, para que no lo olviden
A mis nietos, para que lo aprendan

AGRADECIMIENTOS

Como suele ocurrir en estos casos, son multitud las personas que, con su generosidad, me han hecho contraer impagable deuda de gratitud; en primer lugar, como siempre, mi esposa, Toñi, que vuelve a ser la autora de la mitad no visible de este trabajo; a mis hijos, Javier, Jorge y Jaime, y a mis nietos, Martina y Jorge, que con su inocencia y cariño han recargado las baterías de un abuelo orgulloso de serlo por ellos; cómo no, como tantas veces, al profesor Miguel Ors Montenegro, que me introdujo en los vericuetos de la historia de Elche; en lugar destacado, Carlos Caballero Jurado, principal exponente en España de la historia divisionaria, defensor inagotable de su legado y mantenedor de su memoria; a Tono Maciá, colaborador infatigable en estos temas, a Alfredo Campello, por sus acertados consejos; y a todos los miembros de la Hermandad de la División Azul de Alicante; a mi hermano Fernando, a José Luis Yuste, a José Antonio Román, a Juan Antonio Prades, por sus opiniones y sugerencias; a Juan José Negreira por su inagotable apoyo y amistad. A los familiares de Divisionarios ilicitanos (Climent, Gili, Madueño, Martínez, Miller, Ors, Ruiz, etc.) por sus recuerdos, sus imágenes, su estímulo.
A todos, muchas gracias.

CUANDO

No nos vamos a extender en demasía sobre la invasión de la U.R.S.S. por parte de Alemania, pues hay literatura en cantidad y calidad suficiente; tras exponer algunos matices y puntualizaciones sobre la situación y razonamientos prebélicos de Alemania y Rusia, solo intentaremos explicar, a grandes rasgos, la actitud del Gobierno, la Falange y la juventud española ante tal acontecimiento.

Es innegable que la audacia y ansias de venganza de Hitler se vieron facilitadas por las políticas de pacifismo y apaciguamiento de las democracias occidentales; con el recuerdo, aún latente, de la que hasta entonces fue la Gran Guerra, ningún gobierno tenía la menor intención de verse involucrado en otro conflicto bélico a tan gran escala; obviamente, esta táctica de contemporizar y no enfrentar, permitió a algunos gobiernos recuperar - en gran medida por medios violentos - partiendo prácticamente de la ruina social y económica y por la via del caudillaje, espíritus autorregeneradores de la propia identidad perdida y afanes expansionistas de sus abatidos países.

Tres fueron las ambiciones fundamentales del futuro Führer, que detalló en su libro Mein Kampf, escrito durante su estancia en la prisión de Landsberg am Lech en 1923 y después en Haus Wachenfeld; por si no se bastaba por sí solo, contó con el concurso de su fiel Rudolf Hess, el padre Bernhard Stempfle, marcado exponente antisemítico de la Orden Jerosolimitana, y Joséf Czerny, destacado periodista antijudío. En un somero análisis prospectivo, muchas de las acciones, actuaciones y situaciones ocurridas en los veinte años siguientes, vienen ya delineadas en su texto; si es verdad, como se ha afirmado, que este libro fue conocido por los principales líderes políticos europeos de la época, puede resultar llamativo que no fueran capaces de prever, o al menos, sospechar lo que iba a producirse cuando Hitler alcanzase el poder en Alemania; allí marcaba unos conceptos inamovibles bajo su punto de vista, que eran su verdadero (y peligroso) ideario político:

1.Führerprinzip: liderazgo único, asesorado por colaboradores y consejeros pero alejado de "ninguna estupidez democrática", una dictadura unipersonal omnímoda; el incendio del Reichstag fue el paso decisivo para conseguirlo.

2.Lebensraum: el espacio vital; basado en los postulados de Frederick Ratzel (Ratzel, 1896) e impulsados por la escuela de Haushofer (Haushofer, 1927), fue fundamentalmente Rudof Hess quien imbuyera esta idea en la mente de Adolf Hitler. Según esto, eran inviables los medios pacíficos para la ampliación territorial y colonización, lo cual solo podría hacerse mediante violentas luchas; convencido de que una nación, para ser fuerte, debe incluir en un mismo conjunto a todos aquellos que tengan sus mismas características, raciales, idiomáticas, culturales, sociales, etc., afirmaba que "el pueblo alemán no tendrá derecho a encarar una política colonial en tanto resulte impotente para reunir a sus propios hijos en un estado común"; y sería mejor hacerlo con el propósito de "conquistar las tierras situadas a la puerta de casa y no fuera de Europa", en clara alusión a la vecina Rusia, (vide infra) y una marcada expresión obsesiva por el dominio alemán sobre la tierra.

3.Weltanschauung: teoría general del mundo, concepción genérica de la vida; solo sobrevive el más fuerte, y este es el ario, hijo favorito de la naturaleza: "los hombres no perecen como resultado de guerras perdidas, sino por la pérdida de su fuerza de resistencia, que solo se mantiene con la pureza de la sangre; todos los que en este mundo no son de buena raza, pertenecen a la broza", en clara alusión a judíos y eslavos, ("la antípoda del ario es el judío"), apostando por la supremacía racial, la eugenesia y la pureza de sangre.

Aquí se incluye, de facto, su animadversión contra la raza judía; se inició esta durante su estancia en Viena y él mismo reconocía que "de débil ciudadano del mundo me convertí en fanático antisemita"; aumentó durante la convalecencia por su herida de guerra de octubre de 1916, al constatar la enorme proporción de judíos de la retaguardia, en el comercio y los negocios, contra la exigua cantidad de ellos presentes en el frente de batalla y alcanzó su cénit, como expresó en el prólogo de Mein Kampf, con "las perversas leyendas urdidas en torno a mí por la prensa judía".

Ampliando el concepto racial excluyente, incorporó también al marxismo, partiendo de la base del origen judío de su creador, atribuyendo a esta doctrina política la causa de la conflictividad social y laboral y el intento de destruir el entramado económico nacional por la vía de la lucha de clases.

La traslación a la realidad del momento de este ideario, tuvo las siguientes expresiones y corolarios:

Rechazo del tratado de Versalles: firmado entre las potencias vencedoras de la Iª Guerra Mundial, había impuesto unas condiciones realmente draconianas a lo que quedaba de Alemania; aparte de la devolución de territorios conquistados incluso en el siglo anterior, como Alsacia y Lorena, debía pagar en concepto de reparaciones de guerra, 132 mil millones de marcos-oro, cantidad que los propios aliados reconocían como imposible de asumir por parte de Alemania; la paridad del marco con respecto al dólar pasó de 70:1 en 1920, a 180:1 en 1921 y 4.200.000.000:1 (cuatro mil doscientos millones de marcos por dólar) en 1922; en ese año Alemania solicitó una moratoria de los pagos, que no fue aceptada por Francia y que en contraprestación invadió y se anexionó la cuenca del Rühr; el paro en Alemania alcanzó al 42 % de la población activa en 1923 (Aparicio Cabrera, 2013). La propaganda nazi afirmó en su momento que este Tratado había sido facilitado por el propio enemigo interior, que Alemania no había sido vencida por los aliados, sino por la traición interna de judíos, comunistas y revolucionarios.

Construcción de un gran Reich: el mencionado tratado había hecho desaparecer (entre otros) el imperio alemán, dejando su territorio reducido a 470.000 kms^2, para una población cercana a los 68 millones de habitantes; es decir, una densidad de 145 personas/km^2; otra parte, no despreciable, de la población alemana se encontraba en los territorios perdidos por la guerra, Bohemia, Moravia, Checoeslovaquia, etc.; la idea pivotal de unificación de un solo pueblo en un solo país bajo un mando único, "Ein volk, ein Reich, ein Führer", se fue desarrollando y asentando en el ideario hitleriano.

La idea de hacer crecer a Alemania por extensión hacia el oriente, reverdeciendo el concepto medieval de "Drang nach Osten", era el tercer leit motiv de su lucha; la constricción geográfica impuesta alumbró la necesidad de conseguir más territorio (Atencio, 1951), la mencionada idea del "lebensraum", y la forma idónea era buscarlo hacia el país del extinto imperio zarista, que con una superficie cercana a los 21 millones de kms², tenía una población de 180 millones, menos de 9 habitantes por km².; Heinrich Himmler se proponía, llegado el momento, empujar hacia Siberia a varios millones de eslavos, polacos, bielorrusos, etc., para abandonarlos ("desguazarlos") allí, y repoblar el territorio con 5-12 millones de colonos alemanes (Hartmann, 2018); curiosamente, en clara muestra de seguidismo, en España se intentó parangonar esta expansión alemana con la otrora necesidad de un mayor espacio vital del imperio español hacia el otro lado del Atlántico (Martínez de Oria, 1941).

Como pasos previos a esta expansión territorial, Hitler había ido recuperando territorios donde residían minorías raciales alemanas, desperdigadas por diversos territorios: Renania, Bohemia, Moravia, los Sudetes, parte de Checoslovaquia, y, sobre todo, se había apropiado de Austria, su país natal, mediante una anexión forzada ("Anchsluss") en marzo de 1938, tras el fracasado intento de 1934; invariable en sus afanes, Hitler ordenó en el otoño de 1937 la preparación de planes militares para efectuar sus propósitos expansionistas, el conocido protocolo Hossbach.

Estos pasos, agresivos y paulatinos de Hitler, no obtenían respuesta frenadora por parte de las democracias occidentales, huidizas de un nuevo conflicto bélico, en una mezcla de egoísmo e imprevisión; no tuvieron inconveniente en ceder ante las actitudes germanas porque no eran sacrificios suyos, sino de terceros, y porque esperaban que ello sirviera de apaciguamiento, les alejara de la posible guerra que se temía y vaticinaba; de modo que Alemania fue saltándose uno por uno todos los puntos de todos los tratados, inició una desaforada carrera armamentística, ("cañones antes que mantequilla", proclamaba Göring), instauró el servicio militar obligatorio, engrandeció el ejército, desarrolló la Marina (ante la presión de Gran Bretaña, cedió en la construcción de barcos a cambio de incrementar la de submarinos), y sin prisa ni pausa, fue desarrollando un potencial bélico nada desdeñable; de 100.000 hombres, siete Divisiones de infantería y tres de caballería, en 1935 a 25 Divisiones de infantería con más de 350.000 hombres, y a 120 Divisiones con 2.5 millones de hombres en 1939. (García Valiño, 1958).

Año	Divisiones	Hombres	Homb/Divis
1920	10	100.000	10.000
1935	25	350.000	14.000

1938	50	1.000.000	20.000
set-39	120	2.500.000	20.833
1941	240	5.000.000	20.833

Es decir, que en poco más de cuatro años había quintuplicado el número de Divisiones, en poco más de seis lo había decuplicado, con el añadido de que, no solo había más Divisiones, sino que estas eran casi un 50 % más grandes.

Para ceñirnos al tema que nos ocupa, tomaremos como base de partida el pacto de no agresión firmado en agosto de 1939 (Krivine, 2009) por los ministros de Exteriores, Viacheslav Mijailovich Skriabin (apodado Mólotov, martillo) por parte de Rusia y Joachim von Ribbentrop por parte de Alemania; el acuerdo incluía una serie de protocolos suplementarios (Gutiérrez Espada, 1994), mantenidos en secreto durante largos, larguísimos años; aunque se hizo ligera mención de ellos en uno de los juicios de Nüremberg, su existencia fue negada siempre por las autoridades soviéticas; no fue hasta la llegada de Mijail Gorbachov y la implantación de la Perestroika cuando se pudieron abrir algunos archivos y analizar ciertos documentos (Sánchez de las Mazas, 2007); a ello vino a sumarse la publicación de un libro, traducido a nuestro idioma bajo el título de "El rompehielos. ¿Quién empezó la Segunda Guerra Mundial?", bajo el pseudónimo de Víctor Suvorov (Vladimir Rezum, desertor de la Inteligencia Militar rusa) (McMeekin, 2022; Caballero Jurado, 2019).

No deja de llamar la atención que a la caída del Reich, fuera capturada la mayor parte de los archivos confidenciales del gobierno alemán y todas sus ramas, incluyendo Asuntos Exteriores, el Ejército, la Armada, el partido nacionalsocialista y la policía secreta de Heinrich Himmler, documentos secretos, diarios privados, discursos de alto secreto, informes de conferencias, correspondencia, etc. etc. (Shirer, 1962), pero no aparecieran los documentos de este pacto Ribbentrop-Mólotov; hasta entonces, y sigue en la actualidad el mensaje, la culpa total y completa del comienzo de la IIª Guerra Mundial fue de Hitler por invadir Polonia el 1 de septiembre de 1939; pero, sin dejar de señalar la evidente responsabilidad alemana en el inicio de la contienda, no es menos cierto que el ostracismo soviético ha mantenido esta visión, aceptada y adoptada a pies juntillas por la mayoría de historiadores modernos, presentando a la Unión Soviética como la víctima inocente de un conflicto al que se vio arrastrada contra su voluntad (Afanasiev, 1996); no cabe duda que el pacto beneficiaba, de entrada a ambos firmantes, que se garantizaban mutuamente no tener que guerrear simultáneamente en dos frentes (al menos, durante un tiempo): Alemania seguiría luchando en la Europa occidental y Rusia en el este, toda vez que Japón intentaba apoderarse de la República Popular de

Mongolia; merced a dichos protocolos secretos, Rusia, que desde la llegada de Lenin había perdido la mayor parte de lo que había adquirido durante la etapa zarista (Polonia, Ucrania Oriental, Finlandia, Besarabia y los países bálticos), vio la oportunidad de extender sus fronteras; en palabras de Stalin en la Reunión del Politburó de 19 de agosto de 1939: "aceptamos firmar un pacto de no agresión con Alemania…///…ésta sin duda atacará Polonia, haciendo inminente la intervención de Francia e Inglaterra en una guerra…///…nos conviene mantenernos al margen del conflicto y entrar en la guerra cuando nos resulte más ventajoso"; este discurso fue difundido, en su momento, por la agencia francesa Havas y, obviamente, desmentido de forma categórica por Stalin y por Mólotov. Mientras tanto, el régimen soviético invadió Finlandia, se anexionó Estonia, Letonia, Lituania y se apoderó de más de la mitad oriental de Polonia cuando esta fue invadida por Alemania, sin la menor respuesta ni condena por parte de las otras grandes potencias, Inglaterra y Francia, puesto que su verdadera intención era la diseminación y propagación a nivel mundial de la doctrina comunista. Su objetivo era ir conformando un ejército suficientemente fuerte que le permitiera lanzarse a la ofensiva cuando los países beligerantes en la guerra mundial estuviesen suficientemente debilitados; de esta forma, apareció el documento titulado "Consideraciones acerca del plan de despliegue estratégico de las Fuerzas Armadas de la Unión Soviética en caso de guerra con Alemania y sus aliados", preparado, aunque no firmado, por el general Zhúkov (publicado por primera vez en 1992), que proponía la movilización de las tropas, su concentración en la frontera occidental, desarme en la frontera de Ucrania y Bielorrusia, traslado hacia el oeste de los almacenes militares y construcción intensiva de aeródromos cerca de la frontera occidental; no hace falta ser maestro en estrategia militar para comprender que estas maniobras no tenían ningún carácter defensivo, sino todo lo contrario. La teoría de un ataque por sorpresa de una Alemania fuertemente militarizada a una Rusia desprevenida y con mínima capacidad de respuesta bélica es otra de los mitos transmitidos a lo largo de la historia reciente; cita textual: "los historiadores que siguen escribiendo sobre la invasión de la Unión Soviética en 1941 como si de un ataque por sorpresa no provocado se tratara, que sorprendió al imperio de Stalin en actitud defensiva, pacífica, sin preparación –a causa de las conocidas purgas en el ejército de 1937 y 1938- y a una completa ignorancia- debida a los supuestos fallos de inteligencia y a la negativa del dictador a prestar atención a las advertencias– no saben de que están hablando" (McKeekin, 2022),

La forma y norma de Stalin para hacerse con el poder absoluto en el territorio de las repúblicas soviéticas fue la eliminación sistemática de cualquier tipo o conato, real o imaginado, de oposición a su figura; de ahí las famosas "purgas"; tras haber llevado a cabo la del partido comunista y la de la policía secreta (N.K.V.D.), le tocaba el turno al ejército; militares del extinto ejército zarista, muchos de los que habían participado en la guerra civil rusa y prácticamente todos los que pasaron por España, fueron ejecutados; en la tabla siguiente, elaborado a partir de datos de Keegan (Keegan, 1970), se puede apreciar la remodelación del Ejército rojo a partir de la purga de 1937:

Grado	Antes	Después	Diferencia	% eliminado
Mariscal	5	2	- 3	60,00
Comte. Ejerc.	15	2	- 13	86,67
Comte. C. Ejerc	85	28	- 57	67,06
Gral. División	195	85	- 110	56,41
Gral. Brigada	406	186	- 220	54,19
Suma	706	303	- 403	57,08
Divisiones	120	120		
Hombres	1.750.000	1.750.000		
Ratio	2479	5776	+ 3297	+ 133,00

Es decir que se había llevado a cabo una drástica reducción de mandos en el Ejército, (pasó de un alto mando por 2.500 soldados a uno por 6.000, aproximadamente), sin reducir ni el número de Divisiones ni el de efectivos (las Divisiones seguían teniendo algo más de 14.500 hombres, de promedio); de coronel hasta capitán la purga tuvo como consecuencia la degradación y prisión, pero no la ejecución; esto condujo, ineluctablemente, a dos medidas urgentes e imperiosas; la primera, intentar asegurar la paz en Rusia ante una eventual guerra en Europa, y la segunda, remodelar y potenciar hasta el límite al ejército del pueblo; el gobierno estaliniano dedicó más del 26% de su economía a la creación y desarrollo de una impresionante industria armamentística (aun a costa de episodios terribles de hambruna que costaron la vida de varios millones de ciudadanos); de esta forma (Fugate, 1984), partiendo de la nada despreciable cantidad de 45.790 cañones, entre 1939 y 1941 incrementó en un 150% su potencial artillero.

Stalin invirtió inmensos recursos en carros de combate; además del carro rápido BT-7 (bystrokhodnyi tank), de 243 carros de combate pesados KV (así llamado en honor al mariscal Kliment Voroshilov), en 1940, pasó a 393 en junio de 1941, y de los 115 carros de combate medios T-34 (mucho mejores que los T-26, y así llamados en honor al mariscal Semión Timoshenko) de 1940, pasó a 3.027 en 1941; se calcula que los rusos llegaron a tener más de 23.000 carros de combate en 1940 y encargados otros 6.500 T-40, T-24 y KV para 1941 (McMeekin, 2022); al iniciarse la guerra germano-soviética, Rusia tenía, por sí sola, más carros de combate que el resto de ejércitos del mundo unidos (Caballero, 2016).

Y había gastado no menos (del orden de 3 billones de rublos) en la construcción de escuelas de entrenamiento de personal para la aviación militar: de las 251 bases construidas a principios de 1941, casi 200 estaban situadas en territorios conquistados después de la firma del Pacto de Moscú (Besarabia, Bucovina, Letonia, Lituania, Estonia, istmo de Carelia), es decir, a media hora de vuelo de Alemania. (McKeekin, 2022)

Tras las absorciones de los territorios circunvecinos señalados, Hitler reverdeció la antigua reclamación de la ciudad libre de Dantzig; ya hacía tiempo que el jefe del Foreign Office, Lord Halifax, había convenido con él sobre la necesidad de luchar contra el comunismo y le prometía abiertamente dicha ciudad polaca, en tanto que el embajador inglés en Alemania reiteraba su deseo de una verdadera y cordial amistad entre ambos países. En realidad, esta ciudad era geográfica, histórica y etnográficamente alemana, pero por el tratado de Versalles se había convertido en una ciudad libre, de apenas 1,900 kms^2, bajo la protección de la Sociedad de Naciones (Díaz de Villegas, 1940); la negativa, esperable por otro lado, de Polonia a tales pretensiones, hizo que la Wehrmacht invadiera a esta el 1 de septiembre de 1939; este hecho tuvo tres consecuencias encadenadas; la primera, que esta vez las democracias occidentales, que habían cedido sin parpadear a las apropiaciones de otros países, soportando la agresividad del Führer, en un intento de apaciguarle y cediendo territorios que no eran suyos, decidieron alinearse con Polonia y declarar la guerra a Alemania; la segunda, que este era el detonante esperado y deseado por algunos para lanzarse a la guerra continental; y la tercera, que la U.R.S.S., sin alharacas ni demostraciones de fuerza, invadió también Polonia por el lado oriental y se apropió de casi las dos terceras partes de su territorio (200.000 kms^2) con la aquiescencia de las grandes potencias (Molina y González, 2019). Visto lo cual, no hubo inconveniente por parte rusa para atacar Finlandia en noviembre de 1939 y anexionarse a principios de 1940, a los tres países bálticos y las regiones fronterizas rumanas de Besarabia y Bucovina; queda en el aire la pregunta de por qué, si realmente Inglaterra y Francia deseaban proteger a Polonia, declararon la guerra a Alemania y no a Rusia; ¿tal vez Hitler no esperaba que el asunto de Dantzig suscitara una reacción tan distinta y mucho más violenta que la que había provocado el asunto del estratégico cuadrilátero de Bohemia y Praga? (Mestre)

De paso, merece comentar sucintamente la conquista de Finlandia; aduciendo la presunta fragilidad de los 1340 kilómetros de frontera común y la presunta vulnerabilidad de Leningrado, el ejército soviético en una lucha tremendamente desigual, invadió con más de un millón de hombres a su pequeño vecino, que tenía apenas 3'5 millones de habitantes; la tenaz resistencia del pueblo finés puso de manifiesto las evidentes carencias bélicas del invasor: frente a poco más de 24.000 muertos finlandeses, los rusos perdieron 250.000 hombres, sin contar heridos, 1.600 carros de combate y 800 aviones. Éste fue el coste para Rusia de la rendición de Finlandia; para su mariscal, Voroshilov, la destitución como Comisario de Defensa.

Una de las innovaciones introducidas por Stalin en el ejército bolchevique era la figura del comisario político, representante oficial del partido en el ejército, encargado en teoría de la vigilancia del personal militar y su fidelidad sin fisuras a la doctrina del comunismo; el peso específico del comisario era prácticamente el mismo que el de los jefes militares, de modo que esta bicefalia en el mando llevó a situaciones discrepantes de consecuencias esperables. Pronto se percibió la necesidad de crear escuelas militares: en 1938 para un efectivo de paz cercano a 1.800.000 de hombres, había 63 para el Ejército de Tierra y 32 para el de Aire. Otra de las medidas impuestas fue el servicio militar obligatorio, entendido como "el más honroso deber del ciudadano", a partir de los 19 años de edad y hasta los 40; en total, podrían ser reclutados más de 13 millones de hombres. (García Valiño, 1958). Según Bergström (2016), Rusia tenia desplegados en su lado oeste, 2'3 millones de soldados, apoyados por 46.630 piezas de artillería y 12.800 carros de combate.

A estas alturas, el ejército alemán se organizaba en cinco grupos, con cabeceras en Berlín, Kassel, Dresde, Leipzig y Viena, contando cada uno con tres Cuerpos de Ejército, salvo el berlinés, que tenía cuatro (García Valiño, 1958), en total, 16; en el momento de atacar Polonia, contaba con unas 120 Divisiones, alrededor de 2.500.000 hombres.

	Rusia	Alemania
Soldados	2.300.000	3.350.000
Carros de combate	12.800	3.600
Piezas Artillería	46.600	7.100

En febrero de 1941 Alemania disponía de 240 Divisiones perfectamente organizadas, con 5.000.000 de hombres bien instruidos y otros 2.000.000 de reservistas; de los cinco Grupos de Ejército, tres (Berlín, Settin y Breslau) tenían sus cabeceras en la frontera Este. Según Bergström (2016), los 2.3 millones de soldados soviéticos del frente Oeste contaban con 46.630 piezas de artillería y morteros, y más de 12.800 carros de combate, mientras que los alemanes disponían de 3.5 millones de hombres, 7.184 piezas de artillería y 3.648 carros. En fin, esto es solo otra prueba más de que el problema de la firma del pacto de no agresión entre Rusia y Alemania es que solo dejaba en el aire la duda de cuál de los dos países sería el primero en violarlo: la una, lo iba a romper porque tenia como finalidad última la diseminación mundial de la revolución comunista; la otra, lo rompió porque su intención era formar un imperio a costa de los eslavos, con hegemonía de la raza aria.

ACTITUD ESPAÑOLA

Por lo que respecta a España, desde el principio, y sobre todo al final de la guerra civil, el bando vencedor fijó al marxismo como principal responsable de la génesis del conflicto armado, englobando en este término, al republicanismo (lo mismo de derechas que de izquierdas), socialismo, anarquismo y, sobre todo al comunismo; al marxismo en genérico se achacó todo lo malo que ocurrió en el país desde abril de 1931 pero, fundamentalmente, a raíz de la victoria del Frente Popular en febrero de 1936, el enemigo principal fue el comunismo. Todos los acuerdos y maniobras descritos líneas arriba venían a reforzar la idea de que el Ejército había librado a España de caer en manos de la más feroz dictadura comunista, cuya doctrina consideraba enemiga de la civilización cristiana y europea, a la cual había que combatir sin descanso; por eso, y por haber suscrito en su momento el Pacto Anti-Komintern, España se vio desagradablemente sorprendida ante el mencionado acuerdo de no agresión germano-soviético; de hecho, el entonces embajador en Berlín, Antonio Magaz, informó a su ministro de Exteriores de la elevada probabilidad de que en Moscú se hubiesen alcanzado acuerdos secretos (Kaczorowski, 2013).

Verdaderamente, la posición española en el contexto europeo era en extremo delicada; tras una guerra que había dejado al país exhausto, sin reservas, empeñado en unas deudas económicas y morales con los países que habían colaborado a la victoria, no podía manifestar su malestar con Alemania ante dicho pacto ni tampoco podía entender por qué está invadía y desmembraba a un país católico, como Polonia, con la ayuda de la Rusia soviética. Su camarada en la lucha contra el comunismo, se aliaba ahora con él; sin duda, la posición española en el contexto europeo era en extremo delicada, por lo cual el Ministro de Exteriores, Beigbeder, aprovechó la ocasión para no firmar un acuerdo cultural con Alemania por el que habrían de introducirse en España las prácticas totalitarias alemanas (Álvarez Bolado, 1995); consecuentemente el gobierno español se apresuró a declarar su neutralidad en el conflicto, postura que, clara y prudentemente inhibicionista, mantuvo también cuando la Unión Soviética invadió Polonia por el este.

Mientras tanto, España se había visto enormemente presionada por Alemania para que entrase en la guerra a su lado, incluida la amenaza de invasión, con el ánimo de tomar Gibraltar y cerrar la salida occidental del mar Mediterráneo (Operación Félix). Franco y su gobierno estaban convencidos de los perjuicios que esto traería aparejados, y se negaron por todos los medios a alterar su condición de neutrales o no beligerantes, ni por medio de embajadores (Doussinague, 1949), ni en entrevista directa entre los primeros mandatarios de ambos países, (Espinosa de los Monteros, 1981) – la prensa remarcaba que "el encuentro celebrado con el cordial espíritu de buena camaradería entre las dos naciones" - (Legiones y Falanges, Arriba) había conseguido llevar a España más allá de la neutralidad o no beligerancia; en realidad, la famosa entrevista en Hendaya de octubre de 1940, terminó por disuadir a Hitler de las ventajas de la invasión de la península ibérica y de la colaboración hispana en el conflicto; la animadversión del Führer hacia el Caudillo alcanzó cotas rayanas en el odio personal.

La invasión tuvo lugar a las 3.15 horas del domingo 22 de junio de 1941; Alemania lanzó contra las fronteras rusas un total de 119 Divisiones de Infantería y Caballería, 19 Divisiones acorazadas y 15 motorizadas, alrededor de tres millones de soldados, apoyados por otras 18 Divisiones finlandesas y 12 rumanas, dotados con 50.000 cañones, 3.000 carros de combate y 2.900 aviones. Con la intención de destruir el grueso del ejército rojo en la parte occidental de la Rusia europea, el ataque tenía tres direcciones separadas y tres objetivos claramente definidos, con el propósito de alcanzar la línea teórica que une Arkangel, en el mar Blanco, fracción meridional del Mar de Barents, con Astrakán en el mar Caspio, distantes entre sí alrededor de 2.000 kilómetros; de esta forma, la Rusia asiática quedaría aislada del continente europeo.

El proyecto de invasión habia dividido el frente en tres partes, con los Heerensgruppen Nord, Mitte und Süd, es decir, Grupos de Ejército Norte, Centro y Sur; el primero, el más débil de los tres, en dirección a los Paises Bálticos y al golfo de Finlandia, con Leningrado como objetivo, lo formaban las fuerzas del Grupo de Ejércitos Norte, mandados por el Generalfeldmarschall

Wilhem von Leeb; el grueso del Ejército alemán, con el Generalfeldmarschall Fedor von Bock al mando, se dirigió por el centro, pasando por Bieslorrusia y teniendo Moscú como meta (Luther, 2022); el Ejército del Sur, al mando del Generalfeldmarschall Gerd von Rundstedt, se dirigió hacia Ucrania con el ánimo de tomar Rostov: enfrente tenía el contingente más poderoso del Ejército Rojo, del orden de 957.000 hombres, si bien aún en fase de organización (Isaev, 2022).

NACIMIENTO DE LA DIVISIÓN AZUL

Hacia mediados del mes de junio de 1941, en una cena en el Hotel Ritz de Madrid, Ramón Serrano Súñer, Manuel Mora Figueroa y Dionisio Ridruejo Jiménez plantearon la conveniencia de participar en una hipotética invasión de Alemania a Rusia (Serrano era Ministro de Asuntos Exteriores, no se puede descartar, por tanto, que tuviese algún conocimiento adelantado sobre ello). Apenas comenzada la llamada operación Barbarroja, se dirigió este a despachar con el Jefe del Estado (a las ocho de la mañana de un domingo) y exponerle la pertinencia de colaborar en esta parte de la guerra; las discusiones entre el Ministro de Asuntos Exteriores y el del Ejército, José Enrique Varela Iglesias, alcanzaron considerables niveles de agresividad mutua (Serrano, 1977); el uno pretendía enviar un contingente de voluntarios falangistas; el otro reclamaba el envío de una División militar. Ambas propuestas tenían su punto descabellado; no se podía enviar a la guerra a un grupo de jóvenes, ardorosos, valientes, eso sí, pero carentes de dotes de organización y mando a gran escala; tampoco se podía enviar una unidad del Ejército Español porque eso suponía intervenir en el conflicto, abandonando la postura de neutralidad y tomando parte por uno de los bandos, es decir, metía a España en la guerra al lado de Alemania; por fin, se decidió enviar una división en la que los mandos, jefes y oficiales, desde alférez hasta general, procederían del Ejército regular y todos los técnicos y especialistas serían también militares; de los sargentos, dos terceras partes serían del Ejército; Falange aportaría una tercera parte de los sargentos y todo el grupo de tropa. Tras numerosas cavilaciones, se decidió entregar el mando supremo de la denominada División Española de Voluntarios al General de División de Infantería Agustín Muñoz Grandes.

Inmediatamente, el Ministro Secretario del Partido, José Luis Arrese Magra ordenó la apertura de banderines de enganche localizados en todas las Jefaturas de Milicias de Falange; se organizaron numerosas manifestaciones principalmente por parte de F.E.T., en apoyo a la invasión; la más multitudinaria, la de Madrid, fue la que tuvo como colofón el famoso discurso de Serrano Suñer, Jefe de la Junta Política de Falange, y su lapidaria frase de "Rusia es culpable". Por todas la capitales de provincia y ciudades importantes se repitieron las manifestaciones y llamadas al alistamiento: preferible si eran excombatientes o excautivos, imprescindible edad comprendida entre 20 y 28 años y perfecto estado de salud acreditado por el correspondiente reconocimiento médico.

La unidad de reclutamiento fue la Región Militar. España estaba dividida en 8 Regiones o Capitanías Militares peninsulares, más las dos Capitanías insulares - Canarias y Baleares - y el Protectorado Marroquí. Según la Orden General número 1 del Estado Mayor, el dia 1º de julio comenzaron las operaciones de recluta y organización de las distintas unidades. Los Regimientos de Infantería se denominaron inicialmente según su lugar de formación, si bien pronto pasaron a ser conocidos por el apellido de su Coronel Jefe: Regimiento Miguel Rodrigo Martín (Madrid), Regimiento Manuel Pimentel Zayas (Valladolid), Regimiento José Vierna Trápaga (Valencia) y Regimiento José Martínez Esparza (Andalucía), de tal manera que, desde el punto de vista territorial, los regimientos venían a tener una base más región militar, los batallones, una composición más de región geográfica y las compañías, una base más provincial.

En lo que concierne a nuestro estudio, la provincia de Alicante estaba encuadrada en la IIIª Región Militar, en la que, junto con la IVª, se formó el tercer Regimiento de Infantería, del modo siguiente:

Regimiento	**3º Infantería**
Coronel	José Vierna Trápaga
Regiones	IIIª y IVª
Capitanías	Valencia y Barcelona
Unidad	**Lugar de formación**
Plana Mayor y Cía. P.M.	Valencia
I Batallón	Valencia
II Batallón	Barcelona y Gerona
III Batallón	Barcelona y Lérida
Compañía Antitanques	Valencia

2 secciones de cañones de acompañamiento de 75 mm   Valencia (Paterna)

1 sección de cañones de acompañamiento de 75 mm   Zaragoza

1 sección de cañones de acompañamiento de 150 mm   Barcelona

No existe coincidencia plena entre los diferentes autores consultados en lo que se refiere al número de divisionarios alistados en la primera etapa; se necesitaba reclutar entre 16.000 y 17.000 hombres en total:

Autor	Oficiales	Suboficiales	Tropa	Suma
Kleinfeld&Tambs	641	1.887	15.848	18.376
Vidal y Gadea	641	2.272	15.780	18.693
Díaz de Villegas	600	1.550	12.000	14.150
Caballero	623	2.712	14.121	17.456
Moreno*		2.612	15.792	18.404

• Engloba oficiales y suboficiales en la categoría de mandos.

Esta desmesura de voluntarios tuvo sus consecuencias al intentar integrar la División en la estructura del ejército alemán, como veremos más adelante; la Wehrmacht, Ejército Alemán, tenía un Alto Mando, Oberkommando der Wehrmacht, (O.K.W.), que incluía el Alto Mando del Ejército de Tierra, Oberkommando der Heer, (O.K.H.), el Alto Mando del Ejército del Aire, Oberkommando der Luftwaffe, (O.K.L.), y el Alto Mando de la Marina, Oberkommando der Kriegsmarine, (O.K.M.); antes del comienzo de la guerra, se habían creado unidades puramente militares y nazis, las Schutzstaffeln o Escuadras de Protección, que formarían una nueva rama, la Waffen SS; a diferencia de los contingentes militares aportados a la campaña de Rusia por otros países -Croacia, Holanda, Noruega, Dinamarca, Bélgica, Rumania- que fueron encuadrados en las Waffen SS, la División española fue integrada directamente en la Wehrmacht; (Francia participó con la Legión Francesa, el Regimiento 638 de Infantería).

En los días siguientes del mes de julio, en tanto en cuanto el Estado Mayor confeccionaba plantillas, programaba traslados, distribuía misiones, etc., la tropa recién incorporada comenzaba su instrucción militar: formación en orden cerrado, marchas, instrucción teórica, táctica, etc.; su equipamiento era: pantalón y guerrera kaki, borceguíes, boina roja, dos camisas azules y dos pares de calzoncillos, dos toallas, tres pares de calcetines, tres pañuelos, ceñidor, bolsa de costado, plato, cuchara, jarrillo, cantimplora, correaje y manta. A esas alturas del verano, con el calor apretando en todo el territorio nacional, cuando los voluntarios se desprendieron de las guerreras, apareció debajo de ellas la camisa falangista: el color predominante era el azul; mientras el Ejército mantuvo la denominación oficial de División Española de Voluntarios, los falangistas popularizaron el nombre de <u>División Azul</u>; la Falange se había encargado de que todo voluntario llevara dos camisas azules.

En etapas sucesivas, a partir del día 13 de julio y saliendo desde Madrid, Sevilla, Zaragoza y Vitoria, la División comenzó su traslado por vía férrea hacia tierras alemanas; la primera sorpresa, en la primera toma de contacto con el ejército alemán, fue en Hendaya, el 17 de julio: todos los soldados fueron sometidos a un proceso de ducha e higiene personal y lavado y desinfección de la ropa.

El punto de destino inicial era el campamento de Grafenwöhr, a donde llegaron el 19 de julio; allí hubo que adaptar el contingente español a la estructura alemana, de modo se tuvo que disolver el Regimiento Rodrigo, y distribuir su fuerza entre los restantes; de este modo, la División quedó integrada en la Wehrmacht como División 250; sus Regimientos cambiaron de denominación: el Pimentel fue el Regimiento 262, el Vierna, el 263 y el Esparza, el 269. Las demás unidades conservaron su nombre, con el ordinal 250 añadido (por ejemplo, Regimiento de Artillería 250, etc.).

Con la reorganización experimentada, cada uno de los tres regimientos de infantería pasaba a disponer de tres batallones de cuatro compañías (tres de fusileros, y una de ametralladoras o armas de apoyo en cada uno de ellos), una compañía de antitanques, una compañía de cañones de acompañamiento y una compañía de Plana Mayor, que incluía la antigua Sección Ciclista, ahora llamada Sección de Exploración, la Sección de Asalto, la Sección de Transmisiones y la plantilla de escribientes y oficinistas; el Iº Batallón contenía las compañías 1ª, 2ª, 3ª y 4ª; el IIº la 5ª, 6ª, 7ª y 8ª; el IIIº, la 9ª, 10ª, 11ª y 12ª; la de cañones era la 13ª, la antitanques, la 14ª y la de Plana Mayor, la 15ª. De ese modo se adoptó la nomenclatura alemana de designar la compañía con número arábigo, el batallón con número romano y el regimiento en arábigo pero, con la numeración correlativa, se podía obviar el número de batallón, de modo que, por ejemplo, la 1ª/Iº/263, era la 1ª/263, la 8ª/IIº/269 era la 8ª/269.

Los divisionarios hubieron de cambiar su uniforme español (entre otras razones, porque el color kaki era muy parecido al del ejército soviético) y vestir de Feldgrau, el color típico alemán; para distinguir al contingente español, se añadió una calcomanía con la bandera nacional en el casco, y se inscribió en la manga derecha de la guerrera el emblema de la División; no tardaron los divisionarios en añadirle el yugo y las flechas. Y todos, desde el General hasta el último soldado, mantuvieron la camisa azul por debajo del uniforme, pero con los picos del cuello por fuera de la guerrera.

El Alto Mando Alemán (O.K.W.) había calculado un periodo de instrucción de la división española en el campamento no inferior a los tres meses; la impaciencia de los divisionarios por desfilar en la plaza Roja de Moscú llevó al General Muñoz Grandes a afirmar que en tres semanas, como mucho cuatro, la División estaría lista para entrar en combate; pues bien: la unidad quedó constituida con arreglo al modelo alemán el 23 de julio, juró bandera el 31 y salió hacia el frente el 22 de agosto; menos de un mes.

Un aspecto a destacar, no desdeñable, fue el acto de jura de bandera o de fidelidad, que tuvo lugar el 31 de julio en el campo de Krumemberg: la fórmula habitual hubo de ser modificada a exigencias del mando de la División: mientras que la alemana era del siguiente tenor: "Wir schwören dir, Adolf Hitler, als Führer und Kanzler des Deutschen Reiches Treue und Tapferkeit. Wir geloben dir und den von dir bestimmten Vogesetzten, Gehorsam bis in den Tod. So wahr uns Gott hilfe!". ("Te juramos a ti, Adolfo Hitler, como Líder y Canciller del Imperio Alemán, lealtad y valentía. Te prometemos a tí y a quienes tú has nombrado jefes superiores, obediencia hasta la muerte. Tan cierto como que Dios nos ayuda"), para los españoles se utilizó esta: "¿Juráis ante Dios y por vuestro honor de españoles, absoluta obediencia al Jefe del Estado alemán, Adolf Hitler, en la lucha contra el comunismo, y juráis combatir como valientes soldados, dispuestos a dar vuestra vida en cada instante por cumplir este juramento?". He aquí el matiz, fundamental: los españoles se comprometían a luchar junto a los alemanes contra el comunismo, solo contra el comunismo y nada más que contra el comunismo, no contra otros países ni en otros frentes. Quedaba claro así que España no lucharía contra los aliados, ni contra otros regímenes distintos al bolchevique; son incontables los testimonios personales recogidos sobre los verdaderos motivos del alistamiento, entre los que destaca, preeminentemente, el anticomunismo. Y así vino a reconocerlo, de modo harto significativo, la institución el 28 de abril de 1943 por parte de Adolf Hitler, de la "Erinerrungsmedaille für Spanische Freiwillegn in Kampf gegen den Bolchevismus" (Medalla Conmemorativa para los Voluntarios Españoles en la Guerra contra el Bolchevismo).

Llegado este punto, se hace necesario desmontar una serie de mitos que la literatura, sobre todo la antifranquista, y la filmografía, sobre todo la americana, han propalado indiscriminadamente. Parece en ella que fueron los americanos, con escasa ayuda de ingleses y franceses, quienes derrotaron en toda línea a los alemanes; alguna escaramuza con los japoneses, parece que los rusos no participaron en la guerra; solo aparecen de modo excepcional, en lo referente a los últimos días del régimen nazi, cuando el Ejército Rojo entró en Berlín. Estas aseveraciones novelescas han sido desmontadas ampliamente en la literatura especializada: Hastings -entre otros muchos- ha demostrado que fue Rusia y no otro país quien derrotó a la Wehrmacht, afirmando que, entre junio de 1941 y diciembre de 1944, Alemania perdió 2.4 millones de hombres en el frente del Este y poco más de 200.000 en el norte de África y el noroeste europeo (Hastings, 2005). Pocos autores hacen mención al hecho de que acabado el fascismo y el nacionalsocialismo, quedó vigente y fortalecido otro sistema totalitario aún más cruel y tiránico, con mayores afanes expansionistas, como el comunismo de Stalin (Davies, 2008, Snyder, 2001).

En todas las películas de la Segunda Guerra Mundial salen interminables columnas de carros de combate, tanquetas y camiones de transporte, vehículos acorazados, coches descapotables donde viajaban los grandes generales y oficiales de las S.S., motocicletas con sidecar y ametralladora incorporada; todos los soldados llevan una metralleta, arma de asalto y, en la espalda, un recipiente de metal ondulado, donde parece que llevan un arsenal completo de bombas de mano. La realidad fue tremendamente distinta: la Wehrmacht era, en su mayoría, una fuerza hipomóvil, es decir, de tracción animal; así lo eran 106 de las 135 Divisiones alemanas destacadas en el frente del este. Muchos de los vehículos de los jefes eran producto de requisa de países conquistados; el arma habitual de los soldados alemanes y, por tanto, también de los españoles, era el fusil Máuser 98-k, de cerrojo y peine de cinco balas (se les entregaron 14.954); las mal llamadas metralletas o subfusiles, pistolas ametralladoras (MP 40, Schmeisser MaschinenPistole 40) eran usadas por categorías de suboficial hacia arriba (se entregaron 966); la famosa pistola Luger Parabellum era un arma mítica; como mucho, se disponía de la Walter P-38, por cierto, bastante más segura y fiable (se entregaron 2.293); la compañía de ametralladoras estaba dotada de la MG 34, (MaschinenGewehr 34), mucho mejor que la Hotchkiss de la Guerra Civil Española y podía usarse con un bípode como arma ligera, con trípode como arma pesada y mediante un afuste especial, como antiaérea (se entregaron 557); el receptáculo de la espalda, era la funda de la máscara antigás, que no llegó a emplearse en ningún momento, puesto que en esta contienda, a diferencia de la Primera Mundial, no se usaron gases de guerra; los españoles lo usaban para guardar el tabaco, la bebida…

Integrados en el Ejército número 9 del Grupo de Ejército Centro, el 22 de agosto abandonaron territorio alemán por ferrocarril, en dirección a la antigua frontera polaca, para concentrarse en las poblaciones de Suwalki,

Grodno y Reuss; desde allí iniciaron una larga marcha a pie en dirección a Moscú; en jornadas ordinarias, de tres días de marcha y uno de descanso, cubrieron casi mil kilómetros andando, cargados con el equipo de campaña; acercándose a Smolensko, en la ruta hacia Moscú, punto de destino soñado por los divisionarios españoles. Suele ocurrir en la guerra que una crisis local obligue a modificar los planes iniciales; y en este punto sucedió una de ellas: ante la situación de riesgo a que se vio sometido el Grupo de Ejércitos Norte, se decidió enviarle un contingente de refuerzos, entre ellos, la División Azul; de esta manera los españoles hubieron de retroceder en lo andado, para ser trasladados por vía férrea desde Vitebsk a Dno, en las inmediaciones de la ciudad de Nóvgorod, junto al rio Voljov; allí entraron en combate en fecha tan señalada como el 12 de octubre de 1941.

Muy poco después de entrar en combate la División Azul, el ejército japonés atacó por sorpresa, sin previa declaración de guerra, la base norteamericana de Pearl Harbour, en Hawaii, el 7 de diciembre de 1941. Esto tuvo dos consecuencias inmediatas y de gran calado; la primera, la entrada de los Estados Unidos en la Guerra Mundial junto a los países aliados, con lo cual, se incrementó la ayuda que venía prestando a la Rusia soviética; la segunda, que al demostrar el Imperio del Sol Naciente sus intereses en Océano Pacífico, cedió la presión que venía ejerciendo sobre la frontera este de Rusia, de modo que Stalin pudo derivar grandes contingentes de tropas y material bélico hacia su frontera oeste, a luchar contra Alemania. La balanza empezaría pronto a desequilibrarse contra las potencias del Eje.

Hemos de reconocer, sin ambages, que existe amplia y suficiente bibliografía sobre la actuación de la División Azul en el frente ruso, indudablemente, mucho mejor y más precisa de lo que podríamos describir por nuestra parte; consideramos, pues, que en un estudio de ámbito local, es preferible remitir al lector a los textos consagrados y especializados, y limitar el relato a la parte que pueda tener relación con los divisionarios ilicitanos.

Al comenzar a crecer las bajas divisionarias, tanto por fallecimientos como por heridos en combate, enfermos y congelados, llegando a niveles increíbles y no sospechados en un principio, el Ministerio del Ejército se vio obligado a organizar un sistema de sustitución de efectivos. Se organizaron una serie de Batallones en Marcha, con voluntarios alistados en junio de 1941 y que no habían logrado plaza en el primer envío, y, en contraposición, se organizaron una serie de Batallones de Repatriación o de Relevo, para devolver a España a grupos de combatientes, empezando por los casados con hijos, casados sin hijos, los de mayor edad, los que llevasen más tiempo en el frente, etc.

Con el paso del tiempo cada vez era más difícil rellenar los Batallones en Marcha para cubrir huecos; el enfrentamiento descarado entre Serrano Súñer y el general Varela, las pugnas entre falangistas y militares, con apropiación, tergiversación y utilización por parte de estos del mensaje y la simbología de la Falange, iban en aumento. Aprovechando un estúpido incidente con motivo de una celebración religiosa en la iglesia de Begoña, con estallido de unos artefactos explosivos, Varela arremetió duramente contra los falangistas. Franco, pragmático como siempre, aprovechó para destituir a los dos ministros al mismo tiempo; la importancia relativa de F.E.T. en las tareas de gobierno fue cada vez menos patente; quien en realidad regía el país era Franco con su Ejército; y éste no podía admitir que la División Azul, que había ganado considerable prestigio con sus gestas en el frente ruso, volviera victoriosa y reclamando su parte en el festín. Poco a poco, se fue diluyendo su presencia en la vida cotidiana española, no más allá de lo que podía incumbir a los familiares e interesados.

Cuando Stalin estaba presionando a los aliados para que abrieran un nuevo frente contra Alemania (no había olvidado a España), se llevó a cabo la llamada operación Torch (antorcha), con desembarco de tropas inglesas y americanas en territorio africano, en un punto de Marruecos (Casablanca) y dos al norte de Argelia, Orán y Argel. La invasión directa de la península ibérica se desechó por el alto coste y la poca utilidad prevista; pero la presencia de estos soldados en la frontera del Protectorado marroquí, sí que suponía una clara amenaza, no a la integridad del territorio español en Europa sino a las posesiones españolas en África. En esta situación, los embajadores inglés y americano se entrevistaron con el General Franco, haciéndole entender la conveniencia de suspender su apoyo, material, logístico y bélico a Alemania, so pena de ver interrumpidos los suministros de petróleo y otras materias primas.

Por fin, en el verano de 1943, se dio la orden de disolución y repatriación del contingente; fueron viniendo los voluntarios en sucesivos Batallones de Repatriación, enviados a sus domicilios con la papeleta de licencia militar y la perspectiva de rehacer su vida por cuenta propia.

Hubo casos en que los voluntarios no fueron tratados de la debida manera. Se refieren casos de soldados que volvían del frente heridos o enfermos y se les negaba la asistencia en hospitales militares, porque no formaban parte del Ejército Español cuando se alistaron. Ocurrió durante los primeros momentos de la campaña, hasta que se subsanó este flagrante error. Las pensiones para quienes habían quedado incapacitados para la vida laboral estuvieron lejos de lo que les correspondía en justicia, pero es cierto que le ocurría lo mismo a los veteranos de la GCE. En el caso de la División Azul, sí es cierto que muchos de ellos estuvieron percibiendo pensiones procedentes del Gobierno Alemán y también lo es que muchos recibieron alguna compensación por mutilación, enfermedad grave o incapacidad (Moreno Juliá, 2014); pero como las pensiones y otros medios asistenciales no cubrían en muchos casos las necesidades, los divisionarios se organizaron por su cuenta. Fueron las Delegaciones de Falange, a nivel local y provincial quienes se movieron para ayudar a los divisionarios; la recién creada entonces Hermandad de la División Azul, a nivel nacional y en diversas provincias, fue la encargada de ayudar a los necesitados y mantener vivo el recuerdo.

No obstante haberse disuelto y repatriado la División, un grupo cercano a los 2.000 hombres decidieron permanecer en la lucha al lado de Alemania, la conocida como Legión Española de Voluntarios, o Legión Azul, a cuyo mando se situó al coronel Antonio García Navarro; lo que quedara de ella, regresó en tres Batallones de Repatriación, en marzo y abril de 1944.

Le fueron concedidas a la División Azul un total de 8 Cruces Laureadas de San Fernando, 41 Medallas Militares Individuales, 2 Medallas Militares Colectivas, 147 Cruces de Hierro de 1ª Clase, 2.421 de 2ª, y dos Cruces de Caballero de la Cruz de Hierro, una de ellas (al general Muñoz Grandes), con Hojas de Roble; Cruz de Guerra con Palmas, 43.

Según las fuentes más solventes se calcula que, en total, fueron 45.482 los españoles que conformaron la División Azul; de ellos, murieron 4.954, fueron heridos 8.700, quedaron mutilados 2.137 y fueron hechos prisioneros 372.

COMO

1.- Rusia es culpable

Durante la G.C.E. se publicaban en Elche cuatro periódicos, de cadencia semanal y cabecera claramente definida (Ors Montenegro, 1985); por un lado estaba Adelante, órgano de expresión de la Unión Republicana, sometido a la censura del Frente Popular, del cual, obviamente, no formaba parte; El Obrero, de larga tradición, en una primera etapa bajo la denominación de Trabajo, suspendido durante el gobierno de Primo de Rivera, era el órgano de expresión del Partido Socialista y vehículo de transmisión de las noticias divulgadas por el periódico nacional El Socialista; Elche Rojo era de tendencia comunista, defensor de la masa obrera y campesina y Germinal, aparecido en noviembre de 1936, autodenominado órgano de la Federación Local de Sindicatos Únicos, claramente anarquista.

Todos ellos desaparecieron al terminar la contienda y, con ello, prácticamente dejó de existir la prensa ilicitana durante largos años, perdiendo arraigo local la información para ser sustituida por la procedente de la capital de la provincia, a través del periódico Información; desde primeros de mayo de 1939 y durante un tiempo, se editó un semanario de aparición dominical, Renacer, de F.E.T.-J.O.N.S., en el que colaboraron los hermanos Ors Lloret y algo más tarde, 1943, el Boletín de Acción Católica (Ors, Castaño, 2017); según autores (Quesada, 2014), no era un periódico propiamente ilicitano, carecía de trabajos editoriales y los sucesos locales venían principalmente de fuentes externas, sobre todo, Información, de Alicante.

De esta manera, no nos es dado conocer la respuesta de la población ilicitana a la arenga de Serrano Súñer; no hay constancia de manifestaciones de adhesión en Elche, aunque se sabe que en Alicante sí hubo dos manifestaciones, una más espontánea y otra más organizada (Caballero, 2019); entre 1939 y el 18 de julio de 1941 se publicó La Gaceta de Alicante, nacionalizada a partir de esa fecha e incorporada a la prensa del Movimiento bajo la cabecera de Información; se tienen referencias indirectas de las manifestaciones de adhesión a la División Azul en la capital de la provincia a través de otras cabeceras (Caballero, 2018, hemerografía del autor), como el diario Línea de Murcia, La Voz de España de San Sebastián, Azul de Córdoba, Odiel de Huelva, El Diario Vasco, El Correo Gallego, Diario de Barcelona, etc.

2.- El Alistamiento en Elche

Los datos que se exponen a continuación han sido obtenidos de los fondos documentales existentes en el A.G.M.Av. y en el A.H.M.E.; otras informaciones proceden de la C.P.I.U.M.H.E., de la H.D.A. de Alicante y de la bibliografía al uso; otra parte de ella, se ha obtenido a partir de documentos facilitados al autor por familiares de divisionarios; la heurística ha sido, en este caso, un tanto difícil, por la irregularidad de las anotaciones, el mal estado de conservación de los documentos, la desaparición de la mayoría de ellos e, incluso, la negativa de algunos familiares a colaborar en la investigación (lo cual ha sido escrupulosamente respetado).

En el momento de constituirse la División Azul, Elche pertenecía a la IIIª Región Militar, la cual, con Capitanía General en Valencia, incluía las provincias de Castellón, Valencia, Alicante, Murcia y Albacete; para conformar el Regimiento correspondiente, al mando del Coronel Vierna, se añadía también la IVª Región, formada por las cuatro provincias catalanas, con Capitanía en Barcelona; con la intención de modular la posible preeminencia de Falange en el alistamiento, el Ministerio del Ejército asignó un cupo a cada Región Militar, entendido este concepto no como la cantidad de individuos a reclutar, sino el número máximo que se admitiría en cada zona; así, en lo que se refiere a nuestro estudio, el cupo que les fue asignado era:

Tropa	Suboficiales	Jefes y Oficiales	Capitanía	Región
1.598	201	72	Valencia	IIIª
1.758	193	70	Barcelona	IVª
3.356	394	142		Suma

Región	Jef. y Of.*			Subof.			Tropa			Totales		
	Cupo	Alist.	%	Cup	Alist.	%	Cupo	Alist.	%	Cupo	Alist	%
IIIª	72	14	19.4	201	213	106	1.598	1.633	102.2	1.87	1.860	99.4
IVª	70	14	20.0	193	218	113	1.75	1.648	93.7	2.021	1.880	93.2
Suma	142	28	19.7	394	431	109.4	3.356	3.281	97.8	3.892	3.740	96.1

no se incluyen Médicos, Veterinarios ni Zapadores.

Sin embargo, según un documento del A.G.M.Av., los efectivos integrantes de las unidades organizadas en estas dos regiones militares a fecha 11 de julio de 1941, fueron los siguientes:

	EJERCITO			FALANGE			TOTAL
	IIIª	IVª	Suma	IIIª	IVª	Suma	
Jefes	3	3	6	0	0	0	6
Oficiales	11	11	22	0	0	0	22
Subofic.	177	186	363	20	14	34	397
Subalt.	41	53	94	4	2	0	100
Médicos	2	0	2	0	0	0	2
Veterin.	3	0	3	0	0	0	3
Zapad.	177	186	363	0	0	0	363
CASE	12	14	26	0	0	0	26
Tropa	780	578	1.358	829	1.070	1.899	3.257
Total	1.031	845	1.876	853	1.086	1.939	3.815

	Reg.	Total	Cupo	%
	IIIª	1.884	1.871	100.69
	IVª	1.931	2.021	95.55
	Suma	3.815	3.892	98.02

Es decir, que mientras la IIIª Región Militar sobrepasó ligeramente el cupo que tenía asignado, no se puede afirmar lo mismo para la IVª, que quedó por debajo de lo previsto por el mando; estos datos discrepan, en parte, con los señalados por otros autores (Moreno Juliá afirma que en Barcelona se alistó la mayoría de la oficialidad, sobre todo la de Estado Mayor) y se aproximan a los de otros (Kleinfeld&Tambs afirman que Barcelona no llegó a cubrir su cuota, debiendo completarse con voluntarios procedentes de Valencia); lo cierto es que a la IIIª Región militar estaba más poblada y tenía mayor proporción de varones en edad militar que la IVª pero a la IIIª, se le encargó reclutar un batallón y a la IVª, dos; de ahí la necesidad de reforzar a esta con efectivos deaquella (Caballero Jurado, en Oriente Coromina, 2022)

Según Moreno Juliá, salieron hacia los puntos de concentración en varias expediciones:

Nº	Salida	Mandos	Tropa	Total
6	Valencia	173	1.031	1.204
7	Valencia	86	574	660
9	Lérida	134	750	884
10	Barcelona	147	863	1.010
Suma		540	3.218	3.758

Con la reestructuración efectuada en Grafenwöhr, el IIIº Batallón del Regimiento Rodrigo pasó a ser el IIIº Batallón del nuevo Regimiento 263 (Caballero, 2009); la mayor parte de los voluntarios procedentes de Murcia y Alicante se integraron en el Iº/263, Regimiento en el que figuraron al constituirse, un total de 121 alicantinos y 157 murcianos; de aquellos, la mayor parte fueron encuadrados en la 4ª compañía, mientras los murcianos lo fueron sobre todo en la 2ª; de ahí que estas compañías fueran conocidas posteriormente como la de los alicantinos y la de los murcianos; el IIº Batallón estaba constituido fundamentalmente por voluntarios barceloneses, tarraconenses y leridanos (Moreno, 2014).

Unidad		Mil. F.E.T. *	Ejército	Suma	Alicantinos
Iº Bón	1ª Cía.	98	99	197	10
	2ª Cía.	109	96	205	2
	3ª Cía.	105	83	188	15
	4ª Cía.	137	84	221	75
	Plana Mayor	33	49	82	3
	Total	482	411	893	105
IIº Bón (PM y Cias 5ª a 8ª)		500	384	884	6
IIIº Bón (PM y Cias 9ª a 12ª)		595	285	880	0
13ª Cía. (Cañones Regim.)		67	132	199	4
14ª Cía. (Antitanques Regim.)		105	90	195	3
15ª Cía. (P.M. Regim.)		136	112	248	3
Sumas		1.885	1.414	3.299	121

A destacar que en la 2ª compañía se incorporaron 4 sargentos a través de las

Milicias de F.E.T. de Murcia y otros 2 a través de las Milicias de F.E.T. de Alicante; 96 de los soldados alistados por las Milicias de F.E.T. eran de Murcia. El alférez Joaquín Mezquida, de la 3ª compañía, se alistó a través de las Milicias de F.E.T. de Alicante.

Como veremos más adelante, en este primer contingente, que salió en julio de 1941, se incluían 19 voluntarios procedentes de Elche; de ellos, 12 fueron destinados a la 4ª/263 (5.43 % de la compañía); el resto fue destinado a la 2ª, la 3ª y la 13ª de dicho Regimiento y a Transmisiones. Dado que hemos podido acceder a los diarios de operaciones de la División en su conjunto y de las compañías 3ª/263 y 7ª/263, vamos a intentar aproximarnos al desarrollo de la campaña del primer batallón de este Regimiento; de los voluntarios llegados con los sucesivos batallones en marcha va a ser más difícil el seguimiento, por no tener datos precisos sobre la unidad a que fuera destinado cada uno de ellos.

En la tabla siguiente, modificada de Maciá Riquelme, exponemos las cifras de voluntarios alicantinos e ilicitanos incorporados a la División Azul en los sucesivos Batallones en Marcha:

Bon Marcha	MiliciasF.E.T.		Ejército		Sin datos		Suma	
Alic.	Elche	Otras	Alic.	Elche		Total	Alic.	Elche*
4º	1	0	0	15	1	3	16	16	1
5º	51	0	0	21	2	3	72	72	2
6º	28	9	3	9	1	4	40	37	10
7º	34	0	0	7	0	6	41	41	0
8º	1	0	1	19	2	3	21	20	2
9º	4	0	1	9	2	0	14	13	2
10º	9	0	1	16	0	0	26	25	0
11º	5	0	1	10	0	0	16	15	0
12º	2	0	3	9	2	0	14	11	2
13º	5	0	0	6	1	0	11	11	1
14º	11	0	0	8	1	0	19	19	1
15º	1	0	2	17	1	0	20	18	1
16º	3	0	2	6	0	0	11	9	0
17º	17	1	2	7	0	0	26	24	1
18º	5	0	3	11	0	0	19	16	0
19º	1	0	0	13	1	0	14	14	1
20º	1	1	1	5	0	0	7	6	1
21º	6	0	1	3	1	0	10	9	1
22º	15	0	2	5	0	0	22	20	0
23º	9	2	4	4	0	0	17	13	2
24º	10	0	3	5	0	0	18	15	0
25º	?	1	?	?	0	?			1

26°	?	1	?	?	2	?			3
27°	2	1	1	10		0	13	12	1
Sumas	221	16	31	215	17	19	467	436	33

(a estos 33 voluntarios ilicitanos incorporados en los sucesivos Batallones en Marcha, habría que añadir los 23 incorporados en el primer contingente, julio de 1941, otro que se incorporó a la 1ª Escuadrilla Azul, uno cuya fecha de incorporación desconocemos y dos que se incorporaron pero fueron rechazados por el Tribunal Médico; suma total, por tanto, 60)

La primera dificultad que se plantea para hacer este seguimiento es que la compañía de armas pesadas o de acompañamiento de cada batallón no formaba en sí misma una unidad de combate sino que era desplazada, por secciones, pelotones o escuadras, en apoyo a las otras compañías, estas sí de fusileros, para aumentar su potencia de fuego, tanto en asalto como en defensa; pero es de suponer que la 3ª compañía sí se mantuviese como integrante del Iº Batallón y esto nos permita hacer inferencias del desarrollo de sus actuaciones, incluida la 4ª compañía.

El mencionado diario de operaciones comienza el día 17 de julio, cuando la unidad cruzó la frontera francoespañola por Hendaya; el día 20 ya se encontraba en Grafenwöhr, donde se alojó en el campamento sur, y al día siguiente se menciona la organización del Regimiento, en el sentido que hemos indicado líneas arriba; el diario relata muy sucintamente el acto de jura de bandera o de fidelidad: "a las 3 ½ diana y a las 5 ½ sale la fuerza del campamento andando en dirección al punto de concentración de la División. A las 8 ½ se llega a una gran explanada, engalanada con gallardetes, con banderas alemanas y españolas. La tropa oye misa de campaña, después de ella se efectúa el juramento de fidelidad a la bandera alemana y al Führer, y a continuación, un gran desfile delante de las autoridades, regresando después al punto de partida".

Sigue el diario detallando las actividades de la compañía y su permanencia en el campamento realizando instrucción en orden cerrado y abierto, ejercicios de tiro, marchas, etc., hasta el día 20, en que inició su traslado hacia el frente:

Por vía férrea, desde el campamento de Grafenwöhr hasta las localidades de Treuburg, Reuss, Suwalki y Grodno, del 20 al 28 de agosto (9 días) a pie, desde estas ciudades hasta Witebsk, del 29 de agosto al 29 de septiembre (31 días)

Por vía férrea, desde Witebsk a Dno, del 7 al 9 de octubre (8 días de descanso, 2 de viaje), más un añadido a pie desde esta última población hasta Novgorod.

En la primera parte, por ferrocarril hacia el frente, cruzaron la frontera ruso-alemana en la madrugada del día 23 de agosto y llegaron a Grodno a primeras horas de la mañana; refiere el diario que el día 28 la compañía comenzó la marcha pedestre hacia Skelde, deteniéndose entre los kilómetros 16 y 17 a las 13.35 horas para dar la primera comida, y que allí, a consecuencia de la explosión de una mina, cayó herido con pronóstico menos grave el soldado Manuel Pérez Romero; según la revista de comisario de agosto de 1941, éste se había alistado a través de las Milicias de F.E.T. de Valencia aunque procedía de las de Osorno, provincia de Palencia y obtuvo dos Cruces Rojas al Mérito Militar.

Lo que sucedió en realidad fue que al detenerse el batallón, hizo explosión una mina colocada allí por los partisanos, afectando sobre todo a la 4ª compañía; en unos documentos se afirma que estaba situada bajo un montón de piedras y que al ir a sentarse sobre ellas algunos voluntarios, hizo explosión; otros afirman que era una mina antitanque enterrada y que, al aproximarse a recoger el rancho en formación de tres en fondo, un soldado pisó dicha mina que, al explosionar, segó más de diez filas causando más de 41 bajas (Vidal y Gadea, 1991; de la Uz, 1997). Según el diario de operaciones de la División, fecha 29 de agosto de 1941, "en la carretera de Grodno a Skidel, a 17 kms. del primer punto, estalla una mina enterrada en el momento en que se encontraban descansando fuerzas pertenecientes al Regimiento 263, causando la muerte de cuatro soldados y produciendo heridas a 34".

Resultaron muertos: sargento Alejandro Heras Ruiz de Zuazo, natural de Logroño, incorporado desde el Regimiento de Infantería nº 33 (en la revista de comisario figura erróneamente como fallecido el 20 de agosto de 1942, en el listado general de caídos figura el 28 de agosto de 1941, al igual que en la relación De la Iglesia), recibió la Cruz Roja al Mérito Militar y fue enterrado en Grodno. Cabo Manuel Rodríguez Gómez, natural de Olivenza, Badajoz, incorporado desde el Regimiento de Infantería nº 16; en la revista de comisario no consta como fallecido sino trasladado a la 11ª/269 y que obtuvo dos Cruces Rojas al Mérito Militar; sí aparece en el listado general de caídos y fue enterrado en Grodno. Cabo Antonio Rodríguez Mendoza, natural de Sevilla, incorporado desde el Regimiento de Infantería nº 83; obtuvo una Cruz Roja al Mérito Militar; en la revista de comisario figura como caído, obviamente de forma errónea, el 28 de febrero de 1941; aparece en el listado general y fue enterrado en Grodno. Soldado Vicente Bonastre García, natural de Alicante, que se incorporó procedente de las Milicias de F.E.T., figura como "no aparece" en la revista de comisario de agosto de 1941; en el listado general figura como caído el 28 de agosto de 1941, enterrado en Grodno; su madre recibió la Medalla de Sufrimientos por la Patria. Gaspar Pérez Quintanilla, natural de Barrax, Albacete, se incorporó procedente del Regimiento de Infantería nº 33; obtuvo una Cruz Roja al Mérito Militar; resultó herido, falleció el 31 de agosto y fue enterrado en Grodno. José Vicario García, natural de Alicante, se incorporó procedente de las Milicias de F.E.T., resultó herido y falleció el 1 de septiembre; obtuvo una Cruz Roja al Mérito Militar, y fue enterrado en Grodno.

Juan Arroyo Gallego, natural de Peraleda de San Ramón, Cáceres, incorporado desde el Regimiento de Infantería nº 11, resultó herido. Aunque el diario de operaciones no lo menciona, resultó muerto el sargento Andrés Pavón Nevado, (Vadillo, 1967), natural de Torre Algar, Cáceres, que se incorporó procedente del Regimiento de Infantería nº 64 y fue destinado a la 7ª/263º; en la revista de comisario y en el listado general figura la fecha del fallecimiento el 24 de agosto, De la Iglesia apunta el día 28.

Refiere Espinosa Poveda que el 2 de septiembre resultó herido el voluntario ilicitano Antonio Gras Maciá; si bien no concreta el modo, afirma que había numerosos campos minados y disparos de arma de fuego por parte de rusos y judíos emboscados (Espinosa, 1992).

Este largo trayecto, del orden de 900 kms. a pie, tuvo notables consecuencias sobre los divisionarios; según Moreno Juliá, se perdieron 11 vidas humanas y hubo 3.014 bajas; según cálculos propios, tomados de los diarios de operaciones, hubo 27 fallecidos, 48 heridos, 1.371 aspeados, 99 enfermos y 1.059 evacuados por otras causas, hasta hacer un total de 2.577 bajas. En efecto, bastantes debieron ser, pues un miembro de la 1ª Escuadrilla Azul refiere en su diario que durante el traslado desde la Escuela de Vuelo de Werneuchen hacia el frente, en el mes de septiembre, se cruzaron en Orscha con un tren de españoles repatriados, entre los cuales, dice, se encontraba un voluntario de Jijona (Rueda, 2019).

En fecha tan señalada como el 12 de octubre, la División alcanzó la línea del frente, procediendo a relevar en sus puestos a la División Motorizada nº 18 alemana "a fin de empezar el ataque hacia el Este, con objeto de aniquilar definitivamente al enemigo que se mantiene todavía al Este del río Vóljov", según la orden de operaciones nº2 de la mencionada División; el sector que correspondía cubrir a los españoles era extraordinariamente alargado: el Subsector Norte, de longitud superior los 30 kms., lo cubriría el Regimiento 269º, reforzado con el Iº Grupo de Artillería 250, enlazando con elementos de la 126ª y la 18ª Divisiones motorizadas alemanas, teniendo como reserva al Batallón de Reserva 250; el Subsector Sur, de unos 10 kms. habría de ser cubierto por el llº y lllº Batallones del Regimiento 262º, reforzado con los grupos de Artillería llº y IVº, en la zona sur de la llamada isla del Vóljov, margen oriental de Novgorod, teniendo como reserva al lº de sus Batallones y al Grupo de Zapadores 250; en medio, en el Subsector Centro, cubriendo los 15 kms. que iban desde el extremo sur del Vóljov hasta la parte más al norte de la isla del Vóljov, se situaría el Regimiento 263º, con los tres Batallones desplegados en línea, teniendo el apoyo del lllº grupo de Artillería 250 y como reserva, al Grupo Antitanque 250; este sector estaba fortificado y fuertemente guarnecido por el enemigo. (Caballero, 2019).

El 19 de octubre se dictó una Orden de Operaciones que incluía una "operación de diversión", preparatoria de otra más ambiciosa que tenía como finalidad cruzar el rio Vóljov y establecer una cabeza de puente en su lado oriental; el primer ataque debería llevarse a cabo por el lº/262º y el llº/263º, con el lllº/263º en segundo escalón; el lº/263º se mantendría en posición de cobertura; en el Diario de Operaciones del mes de octubre de la 3ª/263º se hace mención de fuego de artillería enemiga prácticamente a diario, sin intervención de infantería, ni asaltos ni patrullas (cosa que sí hicieron otros batallones de otros regimientos, sobre todo el 269º); en los primeros días la operación se desarrolló de modo bastante aproximado a lo previsto; se logró establecer la cabeza de puente, que fue ensanchada y se mantuvo el avance hasta alcanzar los famosos cuarteles de Muraveskaia, donde fue detenido ante un edificio prácticamente inexpugnable sin apoyo artillero o aéreo. El resultado de estas acciones lo refleja Caballero: 310 muertos rusos en 3 días, 1.105 prisioneros en una semana.

En noviembre se modificó el objetivo de la operación: "avanzar hasta el rio Msta; arrollar las defensas enemigas en la ribera oriental del Vóljov", para aniquilar las Divisiones enemigas 305ª de fusileros y 3ª Acorazada; para ello, las tropas españolas que habían ocupado la cabeza de puente y se habían asentado en la población de Sitno, debían trasladarse a Possad, punto alejado de las demás posiciones propias y que quedaba fuera del alcance protector de la artillería. Esto fue llevado a cabo por efectivos del Regimiento 269º, que resistieron a duras penas hasta el día 17 de ese mes, en que fueron relevados por la 2ª/263º y 7ª/262º, junto con elementos de antitanques y zapadores; y todo ello, en medio del más crudo invierno del siglo, con temperaturas que llegaban frecuentemente a los 40 grados negativos.

Diciembre comenzó con el asalto por parte rusa a la ciudad de Nikitkino, defendida por los españoles; a ello siguieron otros ataques (Possad, Otenski) y acciones de heroísmo desmesurado (Posición Intermedia), que vinieron a condicionar el repliegue de las líneas españolas a su punto de partida. Al finalizar 1941, la División había sufrido (Moreno Juliá, 2014) 1.032 muertos, 2.200 heridos, 1.200 congelados y 160 desaparecidos: es decir, bajas definitivas, alrededor del 7 %; bajas temporales, alrededor del 20 % de los efectivos; 162 cruces de hierro de 2ª clase y más de mil cruces de madera.

Ya hemos comentado que la disminución de efectivos disponibles condicionó la formación de los batallones en Marcha y de Relevo; por la parte falangista, se comenzó a reclamar a aquellos voluntarios que, alistados en el primer momento, en junio de 1941, no habían obtenido plaza en el primer contingente, por exceso de cupo. En la parte militar, se volvió a ofertar la incorporación a la División en los cuarteles; la respuesta ya no fue tan masiva ni entusiasta como al principio; por un lado, las noticias que llegaban del frente incluían muchas necrológicas (y eso que, por lo general, en los periódicos solo aparecían los nombres de personajes destacados), se traslucía que la guerra estaba durando más de lo calculado de inicio, y no tenía visos de concluir a corto plazo, además de que las condiciones en que se desarrollaba no eran ni mucho menos las soñadas.

No obstante, desde marzo de 1942 hasta octubre de 1943 se enviaron un total de 27 batallones, con un total de 62 jefes, 963 oficiales, 1.900 suboficiales y 21.076 soldados, un total cercano a los 24.000 hombres. A su vez, comenzó la repatriación de aquellos que llevaban más de seis meses en el frente, comenzando por los casados con hijos, casados sin hijos, mayores de cierta edad, etc. Habría que advertir, llegado este punto, que hay otro factor más que dificulta el seguimiento de los divisionarios; los heridos y enfermos eran repatriados en expediciones especiales; mientras que los Batallones de Repatriacion salieron, prácticamente todos desde el campamento de Hof, los heridos, inválidos, etc, eran pasaportados desde los hospitales correspondientes.

En Madrid se había planteado el relevo del general Muñoz Grandes al frente de la División. Hitler, a quien Franco y Serrano resultaban harto desagradables, se opuso frontalmente a ello y el jefe de la División tampoco manifestó su conformidad; así, fue enviado a Alemania para sustituirle, al General

Emilio Esteban-Infantes Martín, quien quedó entretenido burocráticamente en Berlín y designado después como segundo jefe.

A finales del verano de 1942, la División fue trasladada, desde Novgorod, a los arrabales de Leningrado, donde iba a dar comienzo la llamada "Operación Luz del Norte", el asalto definitivo a la antigua capital rusa. Allí se concentraron alrededor de 13 divisiones alemanas, frente a las 19 soviéticas, que resultó en otro fracaso alemán, en un mes de noviembre catastrófico: ofensiva británica en Egipto, desembarco aliado en el norte de África, y derrota en Stalingrado. Fue entonces cuando los embajadores estadounidense y británico presionaron duramente a Franco para que retirara su apoyo a Alemania. A finales de año se produjo el relevo en el mando de la División Azul y Muñoz Grandes volvió a España, donde se le tributó un apoteósico recibimiento por parte, sobre todo, de falangistas y algunos miembros del Ejército; pronto fue condecorado por Franco e incorporado a labores gubernativas.

A comienzos de 1943 tuvieron lugar los increíbles episodios de los altos de Synyavino, el lago Ladoga y sobre todo, Krasny Bor: entre muertos, heridos y desaparecidos en combate, hicieron baja un total de 108 jefes y oficiales, 244 suboficiales y 1.901 soldados, 2.253 en total (Kleinfeld&Tambs).

El resto del año fue un intercambio de disparos, sin apenas modificación de líneas; la guerra continuaba su declive desfavorable a Alemania; a finales de la primavera, Franco decidió, por fin, repatriar a la División Azul; en relevos escalonados, fueron volviendo a España sus voluntarios. El 17 de noviembre, Esteban-Infantes dio la Orden General de la División n° 69, que creaba la Legión Española de Voluntarios, la Legión Azul, del tamaño de un regimiento, con dos batallones de infantería y uno mixto, 103 oficiales, 530 suboficiales y 1.500 de tropa, al mando del coronel Navarro. El general llegó a Madrid unos días después, recibido en la estación por Muñoz Grandes, Saliquet y Arrese, con algunos voluntarios falangistas.

QUIENES

La primera tarea a acometer en este estudio histórico, es intentar conocer a este centenar largo de hombres que se alistó en la División Azul en Elche.

La mayor parte de los voluntarios alicantinos incorporados al Regimiento Vierna con el primer contingente procedían de la capital de la provincia: 62 hombres, el 59 %; entre ellos, Elche aportó 13 voluntarios, el 12.38 %, y Orihuela 7, el 6.67 %; el resto procedían de Alcoy (1), Benidorm (1), Benisa (1), Bigastro (1), Callosa de Segura (2), Elda (2), Guardamar de Segura (1), Hondón de las Nieves (1), Jijona (1), Novelda (1), Pinoso (1), San Vicente del Raspeig (3), Sax (1), Torrevieja (1) y Villena (2).

Con la euforia de la arenga de Serrano Súñer, se alistaron voluntariamente para ir a combatir con la División Azul, un total de 102 ilicitanos de diversas procedencias; en una tentativa analítica que nos permita ahondar más en el conocimiento de los divisionarios relacionados con Elche, vamos a dividir este contingente en varios grupos:

1.-DIVISIONARIOS NACIDOS EN (O RELACIONADOS CON) ELCHE ALISTADOS EN LA JEFATURA DE MILICIAS DE ELCHE:

Alistados: 32; incorporados: 13; no incorporados: 19.

	APELLIDOS	NOMBRE	Inc.	Fecha	Destino
1	ANTÓN MOLLÁ	Antonio B.	SI	Julio 1941	4ª/263
2	ANTÓN TORREGROSA	Tomás	NO		
3	BAÑÓN BUYOLO	Rafael	NO		

4	BONMATÍ GONZALVEZ	Manuel	NO		
5	BOTELLA MARTÍNEZ	Antonio	NO		
6	BRACELI BORDONADO	Manuel	NO		
7	**CAMPOS SÁNCHEZ**	**Fernando**	SI	Julio 1941	4ª/263
8	CANALES MIRA-PERCEVAL	José	NO		
9	CASANOVA PASTOR	José	NO		
10	CASANOVA PICÓ	José Víctor	NO		
11	COVES COVES	Francisco	NO		
12	DOLÓ GRAS	Manuel	NO		
13	FENOLL FOLLANA	Emilio	NO		
14	FLUXÁ POMARES	Francisco	NO		
15	**GONZÁLVEZ CAMPELLO**	**José**	SI	Julio 1941	4ª/263
16	**GRAS MACIÁ**	**Antonio**	SI	Julio 1941	4ª/263
17	GRAS MACIÁ	Manuel	NO		
18	**MILLER RIPOLL**	**Alfredo**	SI	Abril 1942	6º B.M.
19	**RAMÓN MEDINA**	**Jaime**	SI	Set. 19432	6º B.M.
20	ROMÁN MACIÁ	Antonio	NO		
21	**RUIZ ALONSO**	**José**	SI	Julio 1941	4ª/263
22	SALVADOR PÉREZ	Juan	NO		
23	SÁNCHEZ ALMELA	José	NO		
24	**SÁNCHEZ JAVALOYES**	**Javier**	SI	Agosto 1943	Rechaz.
25	**SÁNCHEZ SÁEZ**	**José**	SI	Abril 1942	6º B.M.
26	**SÁNCHEZ SORIANO**	**Diego**	SI	Mayo 1943	23º B.M.
27	**SANSANO GONZÁLVEZ**	**Salvador**	SI	Abril 1942	6º B.M.
28	SANTOS LLORENTE	José	NO		
29	VACA VACA	Manuel	NO		
30	VALERO RICO	Jaime	NO		
31	**VICENTE RODRÍGUEZ**	**Francisco**	SI	Abril 1942	6º B.M.
32	**VIDAL GALLAR**	**Emilio**	SI	Mayo 194323º B.M.	

Antonio Benjamín Antón Mollá había nacido en Elche el 21 de marzo de 1914; tenía su domicilio en la calle Ernesto Martínez, nº 7; era hijo de Antonio Antón Román, recaudador de impuestos, sin militancia política determinada, que fue asesinado ("paseo") con 70 años, el 18 de agosto de 1936. Perteneciente al reemplazo de 1934, hizo el servicio militar como marino en Santa Pola; militante de Falange desde febrero de 1936 y trabajador de una empresa de calzado, fue perseguido y encarcelado en los primeros meses de la Guerra Civil; se incorporó como soldado a la División Azul en julio de 1941, siendo destinado a la 4ª/263; dejó como beneficiario a su hermano Carlos Antón Mollá; herido por explosión de una mina, perdió una pierna, y fue repatriado el 25 de abril de 1942, ingresando en el Hospital Vista Alegre, de Carabanchel (Madrid), 2º pabellón de cirugía, en junio de dicho año; poco después fue licenciado; recibió el alta hospitalaria el 6 de octubre. Obtuvo dos

Cruces Rojas al Mérito Militar y fue condecorado por el Generalísimo el 3 de enero de 1944; en el listado del Primer Cuaderno de Caídos de la División Azul aparece, erróneamente, como caído en noviembre de 1941.

Tomás Antón Torregrosa había nacido en Elche el 27 de febrero de 1924; militante de Falange, intentó alistarse en la División Azul, pero no fue aceptado por ser menor de edad; existe poca información sobre él, salvo que su comportamiento se fue radicalizando, llegando a vincularse con movimientos de extrema derecha durante la transición política tras la muerte de Franco, con algunas actuaciones fuera de la ley; según la prensa, murió el 31 de julio de 1981, al arrojarse desde una ventana de las dependencias de la Brigada Judicial de la Dirección General de Seguridad, donde estaba detenido por participar en actos violentos.

Rafael Bañón Buyolo había nacido en Elche el 23 de agosto de 1918, hijo de José e Isabel; afiliado a Falange y a la Juventud Católica, durante la República y la G.C.E., se alistó a la "sindical marxista U.G.T.", como tantos otros, en un intento de aparentar afinidad con el gobierno republicano; se incorporó al Batallón Elche por temor a ser detenido, ya que estaba amenazado por el Frente Popular; amanuense, empleado de banca, se alistó a la División Azul el 28 de junio de 1941, pero no consta que llegase a incorporarse; falleció el 29 de diciembre de 1958, en accidente de tráfico en la carretera de Santa Pola; su capilla ardiente se instaló en la sede local de Falange, y a su entierro acudieron el gobernador civil de Alicante, Miguel Moscardó y el obispo Barrachina.

Manuel Bonmatí Gonzálvez había nacido en Elche el 17 de mayo de 1919; no llegó a incorporarse a la División Azul; empleado municipal en la posguerra, fue considerado afecto al nuevo régimen; no constan otros datos.

Antonio Botella Martínez había nacido en Elche el 12 de noviembre de 1922; salvo que estaba haciendo el servicio militar, no constan otros datos ni hay constancia de que llegara a incorporarse a la División Azul; falleció el 21 de julio de 1987.

Manuel Braceli Bordonado había nacido en Elche el 7 de octubre de 1913, hijo de Luis y Vicenta; estudiante, estaba afiliado a la Juventud Católica; fue movilizado con su quinta (reemplazo 1935) por el ejército republicano, prestando servicio como sargento en Sanidad Militar; se pasó a filas nacionales en enero de 1939 y sirvió como sanitario en el penal de Santoña a prisioneros republicanos; tampoco llegó a incorporarse a la Division Azul; en la posguerra fue considerado afecto al nuevo régimen; fue empleado municipal, secretario del alcalde, y fundó la Imprenta Braceli, situada en la calle Hospital. Falleció el 1 de enero de 1970.

Fernando Campos Sánchez había nacido el 28 de mayo de 1916, en Elche, hijo de Antonio y Nieves, con domicilio en la calle Alfredo Javaloyes, nº 6; su padre, Antonio Campos Javaloyes fue asesinado ("paseo") el 19 de octubre de 1936; procedente de las J.A.P., ingresó en Falange en febrero de 1936 y fue uno de los impulsores del Alzamiento en Elche, organizando la compra de armas; tomó parte en el fallido intento de liberar a José Antonio Primo de Rivera de la prisión de Alicante; hizo el servicio militar en el Regimiento de Infantería nº 27, Argel, en Cáceres, en julio de 1940; empleado en la C.N.S., estuvo preso durante los primeros meses de la G.C.E. Se alistó a la División Azul en julio de 1941, tan pronto como se abrió el banderín de enganche y se incorporó como soldado, siendo destinado a la 4ª/263, para pasar después a la 2ª de Antitanques; dejó como beneficiaria a Francisca González Sánchez, con domicilio en Alfredo Javaloyes, nº 6; volvió en agosto de 1942, con la 2ª compañía del 6º Batallón de Repatriación; obtuvo dos Cruces Rojas al Mérito Militar y fue condecorado por el Generalísimo el 3 de enero de 1944. Falleció el 15 de junio de 1994.

José Canales Mira-Perceval había nacido en Elche el 4 de agosto de 1908; era hermano de Santiago, presidente de la Gestora Municipal cuando el gobierno de Lerroux y alcalde en el primer ayuntamiento constituido después de la guerra; fue detenido por orden del alcalde Manuel Rodríguez Martínez y encarcelado desde el 17 de julio de 1936 hasta el 22 de marzo de 1939, es decir, todo lo que duró la contienda. Se alistó con el primer llamamiento, pero no se incorporó, posiblemente por sobrepasar el límite superior de edad admitido. Solo consta su tarjeta de afiliación.

José Casanova Pastor había nacido en Elche el 17 de enero de 1920; en su ficha figura como falangista y ex cautivo, haciendo el servicio militar; no consta que llegase a incorporarse a la División Azul; falleció el 1 de junio de 1992.

Su familiar José Víctor Casanova Picó había nacido en Elche el 28 de septiembre de 1919, en su ficha figura como ex cautivo; según Patricio Ruiz, colaboró en la preparación del Alzamiento en Elche; tampoco consta que llegase a incorporarse; fue concejal del Ayuntamiento siendo alcalde Vicente Quiles Fuentes; falleció el 26 de noviembre de 2001.

Francisco Coves Coves había nacido en Elche el 16 de agosto de 1916; no consta si llegó a incorporarse a la División Azul; falleció el 8 de mayo de 2004.

Manuel Doló Gras había nacido el 12 de abril de 1918; en su ficha solo figura que en el momento del alistamiento estaba haciendo el servicio militar y no hay constancia de que llegara a incorporarse a la División Azul; falleció el 18 de noviembre de 1978.

Emilio Fenoll Follana, era militante de la Vieja Guardia, pues estaba afiliado a Falange, con número de carnet 3.317, antes del comienzo de la G.C.E.; excombatiente de la Legión, figura como ex cautivo; se alistó a la División Azul con fecha 27 de junio de 1941, apenas abierto el banderín de enganche, pero no fue llamado en el primer contingente; aunque ratificó su decisión el 28 de enero de 1942, no consta que se llegase a incorporar a la División Azul, parece ser que entonces ya tenía 59 años; falleció el 5 de mayo de 1960.

Francisco Fluxá Pomares había nacido el 4 de octubre de 1905; en 1939 era agente de Investigación y Vigilancia de F.E.T.-J.O.N.S.; su ficha del archivo esta vacía; falleció el 17 de junio de 1969.

José Gonzálvez Campello había nacido en Elche en 1917, hijo de Joaquín Gonzálvez Irles y Teresa Campello, era conocido también como fiahuero y chofeta; afiliado a Falange, permaneció preso casi todo el tiempo que duró la guerra; trabajaba como oficinista en la empresa H. J. Gonzálvez; alistado desde el primer momento, se incorporó en julio de 1941, destinado a la 4ª/263; el 31 de marzo de 1942 fue repatriado y licenciado como herido en combate y mutilado; obtuvo dos Cruces Rojas al Mérito Militar y fue condecorado personalmente por el Generalísimo el 3 de enero de 1944; otro de los descontentos con la evolución del régimen franquista, fue detenido años más tarde por romper en público una foto de Franco. Falleció el 22 de septiembre de 1989.

Antonio Gras Maciá había nacido en Elche el 21 de mayo de 1919, hijo de José y Dolores; afiliado a Falange en 1935, fue un activo impulsor del Alzamiento, encargándose del reparto de armas; acusado por ello (o por repartir el periódico falangista) de alta traición, fue juzgado en busca y captura por el Tribunal Especial de Alicante; según el semanario Nuestra Bandera del 22 de abril, fue condenado a muerte; detenido, no fue ejecutado, sino sometido a torturas, prácticamente toda la duración de la guerra. Fue nombrado concejal en la primera gestora, presidida por Santiago Canales Mira-Perceval, entre el 8 de abril de 1939 y el 13 de octubre de 1940, miembro de las comisiones de Beneficencia y Sanidad y Plazas y Mercados; al parecer tuvo un altercado con José Gil Orts, cabo de la Guardia Municipal; en 1940 el concejal José Botella Sánchez pidió su cese por no tener la edad mínima (23 años) para ser edil. Se alistó a la División Azul el 30 de junio de 1941 y se incorporó en el primer contingente, destinado a la 4ª/263. Si bien en el Primer Cuaderno de la División Azul figura erróneamente como caído en noviembre de 1941, resultó herido el 2 de septiembre durante la marcha a pie (Espinosa Poveda, 1992). Fue condecorado personalmente por el Generalísimo el 3 de enero de 1944. Volvió a ser concejal con Jesús Melendro Almela a partir del 26 de agosto de 1942, hasta 27 de octubre de 1944. En la década de 1960 fue presidente de la

Hermandad de la División Azul de Elche. Estuvo muy vinculado a la Sociedad Venida de la Virgen y falleció el 18 de septiembre de 2007.

Hay una ficha suelta, a nombre de Manuel Gras Maciá, nacido el 22 de septiembre de 1917, que aparece como excautivo, sin más datos.

Alfredo Miller Ripoll había nacido en Elche el 16 de enero de 1921, hijo de Carmen Ripoll y Francisco Miller Giner, maestro, concejal del ayuntamiento de Elche durante la Dictadura de Primo de Rivera, fusilado por sentencia del Tribunal Popular de Alicante en octubre de 1936; durante la guerra civil fue encarcelado en la prisión provincial de Alicante, en la casa de José Antonio y hasta el final de la contienda, en una de las cárceles de Gandía. Falangista, fue uno de los primeros en alistarse en Elche, aunque no se incorporó a la División Azul hasta abril de 1942, con la 3ª compañía del 6º Batallón en Marcha; dejó como beneficiaria a Carmen Ripoll, con domicilio en calle Calvo Sotelo, nº 63. Chapa de identificación nº 5.321. Fue herido en el frente del Vóljov por metralla enemiga el 29 de junio de 1942, en la misma acción que cayó su compañero Francisco Vicente Rodríguez; estando en la trinchera, un proyectil de artillería cayó sobre ambos, que intentaron protegerse espalda contra espalda; Francisco murió instantes después; Alfredo resultó herido en el hombro y clavícula; ingresado en el hospital de Königsberg, fue repatriado en el mes de octubre. Según testimonio de su familia, se casó con Josefina Rodríguez, hija del también asesinado Antonio Rodríguez, alcalde de Elche con Primo de Rivera; trabajó como viajante de calzado por el norte de España; a los 73 años sufrió una grave enfermedad, que afrontó con gran entereza y espíritu cristiano durante más de dos años, falleciendo el 9 de julio de 1996.

Jaime Ramón Medina había nacido en Elche el 3 de abril de 1922; se incorporó como soldado artillero de 2ª con el 26º Batallón en Marcha; número de chapa de identificación, 24.198; dejó como beneficiaria a Dolores Medina, domiciliada en calle General Cosidó, nº 20. De los más tardíos en incorporarse, pues lo hizo en el tercer trimestre de 1943, fue de los pocos que no se repatriaron al ser disuelta y repatriada la División Azul, ya que se incorporó a la Legión Azul, en la Batería de Acompañamiento de la 3ª Bandera y siguió combatiendo al lado del ejército alemán.

Antonio Román Maciá había nacido el 2 de noviembre de 1916 en Elche; estaba haciendo el servicio militar cuando se creó la División Azul; no consta que llegase a incorporarse al frente de batalla.

José Ruiz Alonso, había nacido en Elche el 23 de agosto de 1914; era sobrino de Tomás Alonso Blasco, alcalde de Elche en repetidas ocasiones durante el periodo de la Restauración. Cursillista de la Iglesia de Santa María, era hijo de Francisco Ruiz Bru, asesinado el 18 de agosto de 1936; su padre, conocido como el platero, era militante de Derecha Ilicitana y, junto con Antonio Antón Román fue una de las primeras personas asesinadas en Elche tras el Alzamiento; siempre ocupó cargos orgánicos en la Falange ilicitana, antes y después de incorporarse a la División Azul con el primer llamamiento, destinado a la 4ª/263; licenciado en agosto de 1942, regresó con la 4ª compañía del 5º Batallón de Repatriación; fue condecorado personalmente por el Generalísimo en enero de 1944. El 6 de febrero de 1948 fue nombrado concejal en la Corporación presidida por Tomás Sempere Irles, dentro de la comisión de Mercados y Abastos. El 21 de octubre de 1951 continuó como concejal por el tercio de representación familiar. Segundo teniente de alcalde (3-II-1952), dejó de ser concejal el 27-X-1954. Fue también Jefe local del Movimiento (I-1953 a 24-I-1958). Cuando cesó en dicho cargo, fue nombrado Inspector Provincial del Movimiento y consejero de Falange. En febrero de 1959 recibió un homenaje con motivo de su ingreso en la Orden de Cisneros. Empresario, fue propietario de una fábrica de plantillas para calzado en la calle Oscar Esplá nº 84. Falleció el 16 de febrero de 1979.

Juan Salvador Pérez había nacido en Elche el 9 de enero de 1921, hijo de Ramón y Encarnación; zapatero en paro, con domicilio en calle Santa Ana, nº 49. Se alistó en el primer llamamiento; posteriormente rectificó su decisión y no llegó a incorporarse a la División Azul. Falleció el 9 de enero de 1994.

José Sánchez Almela había nacido en Elche el 5 de septiembre de 1920; su ficha del archivo está vacía; falleció el 23 de febrero de 2002.

Javier Sánchez Javaloyes había nacido el 5 de agosto de 1917, hijo de Rogelio y Francisca; perteneciente al reemplazo de 1938, el 29 de abril de 1937 fue requerido a presentarse en el 4º Batallón de la 19ª Brigada Mixta del ejército republicano; hizo el servicio militar en el Regimiento de Infantería nº 23; se incorporó a la División Azul en agosto de 1943, pero fue recusado por el Tribunal Médico Militar de Valencia y declarado no apto por padecer epilepsia, no llegó a viajar.

José Sánchez Sáez había nacido el 9 de enero de 1913, hijo de León y Josefa; según su ficha, antes de la guerra era miembro de las J.A.P., perseguido, luchó en el bando republicano con su reemplazo, siendo nombrado sargento eventual de oficinas. Tanto él como su hermano León figuran en el listado que el semanario El Obrero publicó con fecha 5 de abril de 1936, señalando a determinadas personas como "polizontes al servicio de las derechas"; León fue asesinado en el frente de Alcalá de Henares en febrero de 1939. Tras la liberación, José se afilió a Falange y se alistó a la División Azul en junio de 1941; ratificó su decisión en enero de 1942, y se incorporó en marzo-abril de 1942 con el 6º Batallón en Marcha; en junio de ese año fue herido en acción de guerra, por disparos de ametralladora en región dorsal, que le produjeron sección medular con paraplejia de extremidades inferiores; fue repatriado en septiembre de 1942, pasando por el Hospital de Burgos, el de Carabanchel de Madrid y por último, el de Valencia, donde murió a causa de una septicemia por úlceras sacras infectadas a consecuencia de la parálisis, el 26 de abril de 1943; sus restos mortales fueron trasladados posteriormente al cementerio de Elche.

Diego Sánchez Soriano fue el único divisionario ilicitano repatriado forzoso por lo que entonces se denominaba "indeseable"; término este un tanto ambiguo, podía englobar lo mismo al ex republicano que se había alistado con la intención de pasarse a las filas soviéticas, que a quien adoptaba actitudes o comportamientos alejados del espíritu militar. Nacido en Elche el 24 de marzo de 1918, hijo de Manuel y Asunción, conocido como paisanet. El 23 de octubre de 1934 fue detenido por funcionarios de la Brigada Móvil por "sospechoso e indocumentado"; en noviembre de ese mismo año, fue detenido de nuevo por motivo semejante en Albacete; de profesión gomero, en marzo de 1937 fue detenido y puesto a disposición judicial porque un cabo de los Guardias de Asalto le consideró sospechoso de la desaparición de una cierta cantidad de dinero; se incorporó al ejército republicano el 21 de abril de 1937, en la 42ª Brigada Mixta, donde tuvo una actuación destacada y fue dado por desaparecido en combate; sin embargo, ingresó en la cárcel de Elche el 17 de abril de 1939 desde Comisaría y el 16 de enero de 1940 fue trasladado al Reformatorio de Adultos de Alicante para ser sometido a Consejo de Guerra. En mayo de 1943 figuraba como trabajador de la cerámica de Quiles; se alistó a la División Azul en ese mes, con el 25º Batallón en Marcha en mayo de 1943, destinado al Batallón 250, Reserva Móvil, (número de chapa 22.906); dejó como beneficiaria a su esposa, María García Ruiz, con domicilio en la calle San Agatángelo, nº 22; en agosto fue licenciado de ella y repatriado por "indeseable" en noviembre, siendo detenido en San Sebastián y conducido por la Guardia Civil.

Salvador Sansano González, había nacido en Elche el 27 de noviembre de 1921, hijo de Salvador y Carlota; en mayo de 1936, ya estaba afiliado al S.E.U. Durante el periodo de guerra hizo propaganda de Falange, y estuvo encarcelado alrededor de diez meses; en el archivo histórico provincial de Alicante aparece su ingreso en el Reformatorio de Adultos, como estudiante de 17 años, el 16 de abril de 1938, quedando libre dos días después, comenzando entonces a prestar servicios en la Milicia local del Partido. Se alistó a la División Azul el 2 de julio de 1941 y se incorporó con la 4ª compañía del 6º Batallón en Marcha en abril de 1942; dejó como beneficiario a Salvador Sansano, domiciliado en la calle Anselmo Clavé; regresó en noviembre de 1942. Importante empresario local, fue socio fundador de la Cerámica La Asunción y de Estructuras del Sudeste, entre otras. Falleció el 31 de mayo de 1979.

José Santos Llorente había nacido en Elche el 22 de junio de 1918; militante de F.E.T., se alistó en junio de 1941, ratificó su decisión el 27 de enero de 1942; no consta si llegó a incorporarse a la División Azul.

Manuel Vaca Vaca había nacido el 30 de febrero de 1912 en Valverde de Leganés, Badajoz; durante la G.C.E. era auxiliar facultativo de segunda del Cuerpo de Sanidad Militar, destinado al Batallón de Guardia Presidencial; llegó a Elche en 1937, como teniente practicante en los hospitales de sangre; al concluir la G.C.E. se mostró afecto al nuevo régimen; fue empleado municipal, ejerciendo su profesión de practicante en la Casa de Socorro y en el Hospital Municipal.

Jaime Valero Rizo, nacido el 7 de febrero de 1920, hijo de Jaime y María, se alistó a la División Azul el 30 de junio de 1941; figura como oficinista y ex cautivo, no consta si llegó a incorporarse.

Francisco Vicente Rodríguez se incorporó con el 6º Batallón en Marcha, en abril de 1942; dejó como beneficiario a Francisco Vicente, domiciliado en la calle Teniente Ganga; herido por metralla de artillería en la misma acción de guerra que resultó herido su compañero Alfredo Miller, murió el 30 de junio de 1942; enterrado en Pankowska.

Emilio Vidal Gallart, hijo de Emilio Vidal Aymerich, se incorporó en mayo de 1943, con el 23º Batallón en Marcha; a poco de llegar se le abrió un incomprensible expediente por intento de deserción, porque a los tres días de su llegada a un poblado llamado Kandakopschina, una mañana, después de terminar su trabajo, salió a pasear por las cercanías de su lugar de residencia, donde vio un grupo de ciudadanos rusos de ambos sexos que se dirigían a Krokowo, a unos 800 metros de distancia; les ofreció tabaco y les acompañó a dicho lugar; allí fue invitado a entrar en el domicilio de uno de los rusos, donde fue sorprendido por un capitán médico alemán y un sargento; al no poder identificarse por haber olvidado el personalweiss, fue detenido y llevado a la Komandantur, acusado de deserción; vistos sus antecedentes, de pertenencia al Frente de Juventudes, no hablar ruso, y sus explicaciones sobre lo sucedido, el expediente fue sobreseído y exonerado de toda culpa.

2.- DIVISIONARIOS NACIDOS EN (O RELACIONADOS CON) ELCHE ALISTADOS DESDE OTRAS JEFATURAS DE MILICIAS:

Alistados: 2; Incorporados: 2; no incorporados: 0

Nº	APELLIDOS	Nombre	Procedencia	Fecha
1	POMARES AGULLÓ	Tomás	F.E.T. Barcelona	Jul-41
2	MARI DE DIOS	Julio (Rafael)	F.E.T. Coruña	Ago-43

Tomás Pomares Agulló figura como domiciliado en Elche, Partida de Saladas; se incorporó con el primer contingente, en julio de 1941, desde las Milicias de Barcelona, siendo destinado a la 1ª Columna Ligera de Transporte; dejó como beneficiario a Juan Pomares. Obtuvo dos Cruces Rojas al Mérito Militar.

Julio (o Rafael) Mari de Dios había nacido en Elche el 14 de septiembre de 1924; se incorporó con el 25º Batallón en Marcha en agosto de 1943, procedente de las Milicias de F.E.T. de La Coruña; chapa de identificación nº 27.202; dejó como beneficiario a Jaime Llorente Cardona; al disolverse la División Azul, se incorporó a la Legión Azul, 1ª Bandera, 4ª compañía.

3.- DIVISIONARIOS NACIDOS EN (O RELACIONADOS CON) ELCHE Y ALISTADOS DESDE LAS FILAS DEL EJÉRCITO:

Todos ellos se incorporaron al frente ruso.

Alistados: 24; incorporados: 24; no incorporados: 0.

Nº	APELLIDOS	Nombre	Unidad Proced.	Fecha	Exped.	Destino
1	ALBERT MORALES	Juan J.	Rgtº Infantería nº 11	Ago-42	14º B.M.	
2	CATALÁN LINARES	Andrés	Rgtº Artillería nº 34	¿	?	RM 250
3	CAYUELAS GUILLÓ	Pascual	Rgtº Infantería nº 11	Mar-43	21º B.M.	
4	CLIMENT BRUFAL	Dositeo	1ª Escuadrilla Azul	Jul-41	1ªEsc. Az	
5	ESCUDERO GARCÍA	Serafín	Rgtº Infantería nº 3	Abr-42	5º B.M	
6	GARCÍA TARÍ	Juan	Rgtº Mixto Cab. nº 19	Jul-42	12 B.M.	
7	GILI MÁS	Vicente	Parque Automov.	Jul-41	Inicial	Cua.Gral.
8	GÓMEZ NAVARRO	Tomás	Rgtº Infantería nº 61	May-42	9º B.M.	
9	GÓMEZ REGUERA	Alfredo	3º Tercio Legión	Jun-42	12º B.M.	
10	LOPEZ MANRIQUE	Juan	Rgtº Infantería nº 23	Abr-42	4ª Exp.	
11	LOPEZ MORENO	Francisco	3º Tercio Legión	Oct-43	27º B.M.	
12	LLOPIS PASTOR	José	Rgtº Ingenieros nº 6	Jul-41	Inicial	2ª Zap.
13	LLORET FENOLL	José Ant.	Rgtº Infantería nº 51	Jul-41	Inicial	8ª/263
14	MACIÁ ALMELA	Diego	3º Tercio Legión	Abr-42	5º B.M.	
15	MÁS TARI	Ramón	Rgtº Infantería nº 21	Abr-42	8º B.M.	
16	MATEU FABRA	Clemente	Rgtº Artillería nº 42	Jul-41	Inicial	4ª Bia Art
17	MOLINA SEMPERE	Antonio	Rgtº Mixto Ing. nº 3	Set-42	15º B.M.	
18	ORS LLORET	Adolfo	Rgtº Artillería 44	Jul-41	Inicial	13/263

19	PACHECO PACHECO	Vicente	Rgtº Infantería nº 11	Jul-41	Inicial	3ª/263
20	PERAL BLASCO	José	3º Tercio Legión	Abr-42	4ª Exp.	
21	RUIZ BROTONS	Vicente	3º Tercio Legión	Oct-43	27º B.M.	7ª/262
22	SEGURA PAYÁ	Santiago	Rgtº Infantería nº 11	Jul-41	Inicial	3ª/263
23	TORMO PÉREZ	Manuel	Rgtº Infantería nº 11	Ene-43	19º B.M.	
24	URREA RIQUELME	Francisco	Parque Artill. Valencia	Jul-42	13º B.M.	

Juan José Albert Morales había nacido en Pinoso el 26 de mayo de 1921, con domicilio en calle Filet nº 40; en la hoja de media filiación figura como albañil, empleado en la Fábrica El Choyo, en otros documentos figura como zapatero; en su ficha consta "Haciendo el servicio militar. Categoría: adherido. Expulsado del partido". Según su expediente, hay un informe firmado por el Coronel del Regimiento de Infantería nº 11, en el que se afirma que al iniciarse el periodo de guerra, pertenecía al partido comunista, del cual era gran propagandista; que marchó voluntario al ejército rojo, siendo carabinero; trabajó en una fábrica de guerra en Elche, propagando allí sus ideas con fe; estuvo detenido varias veces por delitos de robo y hurto; según el informe "era de muy mala conducta y capaz de todo lo malo". Al liberarse la zona roja se infiltró en las Milicias de Falange, y al poco tiempo fue expulsado "por haber falsificado unas firmas para avalar a varios rojos". Detenido por estafa dentro de las Milicias y un robo, aunque de poca importancia, estuvo detenido judicialmente por hurto en los calabozos de orden público de Elche durante algún tiempo; una vez solicitado el ingreso en Falange, intentó alistarse a la División Azul, pero fue rechazado por la Jefatura de Milicias de Alicante dados sus antecedentes de indeseable y no pertenecer a la organización en calidad alguna. Mientras hacía el servicio militar, solicitó y obtuvo su incorporación a la División Azul desde el Regimiento de Infantería nº 11, el 10 de julio de 1942, recibió el equipamiento correspondiente el día 12 y viajó con la 2ª compañía del 14º Batallón en Marcha, en agosto de ese año; chapa de identificación nº 11.896, destinado, parece ser a la 2ª/263. Casado y con un hijo, dejó como beneficiaria a María Escolano Campello. Ingresó en el Hospital de Campaña el 28 de septiembre por un callo infectado en la mano izquierda, siendo evacuado a Krasnogardeisk. El 5 de noviembre fue conducido a los calabozos de la Gendarmería del Cuartel General por indeseable y repatriado a España por orden del Jefe de la División, detenido en San Sebastián, en diciembre de 1942.

Andrés Catalán Linares había nacido en Isaba (Navarra) el 24 de marzo de 1920, hijo del carabinero Felipe Catalán Valenzuela, de Guardamar de Segura, y de Casilda Linares, domiciliados en Elche, calle San Roque, nº 23.

Se incorporó desde el Regimiento de Artillería nº 34, destinado a la Plana Mayor del Batallón de Reserva Móvil 250; chapa de identificación nº 16.462. Ingresó el 22 de febrero de 1943 en el hospital de Königsberg, por herida de metralla en el brazo izquierdo recibida el día 10 de ese mes, aunque en otros documentos figura como herida de metralla en el vientre; fue dado de alta del hospital el 21 de mayo, y regresó con el 23º Batallón de Repatriación, 1ª compañía, en noviembre de 1943.

Pascual Cayuelas Guilló había nacido en Elche el 2 de noviembre de 1918; durante la G.C.E. fue dado por desaparecido en los frentes de guerra de la 69ª Brigada Mixta del ejército republicano, el 29 de marzo de 1938. Se incorporó a la División Azul en marzo de 1943, con la 2ª compañía del 21º Batallón en Marcha; chapa de identificación 15.980. Dejó como beneficiaria a Asunción Guilló Climent, con domicilio en calle Ramón Jaén nº 34.

Dositeo Climent Brufal había nacido en Elche el 1 de julio de 1919, hijo de Dositeo Climent Mateu, asesinado; él mismo fue perseguido y encarcelado en varias prisiones durante la guerra civil; al final de ella ingresó en Falange y se incorporó al servicio militar en el recién creado Ejército del Aire; tras jurar bandera en Valencia, fue destinado al aeródromo de Rabasa, en Alicante, desde donde se incorporó a la 1ª Escuadrilla Azul del Comandante Ángel Salas Larrazábal en julio de 1941; fue repatriado en febrero de 1942 y obtuvo una Cruz Roja al Mérito Militar, tres medallas de guerra y la de Sufrimientos por la Patria con cinta azul (prisionero en zona roja); falleció el 22 de mayo de 1944, con 24 años.

Serafín Escudero García había nacido en Murcia el 1 de mayo de 1916; de profesión albañil, se incorporó con la 2ª compañía del 5º Batallón en Marcha el 4 de abril de 1942, procedente del Regimiento de Infantería nº 34, en Cartagena, destinado al IIº Batallón del Regimiento 263, con chapa de identificación nº 2.552; dejó como beneficiaria a Maríana García Ballester, domiciliada en la calle Carmen nº 11 de Elche; llegó al frente el 1 de marzo de 1943, y regresó con la 1ª compañía del 14º Batallón de Repatriación en septiembre de 1943.

Juan García Tarí era sargento en el Regimiento Mixto de Caballería nº 19; había nacido en Elche el 17 de abril de 1917, hijo de Narciso y María, aunque figura como domicilio la calle de Jesús Cautivo nº 8, de Cádiz; se incorporó a la División Azul con la Compañía de Transporte del 12º Batallón en Marcha, en junio de 1942, destinado a la 5ª Columna del Grupo Hipomóvil; chapa de identificación nº 10.018.

Vicente Gili Más era hijo de José y María, hermano de Leandro, también divisionario; luchando en el bando republicano, en noviembre de 1937 estaba destinado al 325º Batallón de la 82ª Brigada; se incorporó a la División Azul en julio de 1941, procedente del Regimiento de Automovilismo de Madrid, siendo destinado a la Sección Motorizada del Cuartel General. Dejó como beneficiario a José Gili Aguilar, domiciliado en Elche, plaza del Salvador nº 3; regresó con el 30º Batallón de Repatriación en diciembre de 1943.

Tomás Gómez Navarro había nacido en Catral el 3 de febrero de 1920; su madre, Concepción Navarro Gómez vivía en la calle Filet nº 28 de Elche; se incorporó procedente del Regimiento de Infantería nº 61, en mayo de 1942, con la 3ª compañía del 9º Batallón en Marcha, siendo destinado a la 15ª/269 y después a la 5ª/269; chapa de identificación nº 7.138; regresó con la 3ª compañía del 18º Batallón de Repatriación en noviembre de 1943 y falleció el 6 de octubre de 1951.

Alfredo Gómez Reguera se incorporó con el 12º Batallón en Marcha, en junio de 1942, procedente del 3º Tercio de la Legión, siendo destinado a la 7ª/263; fue repatriado el 10 de diciembre de 1943.

Juan López Manrique había nacido en La Unión (Murcia) el 10 de febrero de 1917; se incorporó en marzo de 1942 con el 4º Batallón en Marcha, procedente del Regimiento de Infantería nº 23.

Francisco López Moreno había nacido en Elche el 23 de marzo de 1924, con domicilio en la calle San Francisco Javier, nº 9; se incorporó en octubre de 1943, con la 3ª Compañía del 27º Batallón en Marcha, procedente de la 9ª Bandera del 3º Tercio de la Legión; al disolverse la División Azul, se incorporó a la Legión Azul, 1ª Bandera, 4ª Compañía.

José Llopis Pastor había nacido en Elche el 19 (o el 20) de octubre de 1920, hijo de José y Antonia, con domicilio en la calle Sansón, nº 2; de profesión zapatero, se incorporó con el primer contingente, en julio de 1941 y, procedente del Regimiento de Ingenieros nº 6, fue destinado a la 2ª Cía. de Zapadores; participó en numerosas acciones de combate, cabeza de puente del Vóljov, asalto a Dubrovka, bolsa del Vóljov, defensa de Tigoda, etc.; muy activo y voluntarioso, fue citado en repetidas ocasiones en la Orden del Día por sus superiores en razón de su espíritu ejemplar; propuesto en dos ocasiones para la Cruz de Hierro de 2ª clase, le fue finalmente concedida el 31 de octubre de 1942; obtuvo también la Medalla del Mérito Militar Alemán y la Cruz de Guerra. Resultó herido por metralla de artillería el 20 de diciembre de 1942, atendido en diversos hospitales, fue declarado inútil por presentar fractura del cóndilo humeral derecho con limitación de la movilidad y amputación de un dedo de la mano homolateral, quedando con fragmentos de metralla incrustados cerca de la columna vertebral; fue repatriado el 27 de febrero de 1943.

José Antonio Lloret Fenoll había nacido en Elche; de profesión comerciante, se incorporó a la División Azul con el primer contingente, procedente del Regimiento de Infantería nº 51, Gerona; destinado a la 8ª/263.

Diego Maciá Almela había nacido en Elche el 11 de noviembre de 1920, hijo de Sebastián y Josefina, domiciliados en la calle Velarde, nº 18; en noviembre de 1941 se incorporó al 3º Tercio de la Legión, y desde allí, a la División Azul, con la Plana Mayor del 9º Batallón en Marcha, siendo destinado a la Compañía de Teléfonos del Grupo de Transmisiones. Resultó herido el 3 de agosto de 1943 por metralla de artillería en la región deltoidea izquierda, con fractura de clavícula y cabeza de húmero; evacuado el 15 de agosto, solicitó años después el ingreso en el Cuerpo de Caballeros Mutilados por la Patria, concedido como mutilado útil al 46%.

Ramón Más Tarí había nacido en Elche el 30 de mayo de 1920; se incorporó procedente de Regimiento de Infantería nº 21, con la Compañía de Antitanques del 8º Batallón en Marcha; destinado después a la Compañía de Sanidad, regresó con el 17º Batallón de Repatriación en noviembre de 1943.

Clemente Mateu Fabra había luchado en el bando republicano durante la G.C.E., evacuado a Elche por la Jefatura de Sanidad del Ejército del Centro; el 14 de julio de 1937 fue reclamada su presencia por todos los medios de difusión al alcance, sin que constara que hubiera estado hospitalizado ni que hubiera sido atendido, por lo que se dictó orden de detención contra él; se incorporó a la División Azul con el primer continente, en julio de 1941, desde el Regimiento de Artillería nº 42, siendo destinado a la 4ª Batería del Iº Grupo de Artillería; fue repatriado en septiembre de 1942.

Antonio Molina Sempere había nacido en Elche el 19 de agosto de 1921, hijo de Salvador y Manuela, domiciliado en calle Cuartel Viejo, nº 60; de profesión hilador, se incorporó en agosto de 1942, con el 15º Batallón en Marcha, procedente del Regimiento Mixto de Ingenieros nº 3. En la posguerra fue policía municipal.

Adolfo Ors Lloret había nacido en Alicante el 16 de febrero de 1916, hijo de Miguel y Carmen; durante la G.C.E. permaneció escondido mientras su padre y hermano eran encarcelados; ingresó en Falange en mayo de 1939, siendo nombrado Delegado de Cultura y Educación; se incorporó con el primer contingente, en julio de 1941, procedente del Regimiento de Artillería nº 44, en Barcelona, siendo destinado a la 13ª/263; posteriormente pasó a la Plana Mayor del Regimiento y fue repatriado en agosto de 1942; fue nombrado concejal del Ayuntamiento de Elche, pero apenas acudió a las sesiones.

Vicente Pacheco Pacheco había nacido en Elche el 22 de agosto de 1919; se incorporó con el primer contingente, en julio de 1941, procedente del Regimiento de Infantería nº 11, destinado a la 3ª/263. Obtuvo la Cruz Roja al Mérito Militar y la Cruz de Guerra de 2ª clase con espadas.

José Peral Blasco había nacido en Elche el 16 de febrero de 1920, hijo de Manuel y Teresa; de profesión zapatero, se incorporó con el primer contingente en julio de 1941, procedente del 3º Tercio de la Legión.

Vicente Ruiz Brotons fue otro de los incorporados tardíamente, y lo hizo desde el 3º Tercio de la Legión en octubre de 1943, con el 27º Batallón en Marcha, destinado a la 7ª/262; ingresado en el hospital de Riga, fue repatriado en diciembre por haber contraído paludismo.

Santiago Segura Payá se incorporó con el primer contingente, en julio de 1941, procedente del Regimiento de Infantería nº 11, siendo destinado a la 3ª/263; obtuvo la Cruz Roja al Mérito Militar y la Cruz de Guerra.

Manuel Tormo Pérez; en el listado del 19º Batallón en Marcha figura como Manuel Tasso Pérez, nacido en Cartagena el 9 de julio de 1921, que se incorporó procedente del Regimiento de Infantería nº 11; en la Revista de Comisario de dicho Batallón figura en la 2ª compañía de Sanidad, como Manuel Tosso Pérez, con domicilio en Elche, Cuartel Viejo, postigo Trinquete 75, procedente del Regimiento de Infantería nº 11, dejando como beneficiaria a Florentina Martín; era hermano de José y Alfredo, de apodo caragolet.

Francisco Urrea Riquelme se incorporó en julio de 1942, con la Compañía de Antitanques del 13º Batallón en Marcha, procedente del Parque de Artillería de Valencia.

Elche carecía abiertamente de tradición militar; en algún momento de su historia tuvo algún contingente de tropas pero ninguno en época reciente, siglo XX; de ahí que solo uno de los voluntarios incorporados a la División Azul, Juan García Tarí, tuviera graduación de sargento, perteneciente al Regimiento Mixto de Caballería nº 19. Salvo José Peral Blasco, que era cabo, todos los demás fueron soldados, como mucho, artillero de 1ª (Adolfo Ors); por tanto, se puede descartar que fueran militares profesionales (salvo el mencionado sargento), sino soldados de reemplazo que estaban haciendo el servicio militar y es llamativo que 5 de ellos provinieran del 3º Tercio de la Legión, sito en Larache; ocho procedían de Regimientos de Infantería, sobre todo (4 de ellos), del nº 11, sito en Alicante.

4.- DIVISIONARIOS ALISTADOS EN LA JEFATURA DE MILICIAS DE ELCHE DE PROCEDENCIA NO DETERMINADA:

Alistados: 18; incorporados: 4; no incorporados: 14.

Nº	APELLIDOS	Nombre	Incorp.	Unidad	Fecha

1	AGUADO CANAL	José	NO		
2	BLANCO MARIANO	Francisco	NO		
3	CABRERA ORTUÑO	Manuel	NO		
4	CREMADES CAPARRÓS	Francisco	NO		
5	DELTELL FERRER	Alejandro	NO		
6	DELTELL FERRER	Nicandro	NO		
7	DONAIRE SÁNCHEZ	Florencio	NO		
8	GARCÍA RODRÍGUEZ	Antonio	NO		
9	**GALLEGO IGLESIAS**	**Eleuterio**	**SI**	**7º Bon. M**	**Oct-42**
10	**LAG CUADRADO**	**José María**	**SI**	**6º Bon M.**	**Abr-42**
11	LÓPEZ CARRERAS	José	NO		
12	**MIGUEL PÉREZ**	**Felipe de**	**SI**	**Inicial**	**Jul-41**
13	REMIRO PALACIOS	Antonio	NO		
14	SÁNCHEZ SEGARRA	José	NO		
15	SERRANO DÍEZ	José	NO		
16	VALERO NAVARRO	Joaquín	NO		
17	**VERACRUZ ROCAMORA**	**José**	**SI**	**8º Bon M.**	**Abr-42**
18	VERDU SOLER	Estanislao	NO		

De José Aguado Canal, Francisco Blanco Mariano, Manuel Cabrera Ortuño ("haciendo el servicio militar"), los hermanos Alejandro y Nicando Deltell Ferrer, Florencio Donaire Sánchez, Antonio García Rodríguez, José López Carreras, Antonio Remiro Palacios, José Serrano Díez y Joaquín Valero Navarro, no hay datos disponibles; solo la ficha con el nombre, sin más.

José Cremades Caparrós había nacido el 12 de marzo de 1915, hijo de Antonio y Marina; no consta si llegó a incorporarse.

Eleuterio Gallego Iglesias había nacido el 2 de octubre de 1912 en Palafruguell, Gerona, pero era residente en Santa Pola; se incorporó a través de las Milicias de F.E.T. de Elche con la compañía de Ametralladoras del 7º Batallón en Marcha, en octubre de 1942; regresó con el 15º Batallón de Repatriación en octubre de 1943.

José María Lag Cuadrado había nacido en Cehegín (Murcia) el 30 de junio de 1922; se incorporó en abril de 1942, con el 6º Batallón en Marcha, procedente de las Milicias de F.E.T. de Elche.

Según el Boletín BlauDivision, Felipe de Miguel Pérez, se incorporó con el contingente inicial, al IIº/269, (aunque no consta en la revista de comisario de agosto de 1941 del citado batallón), participando en los combates de Possad y el Vóljov, entre octubre de 1941 y el verano de 1942, en que fue repatriado; ingresó en el Cuerpo Nacional de Policía, del cual fue Comisario Jefe en Elche; estuvo casado con Manuela Bernad Amorós, hermana de José, falangista muerto en los frentes de guerra. Su necrológica, firmada por Patricio Ruiz Martínez apareció en dicho boletín, en enero de 1997.

José Sánchez Segarra había nacido el 20 de abril de 1914; en su ficha figura que era ex cautivo y que estaba haciendo el servicio militar en el momento del alistamiento; no consta que llegase a incorporarse a la División.

José Veracruz Rocamora figura en la relación de incorporados con el 8º Batallón en Marcha, como nacido el 22 de agosto de 1920 en Orihuela, aunque en la Revista de Comisario aparece como natural de Elche, con domicilio en Asprillas, nº 50; procedente del Regimiento de Ingenieros nº 3, fue destinado al Batallón de Zapadores; repatriado con el 17º Batallón de Repatriación en noviembre de 1943.

En la ficha de Estanislao Verdú Soler solo consta que nació el 29 de enero de 1912, sin más datos.

A priori, no se puede descartar que este grupo de voluntarios, en el que se alistaron 18 y solo llegaron a incorporarse cuatro, se animaran a inscribirse en el momento álgido de la recluta, cuando los ánimos estaban suficientemente caldeados y la inscripción pudiera haber tenido lugar en masa, de modo que no sumarse al hecho dejaba al interesado en posición un tanto desairada con respecto a los demás compañeros; útra cosa distinta sería que cuando fueran requeridos para pasar el reconocimiento médico, simplemente optaran por no comparecer, con lo cual, en la mayoría de ellos, no hay más datos que una cartulina con su nombre y apellidos.

5.- Divisionarios NACIDOS FUERA DE ELCHE Y ALISTADOS EN LA JEFATURA DE MILICIAS DE ELCHE.

Alistados: 25; incorporados: 16; no incorporados: 9.

Nº	APELLIDOS	Nombre	Inc.	Procedencia	Unidad	Fecha
1	**AGUADO POZO**	**José**	**SI**	**Benalúa de las Villas (GR)**	**4ª/263**	**Jul-41**
2	AGUILAR CALVO	Manuel	NO	Catral (A)		
3	**ALONSO NAVARRO**	**Vicente**	**SI**	**Rojales(A)**	**27º B.M.**	**Ago-43**
4	CAMPILLO RAMALLO	Maríano	NO	Cartagena (MU)		

5	**CANO PICÓ**	Francisco	SI	**Pinoso (A)**	6º B.M.	Abr-42
6	CHILLÓN CASADO	Ataúlfo	NO	Toledo		
7	DOMARCO GÓMEZ	Olegario	NO	Catral (A)		
8	ESCARABAJAL CASTILLO	Lázaro	NO	Cartagena (MU)		
9	FENOLL MONTÓN	Domingo	NO	Tucumán-Argentina		
10	FERRANDO RIPOLL	Roberto	NO	San Juan-Puerto Rico		
11	**GARCÍA HENAREJOS**	Bernardo	SI	**Pilar de la Horadada (A)**	Rechaz.	Jul-41
12	**GARCÍA PÉREZ**	Antonio	SI	**Novelda(A)**	6º B. M.	Abr-42
13	**GARRIDO ARENAS**	Antonio	SI	**La Roda (AB)**	4ª/263	Jul-41
14	**GILI MÁS**	Leandro	SI	**Barcelona**	20º B. M.	Feb-43
15	**GOMARIZ ESTEVE**	Antonio Jesús	SI	**Fortuna (MU)**	4ª/263	Jul-41
16	**GÓMEZ VILLO**	José	SI	**Cullera (V)**	6º Bon M.	Abr-42
17	**MADUEÑO MARTÍNEZ**	Carlos	SI	**Sevilla**	4ª/263	Jul-41
18	**MARTÍNEZ MACIÁ**	Julio	SI	**Guardamar de Segura(A)**	Gr. Transm	Jul-41
19	**ORS LLORET**	Miguel	SI	**El Grao (V)**	6º B.M.	Abr-42
20	**PASCUAL CID**	Antonio	SI	**Madrid**	6º B.M	Abr-42
21	PLANELLES GLICIÁN	José	NO	Barcelona		
22	**RUIZ MARTÍNEZ**	Patricio	SI	**Torrevieja(A)**	4ª/263	Jul-41
23	**SAMPER LOPEZ**	Luis	SI	**Monóvar(A)**	17º B. M	Ago-42
24	SERNA SANTIAGO	Antonio	NO	Albatera(A)		
25	**SOGORB GARCÍA**	Félix	SI	**Olot-(GE)**	4ª/263	Jul-41

* MORAGON MAESTRE Manuel

En este grupo 5º, en el que se incorporaron 16 voluntarios, es obligado hacer algunas aclaraciones; la primera, que el hecho de no haber nacido aquí no implicaba forzosamente que no vivieran de forma estable en nuestra ciudad, y que no estuvieran suficientemente integrados en la sociedad local del momento; muchos de ellos, aunque nacidos fuera de Elche tenían suficiente arraigo personal y familiar como para haber sido objeto de la represión frentepopulista.

José Aguado Pozo había nacido en Benalúa de las Villas, provincia de Granada el 12 de octubre de 1919; en su ficha consta como domiciliado en Elche, calle del Carmen, 4; alistado a Falange, durante la G.C.E. combatió como requeté en el Ejército Nacional; al terminar la contienda fue guardia municipal. Se incorporó con el primer contingente, en julio de 1941, destinado a la 4ª/263; dejó como beneficiaria a Carmen Sánchez Bernad; obtuvo dos Cruces Rojas al Mérito Militar y el Diploma y Emblema de Asalto de Infantería del gobierno alemán; volvió en abril de 1943, con el 11º Batallón de Repatriación.

Manuel Aguilar Calvo había nacido en Catral el 15 de agosto de 1909, en su ficha consta como domicilio en Elche, calle Capitan Lagier, 7; durante la G.C.E. consiguió huir del ejército republicano; después, se hizo falangista y fue guardia municipal; no consta que llegase a incorporarse.

Vicente Alonso Navarro había nacido en Rojales el 9 de septiembre de 1919; en su ficha consta como domiciliado en Elche, Travesía de San Roque; al ser movilizado con su quinta, marchó al ejército republicano, resultó herido y estuvo ingresado en un hospital de sangre hasta la liberación; cuando solicitó su alistamiento a la División Azul fue rechazado por falta de talla, pues en la ficha figura, textualmente: "estatura: un metro"; se supone que era un error y no anotaron los milímetros siguientes, pues al revisar posteriormente la ficha fue considerado útil, y se incorporó con el 27º Batallón en Marcha en agosto de 1943.

Mariano Campillo Ramallo había nacido en Cartagena el 12 de febrero de 1920; adherido a Falange., se alistó a la División Azul el 28 de junio de 1941, pero no figura que llegase a incorporarse; en su ficha consta que estaba haciendo el servicio militar.

Francisco Cano Picó había nacido en Pinoso el 28 de octubre de 1920, hijo de Francisco y Lucrecia, con domicilio después en Elche, calle Filet, 39. De profesión camarero y afiliado a U.G.T., durante la G.C.E. combatió en el ejército republicano, no obstante lo cual, era simpatizante de los partidos de derechas; se afilió a F.E.T. en junio de 1939; se incorporó con la 2ª Compañía del 6º Batallón en Marcha, procedente del Regimiento de Artillería nº 34, en abril de 1942, siendo destinado al Regimiento de Artillería 250; regresó con el 16º Batallón de Repatriación en octubre de 1943.

Ataúlfo Chillón Casado había nacido hacia 1890 en Toledo; miembro de la Unión Patriótica de Primo de Rivera, se afilió al Partido Radical durante la República y después a Falange; fue perseguido por difundir noticias pesimistas sobre el curso de la contienda y ayudar a organizar la Falange para su labor "depuradora" y estuvo encarcelado; después de la G.C.E. fue jefe de la Guardia Municipal; no llegó a incorporarse a la División, probablemente rechazado por razones de edad.

Olegario Domarco Gómez había nacido en Catral el 9 de julio de 1909, hijo de Carmen y Olegario, este detenido y fusilado por sentencia del Tribunal Popular de Alicante el 4 de octubre de 1936; de profesión zapatero y afiliado a U.G.T. durante la República, fue detenido y encarcelado; en abril de 1937 se enroló en el Batallón Elche, junto a su cuñado el capitán Ginés Conesa Cañavate; en su ficha del A.G.M.Av. figura la palabra "inútil", y además tampoco cumplía los requisitos de edad (32 años)

Lázaro Escarabajal Castillo había nacido en Cartagena el 1 de julio de 1921, hijo de Jerónimo e Isabel; hizo el servicio militar como marinero en Cartagena; adherido a Falange, en su ficha consta que se marchó sin dejar señas y no llegó a incorporarse.

Domingo Fenoll Montón había nacido en Tucumán, Argentina, el 29 de diciembre de 1919 (en otros documentos consta el 20 de diciembre de 1920), hijo de Rafael y Patrocinio; militante de la Juventud Católica, fue oficial de quintas del Ayuntamiento; su padre fue detenido durante la G.C.E.; se alistó a Falange y se presentó voluntario para la División Azul; casado y con una hija de corta edad, sus padres lograron que fuera excluido de la recluta.

Roberto Ferrando Ripoll había nacido en San Juan de Puerto Rico el 15 de mayo de 1917, hijo de José y Vicenta; antes de la G.C.E. ya era falangista; fue movilizado por su quinta con el ejército republicano, sirviendo como motorista en la 62ª Compañía Motorizada de Aviación; su hermano Vicente murió combatiendo con la 107ª Brigada Mixta republicana en enero de 1938; en su ficha del A.G.M.Av. consta como "inútil".

Bernardo García Henarejos había nacido en Pilar de la Horadada el 4 de enero de 1918, hijo de Bernardo y Dolores; excombatiente como fusilero-granadero, luchó como marino en el destructor Ceuta, del Ejército Nacional, obteniendo la Medalla de Campaña, una Cruz Roja al Mérito Militar y una Cruz de Guerra; afiliado a Falange en 1939, se incorporó a la División Azul, pero fue devuelto desde Valencia, declarado inútil por enfermo el 6 de julio de 1941.

Antonio García Pérez había nacido en Novelda el 6 de enero de 1913, hijo de Antonio e Iluminada; activo dirigente de la J.A.P., era Vieja Guardia de Falange, afiliado desde diciembre de 1935; empleado municipal, fue perseguido y apaleado por los milicianos; alistado en el primer llamamiento, se incorporó en abril de 1942 con la 4ª Compañía del 6º Batallón en Marcha; obtuvo la Cruz Roja de Mérito Militar y la Medalla de la Campaña del Este; regresó con la 4ª Agrupacion del 15º Batallón de Repatriación en octubre de 1943.

Antonio Garrido Arenas había nacido en La Roda (Albacete) el 25 de octubre de 1917, hijo de Antonio y María, con domicilio en Elche, calle Teniente Ruiz, 21; movilizado con su quinta por el Ejército republicano, se pasó a las filas nacionales el primer día de su incorporación, combatiendo con la Legión durante 27 meses; obtuvo la Medalla de Campaña, dos Cruces Rojas y una Cruz de Guerra; se incorporó a la División Azul con el primer contingente, en julio de 1941, destinado a la 4ª/263; sufrió congelación en ambos pies y estuvo ingresado en febrero y marzo de 1942 en Königsberg por heridas de guerra. Regresó en septiembre de 1942, con el 7º Batallón de Repatriación. Ingresó en la Guardia Civil.

Antonio Jesús Gomáriz Esteve había nacido en Fortuna (Murcia) el 15 de julio de 1917, domiciliado en Elche, calle Padre Lorenzo, 9; se afilió a Falange en agosto de 1934; fue detenido y encarcelado en la prisión provincial de Murcia, pasando posteriormente al hospital. Tras la G.C.E. fue guardia urbano del ayuntamiento de Elche; se incorporó a la División Azul con el primer contingente, en julio de 1941, destinado a la 4ª/263, fue muerto en los combates de Possad-Posselok el 8 o el 9 de diciembre, siendo enterrado inicialmente en Tschetschulino y luego en Pankowska; obtuvo la Cruz Roja al Mérito Militar. En el listado de caidos de César Ibáñez Cagna figura como perteneciente a unidad desconocida.

José Gómez Villo había nacido en Cullera (Valencia) el 23 de abril de 1917, hijo de Federico y Josefa. Se alistó a la División Azul en julio de 1941 a través de las Milicias de Falange de Elche, y se incorporó en abril de 1942, con el 6º Batallón en Marcha; regresó con el 15º Batallón de Repatriación en octubre de 1943.

Carlos Madueño García había nacido en Sevilla el 29 de marzo de 1921, hijo de Juan y Teresa, con domicilio en Elche, calle Alfonso XIII, 19; junto a su familia hubo de trasladarse a Sevilla durante la G.C.E., al parecer por asuntos de índole común, no política. Miembro de Falange desde marzo de 1939, era jefe de escuadra y se incorporó con el primer contingente, en julio de 1941, pese a no haber sido encuadrado inicialmente en la expedición que salió de Valencia por no contar con autorización paterna; se presentó por su cuenta en el Regimiento Vierna y fue admitido; herido en el pie izquierdo el 7 de julio de 1942, fue repatriado e ingresado en el Hospital Militar de Alicante en septiembre de 1942; obtuvo la Cruz Roja al Mérito Militar.

Julio Martínez Maciá había nacido en Guardamar de Segura el 16 de marzo de 1921, hijo de Joaquín y Manuela; su hermano Joaquín fue fusilado en el frente como represalia por haberse pasado unos compañeros a filas nacionales. Se incorporó con el primer contingente, en julio de 1941, siendo destinado a la compañía de Teléfonos del Grupo de Transmisiones; obtuvo la

Cruz Roja al Mérito Militar y la Medalla Conmemorativa de la Campaña. Repatriado en mayo de 1942.

Miguel Ors Lloret había nacido en El Grao (Valencia) el 15 de marzo de 1913, hijo de Miguel y Carmen. Empleado del Banco Central, era militante de las J.A.P. y colaborador habitual del semanario El Eco, órgano oficial de la Derecha Ilicitana; fue encarcelado al comienzo de la G.C.E.; se enroló en el Batallón Elche en abril de 1937, luchando en el frente de Carabanchel, pero sufrió un accidente a poco de llegar, con lesión en la rodilla izquierda; trasladado desde Madrid al Sanatorio de Fortuna (Murcia) fue declarado no apto para el combate y destinado a servicios auxiliares hasta el final de la contienda. Se alistó a Falange en julio de 1939, y fue nombrado delegado de Prensa y Propaganda; concejal del ayuntamiento, apenas acudió a las sesiones plenarias. Colaboró con el efímero semanario Renacer; se incorporó a la División Azul en abril de 1942, con el 6º Batallón en Marcha; tras un breve paso por el Rgtº 269, ocupó la plaza en la Plana Mayor del 263 que dejó su hermano Adolfo al ser repatriado; herido por metralla en cara y región auricular, en el hospital se le detectó una cardiopatía, por la que fue ingresado en diversos hospitales alemanes hasta su repatriación en noviembre de 1943; a su vuelta fue diagnosticado de tuberculosis, enfermedad que le causó la muerte el 4 de mayo de 1950.

Antonio Pascual Cid había nacido en Madrid el 7 de mayo de 1921, hijo de Antonio y Asunción; antes del periodo de guerra se había alistado a U.G.T. y se incorporó al Cuerpo de Asalto del ejército republicano; tras la G.C.E. fue admitido como adherido a Falange, alistado desde el primer momento, se incorporó en abril de 1942 con el 6º Batallón en Marcha; obtuvo la Cruz Roja al Mérito Militar y la Medalla del Este; regresó con el 15º Batallón de Repatriación en septiembre de 1943.

José Planelles Glicián había nacido en Barcelona el 15 de noviembre de 1919, hijo de José y Antonia. Falangista, hizo el servicio militar en Infantería; enfermero del Hospital de Elche, se alistó en los primeros momentos, no consta que llegase a incorporarse a la División Azul.

Patricio Ruiz Martínez era hijo de Patricio Ruiz Gómez, asesinado el 3 de septiembre de 1936; fue otro de los principales impulsores del Alzamiento en Elche, por lo que estuvo encarcelado largo tiempo y fue también uno de los primeros en alistarse e incorporarse a la División Azul; importante miembro de la Falange ilicitana, ocupó diversos cargos en la administración local y política de la ciudad; destinado a la 4ª/263, obtuvo la Cruz Roja al Mérito Militar y la Medalla de Sufrimientos por la Patria con cinta azul; fue repatriado en diciembre de 1942.

Luis Samper López había nacido en Monóvar el 11 de enero de 1922;

se incorporó a la División Azul en agosto de 1942, 17º Batallón en Marcha, fue repatriado en enero de 1944.

Antonio Serna Santiago había nacido en Albatera el 28 de septiembre de 1920, hijo de Antonio y Pilar; alistado con el primer llamamiento en junio de 1941, consta que siguió trabajando en la empresa de Guillén, Campello y Cía. hasta el 8 de julio, por lo que no pudo incorporarse porque los voluntarios ilicitanos encuadrados en el primer contingente ya se encontraban en Valencia para esa fecha.

Félix Sogorb García había nacido en Olot (Gerona) el 28 de enero de 1914, hijo de Félix y Piedad, con domicilio en Elche, calle Blas Valero, 25. Cocinero, trabajaba en el Restaurante Nacional; se incorporó con el primer contingente en julio de 1941, destinado a la 4ª/263; fue repatriado con el 7º Batallón de Repatriación en septiembre de 1942.

Por último, señalar a Manuel Moragón Maestre; había nacido en Yecla el 15 de junio de 1918, hijo de Antonio y Clotilde. Procedente de las Milicias de Falange de Murcia, se incorporó con el primer contingente en julio de 1941, destinado a la 2ª/263; obtuvo la Cruz Roja al Mérito Militar; su ficha figura entre las de los ilicitanos, pero su vinculación con Elche fue posterior a su regreso de la División Azul, ocupando el cargo de Director del Instituto laboral de esta ciudad; colaboró en el Boletín Informativo del Centro de Enseñanza Media y Profesional de Elche.

Esquemáticamente, la distribución de los voluntarios ilicitanos en la División Azul fue la siguiente:

	Incorp.	%	No Incorp.	%	Suma	%
Milicias Elche	13	21.57	19	46.24	32	31.37
Ejército	24	40.00	0	0	24	23.53
Otras Milicias	2	3.33	0	0	2	1.96
No ilicitanos	17	28.33	9	21.43	26	25.49
Indeterminado	4	6.67	14	33.33	18	17.65
Sumas	60		42		102	

· incluye a M. Mragón

Es decir, que no todos los alistados llegaron a incorporarse a filas, aunque lo hicieron más de la mitad (58.82 %) de los alistados inicialmente; 24 (23.53 %) de ellos le hicieron desde las filas del Ejército y 34 (56.67 %) desde las Milicias de Falange, de Elche y de otros lugares; en puridad, solo podríamos considerar como militar profesional a Juan García Tarí, que tenia graduación de sargento; del resto, lo más probable es que estuvieran haciendo el servicio militar:

Infant.		Artill.		Ingen.		Caball.		Autom.	Legión	Esc. Azul
Rgtº	Nº	Rgtº	Nº	Rgtº	Nº	Rgtº	Nº			
3	1	34	1	3	1	19	1	1	5	1
11	4	42	1	6	1					
21	1	44	1							
23	1	Parq.	1							
31	1									
51	1									
61	1									
Sumas	10		4		2		1	1	5	1

A simple vista se aprecia que la dispersión de los soldados ilicitanos era notable; de los incorporados procedentes de Infantería, cuatro venían del Regimiento nº 11, sito en Alicante, los demás procedían de Badajoz (Rgtº nº 3), Vitoria (Rgtº nº 21), Pamplona (Rgtº nº 23), León (Rgtº nº 31), Gerona (Rgtº nº 51) e Ibiza (Rgtº nº 61); los de Artillería procedían del Regimiento nº 31 (Larache), 42 (Córdoba), 44 (Barcelona) y del Parque de Artillería de Valencia; los Ingenieros procedían de los Regimientos nº 3 (Valencia) y 6 (San Sebastián); uno procedía del Parque de Automovilismo de Madrid, y, curiosamente, 5 procedían de diversas Banderas del 3º Tercio de la Legión, situado en Larache.

Como se puede suponer, las causas de no incorporación fueron variadas, y no siempre están bien esclarecidas; es muy probable que la ola de entusiasmo juvenil, sobre todo entre los militantes falangistas, dispuestos a alistarse en su totalidad (luego se comprobó que no todos estaban dispuestos a incorporarse), hiciese un efecto llamada o arrastre entre los varones ilicitanos que, bien por mimetismo, bien por convencimiento, bien por no verse significados en sentido negativo, acudieron al banderín de enganche; cierto es también que algunos se alistaron de manera simbólica pues sabían fehacientemente que no iban a ser admitidos, por razones de edad, lesiones previas, etc. pero no quisieron dejar de mostrar su compromiso con la recluta. Por ejemplo, José Canales Mira-Perceval, que sobrepásaba con creces la edad, al igual que Ataúlfo Chillón Casado, de más de 50 años, Emilio Fenoll Follana, de 59; no disponemos de datos de los reconocimientos médicos previos efectuados, pero dejan algunas dudas pendientes: a Javier Sánchez Javaloyes no se le detecta la epilepsia en el reconocimiento previo; Bernardo García Henarejos fue devuelto también desde Valencia declarado inútil por enfermo; llamativo es el caso de Miguel Ors Lloret; enrolado voluntariamente en el republicano Batallón Elche desde la prisión de Altamira; a poco de llegar al frente de Madrid sufrió una lesión en la rodilla que, tras numerosos avatares, terminó ocasionándole una incapacidad para el servicio activo de guerra pasando la mayor parte del tiempo de esta como escribiente en el sanatorio de Archena, Murcia; sin embargo, cuando se produjo el llamamiento a la División Azul fue de los primeros en alistarse y se incorporó al frente de Rusia en marzo de 1942, cuando su hermano Adolfo llevaba allí desde los primeros compases; por eso resulta llamativo que siendo inútil para luchar con el ejército republicano (dictamen de Tribunal Médico) fuera apto para combatir en la División Azul (también por dictamen médico).

Otros tantos desaparecieron sin dejar rastro, simplemente cumplimentaron la pequeña ficha primaria, pero luego no comparecieron o no fueron llamados para completar el formulario de incorporación; en muchos expedientes del Archivo abulense, solo figura una cartulina con el nombre y apellidos, a veces la fecha o el nombre de los padres, a veces la fecha de nacimiento, pocas veces el domicilio; en alguna de ellas figura "haciendo el servicio militar"; en otras ocasiones, rechazado el voluntario para el primer contingente, por exceso de cupo, se le pidió ratificase o rectificase su decisión a principios de 1942, cuando ya se empezaban a planificar los refuerzos y repatriaciones en forma de Batallones en Marcha y de Relevo; fueron numerosos los que, a siete meses vista, su vida había cambiado: habían encontrado trabajo, habían formado una familia, el ardor guerrero se había enfriado, máxime cuando las noticias que llegaban de Rusia distaban mucho del paseo triunfal que se prometían los primeros divisionarios y en su lugar se recibían esquelas y necrológicas. Naturalmente, las verdaderas causas íntimas por las que no se incorporaron, solo las conocieron sus autores y merecen, por tanto, nuestro respeto.

Sin embargo, no deja de ser llamativa la distribución temporal analizada en base a la procedencia de los voluntarios:

Año	Incorp.		F.E.T.		Ejército	
	Nº	%	Nº	%	Nº	%
1941	24	40.00	15	25.00	9	15.00
1942	24	40.00	14	23.33	10	16.67
1943	11	18.33	7	11.67	4	6.67
No consta	1	1.67	0	0	1	1.67
Suma	60	100	36	60.00	24	40.00

De entrada, como ya hemos señalado, se incorporaron más hombres procedentes de las Milicias de Falange que de las filas del Ejército (60 / 40 %); lo que puede resultar sorprendente es que se incorporara la misma cantidad en 1942 que en 1941 y que en cada uno de los tres años, fueran más los voluntarios procedentes de Falange que los procedentes del Ejército a lo largo de los tres años que estuvo abierto el alistamiento; aun asumiendo, de manera harto forzada, que todos los que venían del Ejército hubieran sido obligados, la ratio seguiría siendo de 6 que eran voluntarios contra 4 que no lo eran; pero, abundando más en el argumento, no es posible admitir que los 9 que se incorporaron desde el Ejército en 1941 hubieran sido de recluta obligada, ni tampoco se puede admitir para los 10 que se incorporaron en 1942, pues solo uno de ellos, Juan Garcia Tarí, era militar profesional (sargento). Todos los demás estaban haciendo el servicio militar y la quinta parte de ellos, venían de la Legión. Estos datos vienen a refutar con fuerza la malintencionada teoría del reclutamiento forzoso en los cuarteles y la incorporación obligada de presos y simpatizantes republicanos; por otro lado, como señala Caballero Jurado, es absurdo este planteamiento desde el más estricto sentido de la lógica militar: ¿Quién va a estar tan descabellado como para incorporar y armar a personas enemigas o desleales? Nadie podría garantizar, en tales casos, que abandonaran los puestos de centinela, se pasaran al enemigo o dispararan por la espalda sobre sus propios oficiales.

No hemos conseguido los datos de repatriación de todos los voluntarios ilicitanos; según los obrantes en nuestro poder, en 1941 volvió uno de ellos, considerado inútil por enfermedad en el reconocimiento médico efectuado en Valencia; en 1942 regresaron 18, los mismos que en 1943; Luis Samper fue repatriado después de que lo hubieran hecho sus compañeros, en enero de 1944. Francisco López Moreno, Julio Mari de Dios y Jaime Ramón Medina se incorporaron a la Legión Azul y siguieron combatiendo en ella hasta su disolución. Antonio Jesús Gomariz Esteve y Francisco Vicente Rodríguez quedaron para siempre en Rusia; volvieron enfermos Vicente Ruiz Brotóns, de paludismo y Miguel Ors Lloret, de tuberculosis; fueron heridos Antonio Benjamín Antón Molla, Andrés Catalán Linares, Antonio Garrido Arenas, José Gómez Villo, Antonio Gras Maciá, José Llopis Pastor, Diego Maciá Almela, Carlos Madueño Martínez, Alfredo Miller Ripoll y José Sánchez Sáez, que falleció en el Hospital Militar de Valencia.

POR QUÉ

La segunda tarea a acometer en este estudio histórico es intentar averiguar las razones que impulsaron a este centenar largo de hombres a alistarse en la División Azul. En el trasfondo, subyace el convencimiento de que el impulso creador de la unidad a nivel personal, procedió de la represión sufrida por muchos ciudadanos en el bando republicano durante el periodo de la Guerra Civil (Caballero, 2011).

Mucho se ha debatido, desde casi todos los puntos de vista posibles, sobre la verdadera motivación del enrolamiento; a fuer de sinceros, hemos de reconocer que es casi, casi, imposible saber el verdadero motivo por el que cada uno se alistó; el documento de afiliación a cumplimentar en los banderines de enganche incluía "Datos Militares", tales cuales reemplazo al que pertenecía el solicitante, la caja de reclutas en que había sido incluido, tiempo, arma, unidad de servicios prestados, grados, recompensas, distinciones obtenidas, especialidad militar y también solicitaba datos políticos con información sobre la afiliación al partido (obviamente, al único, la Falange), actuación durante el periodo de guerra (en los documentos consultados suele aparecer como G.A.N), actuación desde abril de 1939 hasta la fecha; pero no hacía ninguna pregunta sobre el motivo personal del alistamiento. El postulado más común fue "devolver la visita que nos hicieron los comunistas a nuestra casa", traducción cuasi literal del deseo de vengar los sufrimientos causados por el comunismo durante el periodo del Frente Popular y la Guerra Civil; por ejemplo, Moreno Juliá afirma que "de ahí que, cuando en 1941 se configuró la División Azul, miles de españoles tuvieran aun marcados a fuego en sus mentes, cuerpos y corazones los traumáticos sucesos de julio de 1936 ...//... en julio de 1941, los miles de españoles que habían sufrido la acción de la Revolución, tenían todavía heridas por cicatrizar". En el mismo sentido se pronuncia Carme Agustí: "podrían resultar difíciles de entender, sesenta años después, los deseos e ilusiones que impulsaron a estos hombres a combatir...//... La mayoría de los divisionarios tiene en común la pérdida de un familiar, cercano o lejano, o de un conocido en circunstancias trágicas".

Se ha postulado que aquellas zonas que más tiempo tardaron en ser conquistadas por el ejército nacional o las que sufrieron una mayor represión republicana durante la guerra, fueron las que más voluntarios aportaron a la División Azul; ello se ha atribuido a una doble vertiente; de un lado, en un intento por parte de los vencidos de lavar su pasado y adherirse al bando vencedor; de otro, en la intención por parte de los vencedores, de tomar cumplida venganza contra el principal culpable de todos los desastres, el comunismo; es tónica común entre los más conspicuos historiadores de la División, resaltar el hecho de que ésta era una continuación de los elementos ideológicos que animaron a los nacionales durante la guerra civil, y más concretamente, en sentido de respuesta a la represión del Frente Popular. Este hecho ha sido constatado por numerosos autores, como por ejemplo, José Manuel Puente Fernández, en su estudio sobre los cántabros en la División Azul, donde se expone la correlación entre los pueblos que facilitaron más alistamientos y los que más habían sufrido la represión frentepopulista; esto también podría ser aproximado para la Iª Región Militar, Madrid, que resistió hasta el final y que aportó cerca de 2.000 voluntarios procedentes de las Milicias de Falange.

Con el ánimo de estimar la verosimilitud de este condicionante, hemos efectuado un análisis de lo sucedido en este sentido en la ciudad de Elche; no se trata de reflejar en sí misma la represión sufrida en nuestra ciudad antes y durante la Guerra Civil; no se van a escudriñar autores de ella ni posibles motivos; solo se pretende considerar si existe y poner de manifiesto, en caso afirmativo, alguna relación entre las personas represaliadas, en mayor o menor grado, y los voluntarios que se alistaron dos años más tarde en la División Azul, considerando al comunismo causante de esos males y deseando.... no venganzas personales propiamente dichas, sino persiguiendo un ideal, una utopía, cual era eliminar esta forma de organización de la sociedad.

La primera duda que se presenta es más bien de tipo semántico; se ha fijado con ahínco la palabra represión para señalar las atrocidades cometidas con motivo u ocasión de la guerra civil y tiempos posteriores; strictu sensu, y aplicando la definición de "represión" que nos ofrece la R.A.E. ("acto o conjunto de actos, ordinariamente desde el poder, para contener, detener o castigar con violencia, actuaciones políticas o sociales"), solo podrían incluirse en este concepto, los actos violentos efectuados por el gobierno de turno y quedarían fuera de él, los efectuados por grupos incontrolados o ajenos al poder (aunque fueran tolerados por este); por tanto, los actos cometidos fuera de la ley no podrían considerarse como represión; tal vez podrían considerarse como represalia ("respuesta de castigo o venganza por alguna agresión u ofensa"), o claramente como venganza ("satisfacción que se toma del agravio o daño recibidos"). Puede que el matiz tenga su relativa importancia, pues al incluir dentro del concepto "represión" todos los actos violentos acaecidos, se atribuye al poder su autoría, se exculpa a los que actuaron por su cuenta y al margen de la ley y se equipara a los que ejercieron la violencia por cauces extrajudiciales con los que aplicaron la legislación vigente en el momento.

A la hora de estudiar el resarcimiento de agravios, real o presuntamente pendientes, es muy difícil averiguar quién dio el primer paso adelante y pasó del señalamiento a las amenazas, a las detenciones, a los malos tratos y a las ejecuciones; porque hay que considerar, llegado este punto, tres mecanismos en el modus operandi de la penalización republicana a sus contrarios:

A) la revestida de visos de legalidad, con tribunales de justicia actores de sumarios y sentencias dotados de un mínimo de garantías procesales, formados por jueces, fiscales y abogados de carrera que, con mayor o menor rigor, intentaban aplicar la ley de forma honesta; esta modalidad sí podría encajar en la definición de represión.

B) la ejercida por los llamados tribunales populares, constituidos por miembros de los partidos políticos y sindicatos, ayunos de conocimientos legales, que lo único que pretendían era legalizar una sentencia de muerte dictada de antemano en aras de la defensa de sus propios principios, que estaban dispuestos a implantar sin reparar en medios ni obstáculos, de un modo u otro; esto podría considerarse como represalia.

C) la tercera forma, más compatible con el concepto de venganza, era el asesinato indiscriminado, sin juicio ni cierto ni ficticio, sino simplemente destinado a eliminar enemigos, reales o potenciales e implantar un sistema de miedo colectivo que advirtiese a los rivales del camino a seguir; lamentablemente, este camino no era único ni unívoco, pues cada facción tenía el suyo propio, y la confrontación había adquirido ya un carácter peculiar e imperativo: cada grupo estaba convencido de tener toda la razón y el derecho de su parte, contemplando a los demás como enemigos, aún cuando la base ideológica, al menos en teoría, fuera la misma o semejante; enemigos eran los etiquetados de fascistas, tanto en el frente de batalla como emboscados en la retaguardia; pero también lo eran otros sindicatos, partidos o grupos políticos, a quienes acusaban frecuentemente de traidores. En esto jugaban un papel determinante los comisarios políticos; no deja de ser llamativo que en la filiación o simpatía política de algunos detenidos figuren tendencias o partidos políticos poco o nada afines a los que se pudieran relacionar con el Alzamiento militar, tales cuales Unión Republicana, Partido Radical, Partido Republicano Radical Socialista, y que en muchos casos, no se conozca una ideología determinada; el mero hecho de ser simpatizante de los partidos de derechas ya era un factor de riesgo, expresado simplemente, por ejemplo, al haber ejercido de interventor por alguno de esos partidos en las elecciones de febrero de 1936; también eran enemigos los religiosos, los católicos, los propietarios, los empresarios, el clero y la nobleza, etc. La forma más habitual de eliminación fue el conocido paseo, terrible eufemismo consistente en responder a la pregunta del prisionero determinado "¿A dónde me lleváis?" con un sarcástico: "a dar un paseo", del cual ya no volvía, quedando su cuerpo sin enterrar en cualquier punto de la provincia. Los lugares fueron tan diversos como la carretera de Aspe, la de Novelda, la de Novelda a Elda, la de Alicante, El Campello, algunas partidas rurales del campo de Elche….

Dentro del cajón de sastre que engloban estos términos de represión, represalia y venganza, se pueden establecer diversos niveles de severidad: desde la simple marginación por razones ideológicas, hasta la condena a muerte y ejecución, pasando por la expropiación, el incautamiento de bienes, el encarcelamiento, la tortura, etc., hay un amplio trecho de actuaciones; esquemáticamente hemos dividido el concepto en tres grandes grupos: los que fueron amenazados, los que estuvieron presos y lo que resultaron muertos; es obvio que esta esquematización tiene forma de círculos concéntricos o de matrioscas rusas: todos los muertos estuvieron amenazados y presos, todos los presos estuvieron amenazados.

En el primer apartado incluimos exclusivamente a quienes figuraron en listados de personas señaladas o a detener, distinguiendo aquellos que se incluían en una orden o mandato, generalmente del responsable último del orden social en la ciudad, es decir, el alcalde, o de un juzgado determinado, de aquellos que eran detenidos arbitrariamente por grupos armados pertenecientes a sindicatos, partidos políticos o grupos de acción sin respaldo legal especificado, pero sin que llegara a ejercerse sobre ellos ninguna acción violenta; no incluimos, aunque lo demos por asumido, que en la inmensa mayoría de los casos, los familiares también pudieron sentirse amenazados o sentir miedo a represalias pero, dado que no tenemos constancia documental de ellos, aún asumiendo su existencia, no podemos contabilizarlos en este estudio.

En el segundo apartado, incluimos todos aquellos que fueron detenidos y encarcelados, no solamente en la prisión local del palacio de Altamira sino en cualquiera de los muchos centros empleados como lugares de reclusión, por ejemplo, el barco prisión Rita Sister, surto en Valencia, la Prisión Provincial de Alicante, la de Alacuás en Valencia, la de Cehegín en Murcia, etc; tambien distinguiremos en esta ocasión los que fueron encarcelados por mandato judicial de los que lo fueron al libre albedrío de los grupos armados.

El tercer grupo incluye los que resultaron muertos, con independencia de la forma en que encontraron la muerte.

Vamos a tomar como referencia fundamental el libro "Elche, una ciudad en Guerra", (Ors Montenegro, 2008); una parte de la información vertida y desmenuzada a continuación procede directamente de él y de los datos de la Cátedra Pedro Ibarra, que él dirige; otra parte procede del A.H.M.E. y de la hemerografía y bibliografía.

Como hemos señalado, consideramos en este estudio como víctima toda aquella persona que apareciera en alguno de los listados existentes al respecto en el archivo mencionado; si solo constaba en la relación, sin otras informaciones, ha sido considerada como "amenazado"; si figuraba en alguna orden de detención, o listado de personas encarceladas, se ha considerado como "preso"; si existe constancia de su fallecimiento, se ha considerado "muerto".

Se ha analizado también la filiación política de las señaladas como víctimas; solo se ha considerado su militancia cuando existía constancia fiable de ello; en caso contrario, se ha incluido en el apartado de "no consta".

Como era de temer y esperar, no se tienen todos los datos de todas las personas, por lo que hemos creado un grupo de "otros/sin datos".

De esta manera, se pueden considerar como "víctimas", en las tres modalidades expuestas, un total de 457 personas; de ellas, 423 (92.56 %) eran hombres, y 34 (7.44 %) eran mujeres; resultaron muertas 134 personas (29.32 %), de las cuales 132 (98.51%) eran hombres y 2 eran mujeres (1.49%); fueron encarceladas 222 personas (48.58 %), de las cuales, 202 eran hombres (90.99 %) y 20 eran mujeres (9.01 %); y fueron amenazadas otras 94 personas (20.57 %), de las cuales, 86 eran hombres (91.49 %) y 8 (8.51 %) eran mujeres.

Consideremos, en primer lugar, su vinculación política:

Filiación	Amenazado			Preso			Muerto			Total		
	Homb	Muj	Suma	Homb	Muj	Suma	Homb	Muj	Suma	Homb	Mujer	Suma
A.C.M.	0	0	0	0	3	3	0	1	1	0	4	4
C.E.D.A	0	0	0	1	0	1	0	0	0	1	0	1
Cat/Sacerd.	0	0	0	4	0	4	5	0	5	9	0	9
D. Ilicit	1	0	1	18	0	18	54	0	54	73	0	73

F.E.T.	2	0	2	24	1	25	18	0	18	44	1	45
J.A.P.	2	0	2	2	0	2	8	0	8	12	0	12
Militar	0	0	0	0	0	0	1	0	1	1	0	1
P. Agrario	0	0	0	1	0	1	4	0	4	5	0	5
P. Liberal	1	0	1	1	0	1	0	0	0	2	0	2
P. Radical	0	0	0	7	0	7	2	0	2	9	0	9
P.R.I.	0	0	0	0	0	0	1	0	1	1	0	1
P.R.R.S.	0	0	0	3	0	3	0	0	0	3	0	3
Tradic/carl	0	0	0	0	0	0	1	1	2	1	1	2
U.P	3	0	3	7	0	7	7	0	7	17	0	17
Un. Repub	3	0	3	2	0	2	0	0	0	5	0	5
N.C./s.d.	77	12	89	132	16	148	31	0	31	240	28	268
suma	89	12	101	202	20	222	132	2	134	423	34	457
Afiliados	12	0	12	70	4	74	101	2	103	183	6	189
%	13.48	0	11.88	34.65	20.00	33.33	76.52	100	76.87	43.26	17.65	41.36

El análisis de estos datos arroja algunas consideraciones de cierto interés; por ejemplo, la escasa participación de la mujer de derechas en la política activa; solo seis mujeres tenían militancia reconocida, principalmente a través de la rama femenina de la Derecha Ilicitana, la Acción Cívica de la Mujer; otra era simpatizante de Falange y otra, Tradicionalista; una de aquellas y estas dos, resultaron muertas; al 70 % no se le conocía afinidad determinada.

Partiendo de la base de que solo tenemos datos fiables de afiliación política de poco más del 40 % de las víctimas (en 262, 57.33 % no consta), puede resultar un tanto aventurado extraer conclusiones válidas; de cualquier modo, hay datos que atraen la atención; por ejemplo, de las 101 personas amenazadas, en 89 (88.12 %) no consta afiliación; de las 222 personas encarceladas, en 148 (66.67 %) no consta afiliación; pero de las 134 personas muertas, solo se desconoce la filiación política de 34 (25.37 %); de modo que la severidad de la "represión" fue aumentando a medida que era conocida y significativa la actividad política de las víctimas.

Asi, era de esperar que la mayor presión se ejerciera sobre militantes de partidos de derechas, tales cuales Derecha Ilicitana, Falange Española, Juntas de Acción Popular, C.E.D.A., Partido Agrario, Tradicionalistas, etc.; pero resulta que tambien se aplicó sobre personas que anteriormente estuvieron en tareas gubernativas durante el periodo de Primo de Rivera, miembros de la extinta Unión Patriótica, pero no forzosamente afiliados a algún partido en el momento del comienzo de la guerra; así, fueron encarcelados 7 miembros y murieron otros 7 "upetistas" en los primeros meses. Pero también se actuó contra partidos abiertamente democráticos, como el Partido Liberal, el Partido Radical, el Partido Republicano Radical Socialista, el Partido Republicano de Joaquín Chapaprieta, la Unión Republicana, etc. Esto indica una evidente radicalización de la acción represora, englobando en el conjunto adversario (¿fascista?) a todo aquello que no fuera claramente socialista, comunista o anarquista. Como hemos señalado, en numerosos expedientes consta como motivo de la detención haber sido interventor por los partidos de derechas en las elecciones de febrero de 1936, sin especificar por cual de ellos; en muchas ocasiones, sin constar militancia, aparecen nombres de personajes de la nobleza, propietarios, industriales, personas acaudaladas; servidores públicos, como secretarios de juzgado, recaudadores de impuestos, funcionarios, no se vieron libres de persecución.

El anticlericalismo tuvo su cuota parte en estas actuaciones; cinco sacerdotes murieron en los primeros compases y personas de acendrado y reconocido cristianismo, como Pedro Martínez Montesinos, Vicente Amorós o Carlos Lozano tambien sufrieron castigos.

Hay una diferencia clara en la intensidad de la represión ejercida en función de la militancia política concreta en relacion a la no declarada, sino sospechada o atribuida: de los 101 amenazados, en 89 no consta militancia (88.12 %); de los 222 encarcelados, 148 no consta militancia (65.32 %) pero de los 134 muertos, solo 31 (23.13 %) no tenia militancia conocida; prueba, por tanto, que la represión más severa se ejerció sobre las personas afiliadas a determinados partidos políticos. Y así, podemos comprobar que la mayor (y peor) parte se la llevaron la Derecha Ilicitana, la Falange y la J.A.P.; de las 457 personas represaliadas, 130 (28.45 %) eran miembros de alguna de estas tres formaciones políticas; para ello, aportaron 5 amenazados (4.95 % del total), 45 presos (20.27 % del total) y 80 muertos (59.70 % del total).

En efecto, la mayor actividad contra miembros de partidos rivales se centró en Derecha Ilicitana (tambien era la que tenia más afiliados), que soportó cerca del 50 % de la presión y, si bien tuvo pocos miembros amenazados, aportó alrededor de la décima parte de los encarcelados y la mayor parte de los muertos. Falange fue un poco a la zaga de ella, también tuvo pocos amenazados, pero tuvo más presos y menos muertos, soportando algo más de la cuarta parte de la presión represora total; la J.A.P. sufrió menos violencia que los dos partidos mencionados. En conjunto, estos tres partidos recibieron más de las dos terceras partes de las consecuencias de la represión ejercida sobre las organizaciones políticas del momento.

Y ¿cómo se produjo esta criba, como se seleccionaron las víctimas? Según datos obtenidos del libro mencionado y de los fondos documentales del A.H.M.E, en el periodo estudiado circularon cinco listados, de procedencia distinta, con nombres de personas muchas veces coincidentes, sobre las que se debía ejercer la acción represora:

1º.- El semanario El Obrero, en su edición del 5 de abril de 1936, publicaba una relación nominal de "polizontes al servicio de las derechas, los cuales habrían de actuar como dignos pistoleros"; varones todos ellos, es llamativa la profusión de alias y apodos con que designa a las personas: Gasparín, el gall, el hijo de León, el tramusero, matoleta, meniscal, hermano del negrero, chinchilleta, tort del molinet, cachufa, fiahuero, gordico, el rave, caragolet, el cháufer, etc.

Nº	APELLIDOS	NOMBRE	Alias/observaciones
1	ANTÓN MOLLÁ	Antonio	*Hijo de Antonio el Punto*
2	ANTÓN PASTOR	Carlos	*El tuerto de Cerilia*
3	ANTÓN SÁNCHEZ	Vicente	
4	BAÑÓN ANTÓN	Juan	*Meniscal*
5	BUIGUES	Jaime	
6	CAMPELLO RUIZ	Manuel	*El Gall*
7	CARTAGENA	Joaquín	*Carretero de Sansano*
8	CASTAÑO	José María	*Tejidos*
9	CASTAÑO MARTÍNEZ	Juan	*Secretario "El Progreso"*
10	CASTAÑO VALERO	Andrés	*Ex Alcalde de la Plaza*
11	CHINCHILLA	Ismael	*Chinchilleta*
12	CHINCHILLA	Pascual	*Chinchilleta*
13	DÍEZ MARTÍNEZ	Rafael	*Matoleta*
14	DIEZ MARTÍNEZ	Juan	*Matoleta*
15	DOMÍNGUEZ TORRES	Juan	
16	FERNANDEZ	Adolfo	
17	FUENTES SERRANO	Diego	*El Tramusero*
18	GALÁN GINER	Manuel	
19	GALÁN TORRES	Francisco	Secretario Jurado Mixto

20	GARCÍA	Fernando	
21	GARCÍA ESQUITINO	Ginés	
22	GARCÍA JUAN	Lorenzo	
23	GÓMEZ RUIZ**	Patricio	*El Chaufer*
24	GONZÁLVEZ	Pedro	
25	GONZÁLVEZ	Juan	*El Fiahuero*
26	GONZÁLVEZ IRLES	Vicente	*Fiahuero*
27	GONZÁLVEZ*	José	*Fiahuero*
28	GUILLÉN AMORÓS	Matías	
29	HERNÁNDEZ	Pascual	*Gordico*
30	JAÉN ANTON	José	*El Sacristán de S. Juan*
31	JAÉN SERRANO	Antonio	*Yerno del Palut*
32	LÓPEZ SANTO	Salvador	*Tort del Molinet*
33	LÓPEZ SANTO	Manuel	*El Tuerto del Molinet*
34	MACIÁ	Lorenzo	*El hijo de Lorensico*
35	MACIÁ SÁNCHEZ	Blas	
36	MACIÁ SÁNCHEZ	José	
37	MARCO	Jaime M	*El de la catalana*
38	MARTÍNEZ	Ricardo	
39	MÁS BLASCO	José	*Cachufa*
40	MÁS ESTEVE	Francisco	
41	MIRALLES BONETE	Francisco	*El hijo de vaquero*
42	MIRALLES MARCO	Francisco	*El vaquero*
43	MORA PASTOR	Gaspar	*Gasparín*
44	MORANTE FUENTES	José	
45	NAVARRO CARACENA	Ricardo	*El Rave*
46	NOGUERA	Manuel	
47	POMARES LÓPEZ	Vicente	
48	POMARES SEMPERE	Juan	
49	PORTA ***	Espiridión	*El tuerto albañil*
50	PORTA ROVIRA	José	*Hijo del Tuerto el catalán*
51	RODRÍGUEZ	Bruno	*Hermano del vicario*
52	ROMÁN PARREÑO	Fausto	*Hijo de Fausto*
53	RUIZ MAGRO	Gabriel	*Hijo del farmacéutico*
54	SALVETTI PARDO	Arturo	*Hermano del médico*

55	SÁNCHEZ POMARES	Antonio	
56	SÁNCHEZ SÁEZ	León	*Hijo de León*
57	SÁNCHEZ SÁEZ	José	
58	SANCHIZ	Rafael	*Hermano del negrero*
59	TORMO PÉREZ	Alfredo	*Caragolet*
60	TORMO PÉREZ	José	*Caragolet de casa Ferrández*
61	TORREGROSA PARREÑO	Gervasio	*El hijo de Casto*
62	VICENTE PASTOR	Manuel	

* Fiahuero era un apodo ligado al apellido Gonzálvez; en la mayoría de los casos, falta el segundo apellido, lo cual ha de dificultar la identificación del personaje en cuestión.
**Posiblemente esté invertido el orden de los apellidos, y se trate de Patricio Ruiz Gómez
*** Espiridión Porta Requesens

Como se aprecia en la tabla siguiente, no es descartable una cierta asociación familiar, al observarse mismos apellidos con distintos grados de represión, tales cuales Castaño, Gonzálvez, Díez Martínez, Maciá, Navarro, Porta, Sánchez, Tormo, etc., que, aun siendo apellidos harto frecuentes en el nomenclátor ilicitano, sí muestran tendencia a la asociación (varios Gonzálvez figuran como fiahuero, Porta eran padre e hijo, Navarro Caracena eran hermanos, etc.); la mayor proporción de "represaliados" son considerados como amenazados simplemente por figurar en el listado y así, no consta filiación determinada en ellos; no obstante, de los 41 ilicitanos sin tendencia política concreta, 9 (21.95 %) fueron encarcelados y 4 (9.76%) resultaron muertos; lo cierto (y esperado) es que, según este listado, la mayor parte de la represión cayó sobre los militantes de Derecha Ilicitana, Falange y Juntas de Acción Popular; muchos asociados de esta última no tardaron en engrosar las filas falangistas.

Filiación	Amenaz	Presos	Muertos	Suma	%Amenaz	%Presos	%Muertos	%Total
CEDA	0	1	0	1	0	7.69	0	1.61
D. Ilicit	1	1	7	9	3.23	7.69	38.89	14.52
F.E.T.	2	0	5	7	6.45	0	27.78	11.29
J.A.P.	0	2	2	4	0	15.38	11.11	6.45
N/C	28	9	4	41	90.32	69.23	22.22	66.13
Sumas	31	13	18	62	50	20.97	29.03	

Queda claro que el listado, aparentemente un tanto indiscriminado en su selección temprana, marcó el camino a lo que ocurriría después. Interprete cada cual si era la forma de prevenir futuros desmanes, ponerse la venda antes de la herida, o preparar el terreno para justificar ulteriores actuaciones: de las 62 personas señaladas, la mitad fue solo amenazada, algo más del 20% estuvo presa y casi el 30% perdió la vida; la mitad de las personas incluidas no sufrieron ninguna represión ulterior y la inmensa mayoría de las consideradas como amenazadas no tenían significación política concreta; sin embargo, a pesar de su no militancia, este grupo aportó el 69.23 % de los presos y el 22.22 % de los fallecidos; números que pueden considerarse excesivamente altos para un conjunto de personas que, presuntamente, no se habían significado.

De las formaciones políticas, todas de derechas, que sufrieron represión, la mayor parte pertenecían a la Derecha Ilicitana; pero hay que destacar que, si bien solo el 15 % de los integrantes del listado eran de este partido, aportó casi el 40% de los muertos, seguida muy de cerca por Falange, que aportó algo más del 11 % de los señalados y casi el 28% de los muertos; ambos partidos tuvieron pocos amenazados y detenidos, pero las dos terceras partes de los muertos eran de estas dos formaciones.

2º.- Alcaldía.- Antes del alzamiento ya hubo actuaciones selectivas sobre determinadas personas; a primeros de junio, el Juzgado de Primera Instancia e Instrucción pidió informes sobre José Mora Sánchez, José Jaén Antón y Manuel Garrigós Alberola, sobre un robo, pero la respuesta señalaba que eran personas que se consideraban entre los vecinos como "enemigos de la República"; los tres sufrieron represión en los meses siguientes.

Apenas comenzada la guerra, el alcalde ordenó, en oficios sucesivos, la detención de 89 personas, 77 hombres y 12 mujeres; 19 de ellas fueron detenidas en el mes de julio; en agosto fueron detenidas 67, y luego, 2 en noviembre y otra en diciembre; en una de ellas no hemos encontrado la fecha de detención; 8 no llegaron a ser detenidas, 54 fueron encarceladas y 21 de ellos terminaron muertas.

Nº	APELLIDOS	NOMBRE	Filiación	Fecha Detención	Resultado
1	AGULLÓ	Carlos	No consta	07/08/1936	Amenazado
2	AGULLÓ BRU	Atanasio	No consta	21/07/1936	Preso
3	ALBENTOSA	Antonio	No consta	12/08/1936	Preso
4	ALEMAÑ AMOROS	Pascual	No consta	30/08/1936	Preso
5	ALMIRA CARRERAS	Antonio	Dcha. Ilic.	09/08/1936	Muerto

6	ANTÓN	Francisco	No consta	16/08/1936	Preso
7	ANTÓN	Pedro M.	P. Radic.	07/08/1936	Muerto
8	ANTÓN PASTOR	Carlos	Dcha. Ilic.	24/07/1936	Muerto
9	ANTÓN ROMAN	Antonio	Dcha. Ilic.	10/08/1936	Muerto
10	BELTRÁN	Jesús	Dcha. Ilic.	09/08/1936	Preso
11	BONETE POMARES	Antonio	No consta	11/08/1936	Preso
12	BRI AGUILAR	Joaquín	No consta	07/08/1936	Preso
13	BRU AGULLÓ	José	No consta	21/07/1936	Preso
14	CAMPELLO	María	No consta	09/08/1936	Preso
15	CAMPO LATORRE	Bernabé del	Sacerdote	10/11/1936	Muerto
16	CANALES MIRA-PERCEVAL	José	No consta	17/08/1936	Preso
17	CANALES MIRA-PERCEVAL	Santiago	P. Radic.	17/08/1936	Preso
18	CARTAGENA	José	No consta	28/07/1936	Amenazado
19	CASTAÑO MATEU	Antonio	No consta	11/08/1936	Amenazado
20	CHILLÓN CASADO	Ataúlfo	FET	11/08/1936	Preso
21	DOMARCO SELLER	Olegario	Dcha. Ilic.	21/07/1936	Muerto
22	DONAIRE	Alfredo	No consta	19/08/1936	Preso
23	DURÁ DURÁ	Carlos	No consta	07/08/1936	Preso
24	ESPINOSA GÓMEZ	Francisco	No consta	11/08/1936	Preso
25	FALCO ANTON	Ramón	No consta	06/08/1936	Preso
26	FENOLL TARI	Rogelio	No consta	10/11/1936	Preso
27	FERRÁNDEZ RIPOLL	Diego	Dcha. Ilic.	31/08/1936	Preso
28	GALÁN	Manuel	No consta	06/08/1936	Preso
29	GARCÍA (R. Levante)	Antonio	No consta	17/08/1936	Preso
30	GARCÍA AGUEDA	José	No consta	31/08/1936	Preso
31	GARCÍA FERRANDEZ	José	Dcha. Ilic.	31/08/1936	Muerto
32	GINER REGUEZ	María	No consta	08/08/1936	Preso
33	GONZÁLVEZ VALLS	Clemente	P. Rep.	24/07/1936	Muerto
34	GRAU GADEA	Joaquín	U.P.	12/08/1936	Amenazado
35	GRAU NIÑOLES	José	Dcha. Ilic.	12/08/1936	Muerto
36	GUILLÉN AMORÓS	Matías	FET	08/08/1936	Preso
37	GUTIÉRREZ MARTÍNEZ	Roberto	No consta	21/07/1936	Preso
38	JAVALOYES	Alfredo	No consta	21/08/1936	Preso
39	LATOUR	José	U.P.	06/08/1936	Preso
40	LOPEZ PERAL	José	No consta	09/08/1936	Preso

41	LOZANO RIZO	Carlos	Juv. Catol.	06/08/1936	Preso
42	MACIÁ MARTÍNEZ	Sebastián	Dcha. Ilic.	11/08/1936	Preso
43	MACIÁ ORTS	José	Dcha. Ilic.	21/07/1936	Preso
44	MAGRO	Guillermo	No consta	08/08/1936	Preso
45	MARTÍNEZ	Eduardo	No consta	08/08/1936	Preso
46	MARTÍNEZ	Carmen	No consta	22/07/1936	Preso
47	MARTÍNEZ MONTESINOS	Pedro	Catolico	06/08/1936	Muerto
48	MARTÍNEZ MORA	Joaquín	No consta	23/08/1936	Preso
49	ORS LLORET	Miguel	JAP	14/08/1936	Preso
50	PASCUAL QUILES	Antonio	U.P.	03/08/1936	Muerto
51	PÉREZ	José	No consta	08/08/1936	Preso
52	PÉREZ SEMPERE	Rafael	No consta	25/08/1936	Preso
53	PETSCHEN KURTZ	Juan	Dcha. Ilic.	06/08/1936	Preso
54	PIZANA	Margarita	No consta	22/07/1936	Preso
55	RAMÍREZ	Manuel	No consta	07/08/1936	Preso
56	RIPOLL SELVA	Antonio	Dcha. Ilic.	08/08/1936	Preso
57	RIZO GUILABERT	José	No consta	08/08/1936	Preso
58	RIZO SANZ	Pascual	Catolico	07/08/1936	Preso
59	RODRÍGUEZ GIMÉNEZ	Antonio	Dcha. Ilic.	09/08/1936	Muerto
60	ROMERO LÓPEZ	José	JAP	25/07/1936	Muerto
61	RUIZ CHORRO	Gabriel	Dcha. Ilic.	28/08/1936	Muerto
62	RUIZ de la ESCALERA SERRANO	Antonia	ACM	20/07/1936	Preso
63	RUIZ MAGRO	Gabriel	JAP	29/08/1936	Muerto
64	SAFÓN SANTAMARÍA	Manuel	U.P.	10/08/1936	Muerto
65	SÁNCHEZ AZNAR	María	ACM	22/07/1936	Preso
66	SÁNCHEZ POMARES	Antonio	Juv. Catol.	05/08/1936	Preso
67	SANCHÍZ MARTÍNEZ	Tomás	No consta	05/08/1936	Preso
68	SANSANO IBARRA	Juan	Dcha. Ilic.	25/08/1936	Muerto
69	SELVA	Diego	No consta	07/08/1936	Preso
70	SERRA Y ALONSO DEL REAL	José M.	No consta	17/08/1936	Preso
71	SERRANO GARCÍA	Carmelo	Dcha. Ilic.	13/08/1936	Muerto
72	SERRANO RODRÍGUEZ	Luis	P. Radic.	22/07/1936	Preso
73	SOLER RIZO	José	Dcha. Ilic.	21/07/1936	Preso
74	SOLER ROMÁN	Leandro	FET	05/08/1936	Muerto
75	SOLÍS GONZÁLEZ	Gerardo	No consta	11/08/1936	Preso

76	TORREGROSA	Isabel	No consta	22/07/1936	Preso
77	TORREGROSA SANSANO	Milagros	familiar	08/08/1936	Preso
78	TORRES SERRANO	Vicente	Dcha. Ilic.	11/08/1936	Muerto
79	URBÁN	Manuel	No consta	¿?	Amenazado
80	VALERO GONZÁLVEZ	José	No consta	13/08/1936	Amenazado
81	VALERO GONZÁLVEZ	Vicente	No consta	13/08/1936	Amenazado
82	VICENTE PASTOR	Manuel	Dcha. Ilic.	22/07/1936	Muerto
83	VICENTE SERRANO	Matilde	Dcha. Ilic.	22/07/1936	Amenazado
84	Antonia, Modista Santa Pola		sin datos	11/08/1936	Sin datos
85	"EL PELAYO"		sin datos	09/08/1936	Sin datos
86	Empleada J. Sansano		sin datos	21/08/1936	Sin datos
87	"GITANO DE ASPRILLAS"		sin datos	03/08/1936	Sin datos
88	Dos monjas de la Merced		sin datos	22/08/1936	Sin datos
89	Sacristán de Jubalcoy		sin datos	06/08/1936	Sin datos

Redundando en lo anterior, caben pocas dudas de que las informaciones vertidas en la prensa desde varios meses antes habían puesto sobre alarma al gobierno local, pues no se entendería de otro modo que se ordenara la detención de 16 personas cuando no había transcurrido una semana desde el golpe militar (ya hubo detenciones el dia 20 y sobre todo, el 21 de julio); también es llamativo que desde el poder legalmente constituido, con los datos del padrón disponible, se usen también alias, apodos, profesiones, gentilicios, etc. para señalar a las personas a detener; así, figuran Antonia, la modista de Santa Pola, la empleada doméstica de Juan Sansano, El Pelayo, El gitano de Asprillas, el sacristán de Jubalcoy y dos monjas de la Merced, a las cuales no ha sido posible identificar y obtener datos.

Filiación	Amenazados			Presos			Muertos			Suma total		
	Hom	Muj	Suma	Hom	Muj	Suma	Hom	Muj	Suma	Hom	Muj	Suma
A.C.M.	0	0	0	0	2	2	0	0	0	0	2	2
Catol.	0	0	0	3	0	3	2	0	0	5	0	5
D. Ilicit	0	1	1	7	0	7	12	0	12	19	1	20
F.E.T.	0	0	0	2	0	2	1	0	1	3	0	3
J.A.P.	0	0	0	1	0	1	2	0	2	3	0	3
U.P.	1	0	1	1	0	1	2	0	2	4	0	4

P. Rad.	0	0	0	2	0	2	1	0	1	3	0	3
P. REp.	0	0	0	0	0	0	1	0	1	1	0	1
N/C	6	0	6	30	5	35	0	0	0	36	5	41
Otros	0	0	0	0	1	1	0	0	0	0	1	1
S. datos	0	0	0	0	0	0	0	0	0	3	3	6
Sumas	7	1	8	46	8	54	21	0	21	77	12	89

Agrupamos en el epígrafe "católicos" aquellas personas que, según los datos obtenidos, fueron represaliados no por su tendencia o afiliación política, sino por el mero hecho de ser y demostrarlo, católicos practicantes; incluye dos miembros de la llamada Juventud Católica, un sacerdote y dos personas señaladas por su manifiesta religiosidad, en total cinco, de los cuales tres fueron encarcelados y dos resultaron muertos.

De la A.C.M., resultaron detenidas dos mujeres, Antonia Ruiz de la Escalera Serrano y María Sánchez Aznar, esposa de Carmelo Serrano García, que también figura en el listado y resultó muerto.

Del partido político que más personas aparecen en este listado, es la Derecha Ilicitana, con 19 hombres y una mujer; ésta, Matilde Vicente Serrano no llegó a ser detenida; de los hombres, 7 fueron encarcelados y 12 resultaron muertos.

Otros partidos políticos tuvieron menos represión según este listado; fueron detenidos dos falangistas y muerto otro, todos varones; la J.A.P. también tuvo un detenido y dos muertos, todos varones; así mismo fueron detenidos un miembro del Partido Republicano, Clemente Gonzálvez Valls (muerto), cuñado del líder político nacional Joaquín Chapaprieta, y del Partido Radical, que habían formado parte de la gestora municipal nombrada al ser disuelto el Ayuntamiento ilicitano por orden gubernativa durante el gobierno de Lerroux, uno de los cuales, Pedro Miguel Antón Antón resultó muerto.

Antiguos colaboradores de la Dictadura de Primo de Rivera, que figuran como miembros de la, tiempo atrás extinta, Unión Patriótica, y que habían ocupado cargos de relevancia en el ayuntamiento durante aquel periodo, tambien fueron detenidos (Joaquín Grau, José Latour) o resultaron muertos (Antonio Pascual, Manuel Safón).

Carlos Lozano Rizo y Olegario Domarco Seller, formaban parte de la junta directiva Juventud Católica; Carlos Antón Pastor y Diego Ferrández Ripoll eran de la junta directiva de Derecha Ilicitana.

Figura otra persona, Milagros Torregrosa Sansano, de la que no consta, aunque puede suponerse, tendencia política, que no fue detenida por este motivo, sino por ser la esposa de un destacado empresario y dirigente de Derecha Ilicitana, antiguo miembro del Somatén en el periodo primorriverista, Pascual Maciá Moxica, que resultó muerto.

Queda un gran cajón de sastre, donde aparece el nombre de 41 personas a las que no se reconoce adscripción política concreta; es de suponer que serían, al menos simpatizantes de alguna de ellas, o familiares de algún destacado militante de cualquier formación; en este grupo nadie resultó muerto, la mayor parte fue encarcelada durante un tiempo y luego puesta en libertad.

Aunque Elche contaba en esos momentos con una dotación de números de la Guardia Civil formada por un alférez, un brigada, un sargento, un trompeta, un guardia 1º y 9 guardias 2º, y una dotación de Carabineros formada por un brigada, y 6 carabineros en Elche, más otro en el Altet, el alcalde optó por encargar las labores de vigilancia, contravigilancia y orden público a las milicias populares; el 13 de agosto nombró al agente de Investigación y Vigilancia, instructor de todos los expedientes que hubieran de incoarse a los detenidos con motivo de la intentona fascista; a partir del momento del Alzamiento, las órdenes de detención fueron firmadas, no por la autoridad judicial ni por las fuerzas de orden público, sino por el propio alcalde; así, ordenó a los milicianos Vicente Aznar Selva y 8 más, que registrasen las cuevas de la Sierra de El Molar, por si allí hubieran fugitivos fascistas; en el mismo sentido, ordenó al "ciudadano jefe de las Milicias de Elche" que "teniendo noticias esta Alcaldía de que en las haciendas propiedad del vecino Carmelo Serrano García, sitas en este término municipal, existen personas extrañas y sospechosas, se sirva Vd. disponer que por un destacamento de Milicianos se practique un minucioso reconocimiento en las haciendas indicadas, procediendo a la incautación de cuantas armas encuentren, así como también, a la detención de todas las personas que sean sospechosas".

Las incautaciones de bienes fueron continuas, alegando que "declarada zona de guerra esta provincia de Alicante, y precisando disponer en todo momento de vehículos de tracción mecánica para el transporte de Fuerzas y Milicias armadas, se ha dispuesto requisar todos los vehículos existentes en esta ciudad"; lo curioso es que, además de ordenar la requisa, se obligaba al expoliado propietario, a poner el coche a disposición de las autoridades "con todo el equipo y el chófer"; a José Díaz Mora, propietario de dos hornos de pan, teniendo solo uno en funcionamiento, se le incauta el otro, para fabricar pan para los milicianos; al mismo tiempo, se registra la solicitud de Manuel Serrano Orts, Antonio Agulló Soler, Antonio Bru Gomis y Manuel Rodríguez Gómez, para los cargos de Juez

Municipal efectivo, Juez Municipal suplente, Fiscal Municipal efectivo y Fiscal Municipal suplente; de esta manera, "la administración de justicia pasó a manos del pueblo".

Lo siguiente fueron los ceses en cargos de los desafectos; el cartero José García Verdete, el cartero de Valverde Alto y Bajo, Carlos Durá Durá, Manuel Tremiño Brotóns, Francisco García Galán y Francisco Sansano Galiana, miembros del Jurado Mixto, todos ellos por "comportamientos enemigos de la República".

El alcalde, Manuel Rodríguez ya había dado muestras de radical anticlericalismo desde el mismo momento en que accedió a la alcaldía tras cesar Pascual Román Maciá en 1931, intentando prohibir las fiestas de agosto en honor de la Virgen de la Asunción; un tanto forzado, accedió a autorizar las representaciones del Misteri pero no la procesión con la imagen de la Patrona; esto se recrudeció en el bienio derechista, estando en el gobierno la coalición Lerroux-Gil Robles, cuando el Gobernador Civil garantizó que la procesión se celebraría en tiempo y forma "aunque la Virgen tenga que ir escoltada por la Guardia Civil"; ahora, con plenos poderes, no perdió la oportunidad: "enterada esta Alcaldía que en la partida rural de Daimés se pretende por algunos fascistas celebrar la festividad religiosa de hoy, deberá trasladarse a dicha partida, una sección de milicianos que se pondrá al habla con Tomás Antón Antón, del Derramador, y evitar dicha celebración, deteniendo en caso preciso a sus organizadores", en escrito remitido al Jefe de las Milicias Populares Antifascistas de fecha 14 de agosto.

3º.- Frente Popular: ya con la guerra claramente en marcha, el 11 de septiembre, el Frente Popular Antifascista de Elche, formado por el Partido Comunista, Partido Socialista, Unión Republicana, Izquierda Republicana, C.N.T. y U.G.T., remitió un detallado informe al Tribunal Especial "agrupando a los encartados, ateniéndonos a su actuación y peligrosidad"; la catalogación debió hacerse estimando, de mayor a menor, la peligrosidad de las personas en cuanto a actividades antirrepublicanas y; con arreglo al nivel previsto de riesgo, mayor fue la intensidad represora.

Grupo	Amenaz. Nº	%	Presos Nº	%	Muertos Nº	%	Suma
Primero	0	0	2	14.29	12	85.71	14
Segundo	0	0	12	48	13	52	25
Tercero	7	21.88	12	37.50	13	40.63	32
Suma	7	9.86	26	36.62	38	53.52	71

Se puede apreciar cómo a medida que disminuye la presunta peligrosidad atribuida, se mantiene el número absoluto de muertes, pero disminuye en términos relativos, en tanto en cuanto aumentan claramente los encarcelamientos y las acciones represoras hacia personas incluidas en los listados.

Grupo Primero: "individuos que, aparte de estar encuadrados como dirigentes de las organizaciones facciosas, ejercieron actividad en la preparación del movimiento sedicioso y al ser detenidos, se les ocuparon armas que fueron entregadas a las Milicias Populares para la mejor defensa del Régimen".

Nº	APELLIDOS	NOMBRE	Observ.	Fecha
1	ALCARAZ MORA	Manuel	muerto	04-oct-36
2	ANTÓN PASTOR	Carlos	muerto	25-set-36
3	CAMPELLO RUIZ	Manuel	muerto	04-oct-36
4	CHAZARRA HERNANDEZ	Jesús	muerto	04-oct-36
5	MANZANERA PEREZ	Antonio	preso	
6	MIRALLES JORGE	Miguel	muerto	29-set-36
7	NIÑOLES MARTÍNEZ	Víctor Manuel	muerto	26-set-36
8	PASTOR PÉREZ	Jeremías	muerto	26-set-36
9	SAFON SANTAMARÍA	Manuel	muerto	04-oct-36
10	SERRANO GARCÍA	Carmelo	muerto	26-set-36
11	SOLER AGULLÓ	José María	muerto	19-set-36
12	SOLER ROMÁN	Leandro	muerto	04-oct-36
13	SOLÍS GONZÁLEZ	Gerardo	preso	
14	SORIA GABALDÓN	Antonio	muerto	25-set-36

Como se puede apreciar, este grupo ya es más selectivo; la inmensa mayoría de sus componentes (12 de 14, el 85.71 %), todos varones, terminaron muertos, no hubo amenazados y apenas detenidos.

Filiación	Amenaz	Presos	Muertos	Suma	% Repres	% Muertos
D. Ilici	0	0	5	5	35.71	41.67
F.E.T.	0	0	3	3	21.43	25
U.P.	0	0	2	2	14.29	16.67

Sacerd.	0	0	1	1	7.14	8.33
N/C	0	2	1	3	21.43	8.33
Sumás	0	2	12	14		

La mayor parte de la represión se centró en la Derecha Ilicitana y en la Falange; entre ambas soportaron el 57.17 % de la represión, y sufrieron el 66.67 % de los muertos; dos integrantes de los equipos de Primo de Rivera y un colaborador de la Gestora municipal del gobierno de Lerroux (Víctor Manuel Niñoles fue jefe de la Guardia Municipal en aquel entonces, aunque a este no se le asigne filiación política determinada) resultaron muertos; el cura de la Parroquia de San Juan completa la relación de fallecidos.

Grupo Segundo: "Militantes activos en organizaciones contrarias al Régimen y dispuestos a actuar con sus armas en contra de aquel, pero que fueron detenidos apenas iniciado el movimiento"

Nº	APELLIDOS	NOMBRE	Observ.	Fecha
1	ÁGUEDA TORREGROSA	Jaime	muerto	4-oct-36
2	ALBENTOSA PÉREZ	Antonio	preso	
3	AMORÓS GONZÁLVEZ	Carlos	preso	
4	BRI AGUILAR	Joaquín	preso	
5	CASTAÑO MARTÍNEZ	Juan	preso	
6	CHICHILLA VIVES	Vicente	preso	
7	COVES ANTÓN	Vicente	preso	
8	DÍEZ MORA	José	muerto	4-oct-36
9	DOMARCO SELLER	Olegario	muerto	4-oct-36
10	HERNANDEZ VERDÚ	José	preso	
11	IBARRA CANALS	Rafael	preso	
12	JAVALOYES ORTS	José	muerto	4-oct-36
13	LAORDEN GARCÍA	Félix	muerto	5-nov-36
14	MARTÍNEZ MOGICA	Ambrosio	preso	
15	MILLER GINER	Francisco	muerto	4-oct-36
16	MORA SÁNCHEZ	José	preso	
17	NAVARRO CARACENA	Enrique	muerto	4-oct-36

18	NAVARRO CARACENA	Ricardo	muerto	4-oct-36
19	ORTS SÁNCHEZ	Blas	muerto	4-oct-36
20	PASCUAL QUILES	Antonio	muerto	4-oct-36
21	POMARES JAVALOYES	Jaime	muerto	4-oct-36
22	SÁNCHEZ TORRES	Alfredo	muerto	4-oct-36
23	SANSANO GALIANA	Francisco	preso	
24	VICENTE PASTOR	Manuel	muerto	4-oct-36
25	VIDAL AYMERICH	Emilio	preso	

En este grupo la relación, solo masculina, también fue selectiva, (no hubo ningún amenazado, 12 (48 %) estuvieron presos y 13 (52 %) resultaron muertos), sobre todo en lo que se refiere a la Derecha Ilicitana; de las 11 personas que figuran como pertenecientes a ella, 10 (más del 90%) resultaron muertas, mientras que los que fueron detenidos sin militancia política determinada, fueron encarcelados, pero ninguno perdió la vida; fueron muertos dos antiguos miembros del gobierno de Primo de Rivera, sin significación política concreta en el momento de su detención; Félix Laorden era militar, capitán de intendencia, retirado del servicio activo en virtud de la conocida Ley Azaña; en este grupo no figura ningún miembro de Falange.

Filiación	Presos	Muertos	Suma	% Repre.	% Muertos
Dcha. Ilic.	1	10	11	44	76.92
P. Radical	2	0	2	8	0
No consta	9	0	9	36	0
UP-No consta	0	2	2	8	15.38
Militar	0	1	1	4	7.69
Suma	12	13	25		

Grupo Tercero: "afiliados a organizaciones y partidos políticos desafectos al Régimen".

Nº	APELLIDOS	NOMBRE	Filiac	Result	Fecha
1	AGULLÓ SEMPERE	Jaime	No consta	preso	
2	ANTON ANTON	Pedro Miguel	P. Radical	preso	

3	BELSO CASTAÑO	José	Sacerdote	muerto	05-nov-36
4	BELTRÁN IBÁÑEZ	Jesús	Dcha. Ilici	preso	
5	CARTAGENA BAILE	Joaquín	No consta	muerto	05-nov-36
6	CHINCHILLA MARTÍNEZ	Pascual	Dcha. Ilici	muerto	21-nov-36
7	CLIMENT MATEU	Dositeo	Dcha. Ilici	muerto	30-set-36
8	FENOLL FOLLANA	Alfredo	No consta	amenaz	
9	FERRÁNDEZ GARCÍA	Eduardo	Dcha. Ilici	muerto	10-jul-37
10	FLUXÁ PARRES	Antonio	No consta	amenaz	
11	FUENTES JAÉN	Pascual	No consta	amenaz	
12	FUENTES SANSANO	Vicente	Dcha. Ilici	muerto	16-jul-37
13	GÓMEZ MOMPEÁN	José	P. Agrario	muerto	16-oct-36
14	GRANADOS ALBARRANCH	Trinitario	No consta	preso	
15	GUTIÉRREZ MARTÍNEZ	Roberto	No consta	preso	
16	MACIÁ CECILIA	Manuel	JAP	preso	
17	MACIÁ ORTS	José	Dcha. Ilici	preso	
18	MARTÍNEZ MACIÁ	Joaquín	P. Agrario	muerto	09-jul-37
19	MÁS ESTEVE	Antonio	Dcha. Ilici	preso	
20	OLIVER FUENTES	Jaime	No consta	amenaz	
21	PASCUAL SOLER	José	Católico	muerto	7-set-37
22	PIZANA ALMARCHA	Matías	Dcha. Ilici	preso	
23	PIZANA ALMARCHA	Honorato	Dcha. Ilici	preso	
24	QUILES ZARAGOZA	Francisco	No consta	amenaz	
25	RAMÍREZ ALONSO	Manuel	No consta	preso	
26	RODRÍGUEZ SÁNCHEZ	Bruno	FET	preso	
27	ROMÁN ESTEVE	Andrés	UP-Nc	amenaz	
28	SALA HERNÁNDEZ	Emilio	Dcha. Ilici	muerto	10-jul-37
29	SEMPERE MOXICA	Pascual	No consta	muerto	21-nov-36
30	SOLER OLMOS	Maríano	P.agrario	muerto	05-nov-36
31	TRIVES PEREZ	José	No consta	amenaz	
32	VIVES LLEDÓ	Francisco	Católico	preso	

Es de mencionar que en este último grupo, de personas afiliadas a organizaciones desafectas a la República pero presuntamente no peligrosas ni involucrados en el levantamiento, el 37.50 % de ellas terminara en la cárcel y el 40.63 % muerto. Podría interpretarse este grupo como el intento de terminar la limpieza de enemigos, reales o potenciales, pues aquí sí vuelven a aparecer nombres que solo figuran en la relación, sin haber sufrido otro tipo de represalia, salvo sentirse amenazados al ver su nombre en él; la proporción no es pequeña, la mitad de las personas mencionadas sin significación política, no fueron encarceladas aunque cuatro acabaron en prisión y dos muertas; de los miembros de partidos, como en anteriores ocasiones, fue Derecha Ilictana quien cargó con la mayor proporción de la represión

En el epígrafe de católicos incluimos a José Pascual Soler "católico y simpatizante de las derechas", a José Belso, sacerdote, y a Francisco Vives Lledó, sacristán, sin militancia o afinidad política determinada.

Filiación	Amenaz	Presos	Muertos	Suma	% Repres	% Muertos
Católicos	0	1	2	3	9,38	15,38
Dcha Ilici	0	4	6	10	31,25	46,15
FET	0	1	0	1	3,13	0,00
JAP	0	1	0	1	3,13	0,00
No consta	6	4	2	12	37,50	15,38
P. Agrario	0	1	3	4	12,50	23,08
UP-NC	1	0	0	1	3,13	0,00
suma	7	12	13	32		

4º.- Sin origen determinado, "Elementos enemigos de la República que, en la actualidad, 2 octubre 1936, todavía están en libertad en Elche".

Nº	APELLIDOS	Nombre	Observaciones	Filiac	Resultado
1	ANTON MOLLÁ	Antonio	Hijo Tonico el ponto	No consta	Amenazado
2	BERENGUER		El manquet del Registro Propiedad	No consta	Amenazado
3	BONET	Antonio	Conserje del Porvenir	No consta	Amenazado
4	BOTELLA CALVO	Ramón	Secretario Juzgado Municipal	No consta	Amenazado
5	BOTELLA TORRES	Arístides	Concejal P. Rivera	UP	Muerto
6	BROTONS RUIZ	José	Hermano del Moreta	No consta	Amenazado

#					
7	CAMPOS JAVALOYES	Antonio		Dcha Ilicit	Muerto
8	CARRATALÁ	Antonio	Gerente Kursaal	No consta	Amenazado
9	CASTAÑO	Pedro		No consta	Amenazado
10	FENOLL	Víctor	con sus hijos Víctor y José	No consta	Amenazado
11	GÓMEZ	Francisco	Relojería	No consta	Amenazado
12	GOMIS OLIVER	Jaime		No consta	Amenazado
13	GONZÁLVEZ IRLES	Vicente	Fiahuero	No consta	Preso
14	GONZÁLVEZ*	Matías	Imprenta	Un. Rep	Amenazado
15	GUILABERT	Monserrate	Imprenta Moderna	Dcha Ilicit	Muerto
16	GUIRAU RUIZ	Sebastián	Hotel Comercio	Dcha Ilicit	Amenazado
17	MANCHON JAÉN	José	Huerto del Manchón	UP	Amenazado
18	MARTÍNEZ		Representante curtidos	No consta	Amenazado
19	MÁS	Pedro	Cachufa	No consta	Amenazado
20	MOLLA	Francisco	Cuñado Coquillat, Farmacia	No consta	Amenazado
21	ORTS SERRANO	Juan Bautista	hijo del tío palera	No consta	Amenazado
22	ORTS*	José Juan	Médico	Dcha Ilicit	Amenazado
23	PARREÑO QUIRANT	Gaspar	Hijo del tío cara pelá	No consta	Amenazado
24	PÉREZ	Rafael	tienda comestibles	No consta	Amenazado
25	QUILES	Gaspar	tienda comestibles	Dcha Ilicit	Muerto
26	RODRÍGUEZ GIMÉNEZ	Francisco		No consta	Amenazado
27	ROMÁN ORTS	José	el blanco	No consta	Amenazado
28	SÁNCHEZ MECA	Jesús	ex gerente agrario	No consta	Amenazado
29	SÁNCHEZ PASCUAL	Jerónimo	Médico	PRRS	Preso
30	SÁNCHEZ ROJAS IBARRA	Francisco		No consta	Amenazado
31	SÁNCHEZ ROJAS IBARRA	Manuel		No consta	Amenazado
32	SEGUÍ PEREZ	Francisco	Droguería	UP	Amenazado
33	SOLER		Maestro, ex director Graduadas	No consta	Amenazado
34	TORREGROSA PARREÑO	Francisco		No consta	Amenazado
35	VERDU	Vicente	Dir. Banco Internacional	No consta	Amenazado

*aparecen tachados en el documento.

Filiación	Amenaz	Presos	Muertos	Suma	% Repres	% Muertos
Dcha Ilici	2	0	3	5	14.25	75
PRRS	0	1	0	1	2.86	0
Un. Repub	1	0	0	1	2.86	0
UP-NC	2	0	1	3	8.57	25
No consta	24	1	0	4	71.43	0
Suma	29	2	4	35		
%	82.86	5.71	11.43			

Este listado es mucho menos determinante, tal vez porque señala los restos, es decir, personas que se consideraban desafectas a la República, sin otras connotaciones y que no habían sido señaladas ni detenidas ni muertas anteriormente. Por eso la mayor parte solo fueron nominados, es decir, amenazados, sin otro tipo de represalia. Como en ocasiones anteriores, la mayor parte de los muertos pertenecían a Derecha Ilicitana; a destacar también la muerte de Arístides Botella, importante personaje durante el periodo de Primo de Rivera, el 19 de octubre de 1936.

5º.- Desafectos al Régimen: "Relación de personas desafectas al régimen pertenecientes a la ciudad de Elche publicadas en la Gaceta del 9 y 30 de abril de 1937"

Nº	APELLIDOS	Nombre
1	ALEMANY ALEMANY	Joaquín
2	ALEMÁÑ AMORÓS	Pascual
3	ALONSO BLASCO	Tomás
4	AMORÓS GONZÁLVEZ	Carlos
5	ANTÓN SELVA	Vicente
6	BOTELLA TORRES	Arístides
7	BROTONS PASTOR	Antonio
8	CABRERIZO	Ana de
9	CAMPELLO MARTÍNEZ	Ramón
10	COVES ANTON	Vicente
11	CRUZ BRU	Joaquín

12	DIAZ DE RIVERA Y MURO	Pedro
13	DIAZ DE RIVERA Y MURO	Ildfonso
14	DÍEZ MORA	José
15	FERRÁNDEZ RIPOLL	Diego
16	FERRÁNDEZ GARCÍA	Eduardo
17	JAÉN SERRANO	Antonio
18	MACIÁ MARTÍNEZ	Sebastian
19	MANZANERA PÉREZ	Antonio
20	PASTOR MÁS	María
21	PASCUAL AGULLÓ	María
22	PIÑOL BRU	Pablo
23	POMARES JAVALOYES	Jaime
24	ROCA DE TOGORES	Piedad
25	ROCA DE TOGORES	José
26	ROCA DE TOGORES Y TÉLLEZ	Luis
27	GIRÓN Ex Duque de Béjar	
28	ROCA DE TOGORES ex Marquesa de Luna	Inés
29	ROCA DE TOGORES	Miguel
30	RUIZ CHORRO	Gabriel
31	RUIZ DE LA ESCALERA	Antonia
32	ROJAS GALIANO ex Marqués de Algorfa	Rafael
33	ROJAS MORENO, ex Marqués de Casas Rojas	José
34	ROJAS GALIANO	Dolores
35	RIPOLL SELVA	Teresa
36	RIPOLL SELVA	Antonio
37	ROJAS ex Conde de Torrellano	Carlos
38	SANSANO IBARRA	Juan
39	SEMPERE MOJICA	Pascual
40	SANTO GARCÍA	Joaquín
41	SERRANO GARCÍA	Carmelo

El listado ofrece numerosas inexactitudes; aparte de los errores ortográficos en los apellidos (Marcia por Maciá, Fernández por Ferrández, Cruz Cru por Cruz Bru, Jabaloyes por Javaloyes), incluye, a fecha de abril del 37, nombres de personas que ya estaban muertas: Vicente Antón Selva (28/10/1936), Arístides Botella Torres (19/10/1936), Antonio Brotons Pastor (24/11/1936), José Díez Mora (4/10/1936), Jaime Pomares Javaloyes (4/10/1936), Gabriel Ruiz Chorro (24/8/1936), Juan Sansano Ibarra (24/9/1936), Pascual Sempere Moxica (21/11/1936), Carmelo Serrano García (21/9/1936).

Posiblemente incluya un nombre duplicado, el de "Girón, ex duque de Béjar", al referirse al inframencionado Luis Roca de Togores y Téllez Girón. La familia Roca de Togores acumulaba numerosos títulos nobiliarios, tanto en una sola persona como en descendientes y hermanos, principalmente tras la unión con los Téllez Girón; de esta manera, Luis Roca de Togores y Téllez (Girón) nacido en 1865, era hijo de Luis Manuel Roca de Togores y Roca de Togores, Marqués de Asprillas, y de María del Rosario Téllez-Girón y Fernandez de Velasco; ostentaba los títulos de Duque de Béjar y Marqués de Peñafiel, era Caballero de la Orden de Calatrava y Maestrante de Valencia; senador entre 1891 y 1892 por la circunscripción de Villafranca del Bierzo, León; falleció en 1936. La citada como ex marquesa de Luna, Inés Roca de Togores era Inés Roca de Togores y Téllez Girón, Condesa de Luna; puesto que la República había abolido todos los títulos nobiliarios, en el listado aparecen estas personas como ex duque, ex marqués, etc.

Joaquín Santo García solo aparece en este listado; médico, había sido alcalde de Elche durante el bienio derechista, entre enero de 1935 y febrero de 1936; su casa fue asaltada y él encarcelado desde finales de 1937 hasta el final de la guerra.

Ya hemos señalado las formas que adoptó la represión en guerra en nuestra ciudad, no muy diferente de la adoptada comúnmente por doquier; las consecuencias tampoco lo fueron. Obviamente, el grado máximo fue la muerte; la forma de ocasionarla fue diversa, variable en función del tiempo, el lugar y las circunstancias.

Algunas muertes pudieron ser no deseadas, sino sobrevenidas a las circunstancias de la propia represión; así, por ejemplo, Diego Fuentes Sansano falleció en 1938 mientras estaba encerrado en el Reformatorio de Alicante y Monserrate Gilabert Valero se suicidó mientras estaba preso en el barco-prisión Rita Síster.

Al principio de la guerra, imperó la ley impuesta por las comisiones de orden público de las diferentes organizaciones antifascistas, a espaldas de la judicatura; así, una forma indiscriminada de eliminación de adversarios, como ya hemos señalado, fue el conocido paseo y la saca; suele definirse el paseo como "el hecho de una persona que es obligada por la fuerza a salir de su casa por un grupo de milicianos armados y que acto seguido es asesinada en cualquier lugar"; en nuestra opinión, también podría considerarse paseo a la persona encarcelada que es sacada de la prisión y asesinada, sin juicio previo, con independencia de la filiación de los autores del crimen; a diferencia de los paseos, que solían ser individuales o de pequeños grupos de tres o cuatro personas como máximo, las "sacas" eran la extracción masiva de gran número de presos que eran asesinados, también sin juicio previo; así ocurrió en noviembre de 1936, cuando 49 presos fueron sacados de la cárcel de Alicante y fusilados en el cementerio, como represalia por el bombardeo sufrido por esta ciudad (el conocido bombardeo de las ocho horas).

Aunque el presidente de la Agrupación Socialista de Elche era Juan Pomares Castaño, el poder cuasi omnímodo recayó en el alcalde Manuel Rodríguez Martínez, autentico árbitro del partido, de la U.G.T. y de toda la vida local pues dictaminó que "no tendrá validez ningún acuerdo que, relacionado con la guerra, tomen las organizaciones adheridas, sin antes ser refrendados dichos acuerdos por el Ayuntamiento" (Ramos Folqués, 1971).

Así, fueron ejecutados:

Nº	APELLIDOS	Nombre	Fecha	Lugar	Modo
1	ALEMÁN PÉREZ	Francisco	30-set-36	El Campello	Paseo
2	ALONSO PÉREZ	Vicente	29-ago-36	Carrt. Guardamar	Paseo
3	ANTÓN ANDREU	Jerónimo	18-oct-36	Carrt. Elche-Aspe	Paseo
4	ANTÓN PASTOR[1]	Carlos	25-set-36	Carrt. Alicante	Paseo
5	ANTÓN ROMAN	Antonio	18-ago-36	Las Salinetas	Paseo
6	ANTÓN SELVA	Vicente	28-oct-36	Carrt. Alicante-Torrellano	Paseo
7	BELSO CASTAÑO[3]	José	05-nov-36	Petrel	Paseo
8	BOTELLA TORRES	Arístides	19-oct-36	Carrt. Elche-Aspe	Paseo
9	BROTONS PASTOR	Antonio	24-nov-36	Carrt. Aspe	Paseo
10	Del CAMPO LATORRE	Bernabé	18-oct-36	Cruz Paterna - Valencia	Paseo
11	CAMPOS JAVALOYES	Antonio	19-oct-36	Carrt. Elche-Aspe	Paseo
12	CARTAGENA BAILE	Joaquín	05-nov-36	Carrt. Petrel	Paseo
13	CASTAÑO MARTÍNEZ	Angel	29-set-36	Carrt. Alicante-Monforte	Paseo
14	CHINCHILLAMARTÍNEZ[3]	Pascual	21-nov-36	Ferrocarril Novelda	Paseo
15	CLIMENT MATEU[3]	Dositeo	30-set-36	Ptda. Vallongas	Paseo
16	COQUILLAT PASCUAL	Aureliano	01-nov-36	Carrt. Aspe	Paseo
17	FERRÁNDEZ PALAZÓN	Pascual	08-oct-36	Carrt. Alicante-Alcoy	Paseo
18	FUENTES SERRANO	Diego	07-nov-36	Biar	Paseo
19	GARCÍA FERRÁNDEZ	José	17-ago-36	Madrid	Paseo

20	GARCÍA FERRÁNDEZ	María	8-set-36	Madrid	Paseo
21	GARCÍA MORA	Joaquín	24-ago-36	Carrt. Elche-Aspe	Paseo
22	GARRIGÓS ALBEROLA	Manuel	27-ago-36	Carrt. Elche- Santa Pola	Paseo
23	GÓMEZ MOMPEAN	José	16-oct-36	Carrt. Novelda-Crevillente	Paseo
24	GOMIS VICENTE	Antonio	19-oct-36	Bacarot	Paseo
25	GONZÁLVEZ VALLS	Clemente	29-set-36	La Marina	Paseo
26	GRAU NIÑOLES	José	19-set-36	El Campello	Paseo
27	LAORDEN GARCÍA[2]	Félix	05-nov-36	Carrt. Elda-Petrel	Paseo
28	LÓPEZ SANTO	Manuel	01-nov-36	Carrt. Elche-Alicante	Paseo
29	MACIÁ MOJICA	Pascual	30-set-36	El Campello	Paseo
30	MARTÍNEZ GARCÍA	Antonio	29-nov-36	Carcel Alicante	Saca
31	MARTÍNEZ MONTESINOS	Pedro	21-nov-36	Carrt. Aspe	Paseo
32	MARTÍNEZ TORRES	Jaime	03-oct-36	Carrt. Novelda-Alicante	Paseo
33	MÁS AZNAR	Pedro	19-oct-36	Carrt. Elche-Aspe	Paseo
34	MIRALLES JORGE[1]	Miguel	29-set-36	Carr. Alicante	Paseo
35	de la MORENA RODRIG.	Juan	29-set-36	Carrt. Alicante	Paseo
36	MORENO SASTRE	Pedro	23-oct-36	Carrt. Elche-Aspe	Paseo
37	MOYA ALBADALEJO	Antonio	22-ago-36	El Altet	Paseo
38	NIÑOLES MARTÍNEZ[1]	Víctor Man.	26-set-36	Carrt. Alicante	Paseo
39	PARREÑO GARCÍA	Asunción	8-set-36	Madrid	Paseo
40	PASCUAL OLIVER	Diego	29-set-36	El Campello	Paseo
41	PASTOR PÉREZ	Jeremías	26-set-36	Carrt. Alicante	Paseo
42	PEREZ RUIZ	Manuel	29-nov-36	Carcel Alicante	Saca
43	PORTA REQUESENS	Esperidión	21-nov-36	Carr. Novelda	Paseo
44	QUILES PASCUAL	Gaspar	18-oct-36	Carrt. Elche-Aspe	Paseo
45	RAMÓN GARCÍA	Rafael	20-nov-36	Garganta Crevillente	Paseo
46	RODRÍGUEZ GIMÉNEZ	Antonio	28-ago-36	Carrt. Aspe	Paseo
47	ROMERO LÓPEZ	José	30-set-36	El Campello	Paseo
48	RUIZ BRU	Francisco	18-ago-36	El Campello	Paseo
49	RUIZ CHORRO	Gabriel	24-ago-36	Carrt. Crevillente	Paseo
50	RUIZ GÓMEZ	Patricio	3-set-36	El Campello	Paseo
51	RUIZ MAGRO	Manuel	29-ago-36	Carrt. Crevillente-Aspe	Paseo
52	SALVETTI PARDO	Arturo	24-ago-36	Ptda. Derramador	Paseo
53	SÁNCHEZ GÓMEZ	Julio	26-set-36	Carrt. Campello-Villajoyo.	Paseo
54	SANSANO IBARRA	Juan	23-set-36	Carrt. Elche-Alicante	Paseo

55	SEMPERE MOJICA	Pascual	21-nov-36	Carrt. Novelda-Elda	Paseo
56	SERRANO AMBIT	José	23-oct-36	Barranco San Antonio	Paseo
57	SERRANO GARCÍA[1]	Carmelo	26-set-36	Carrt. Alicante	Paseo
58	SOLER AGULLÓ[1]	José María	19-set-36	Carrt. Alicante	Paseo
59	SOLER OLMOS	Mariano	05-nov-36	no consta	Paseo
60	SORIA GABALDÓN[1]	Antonio	25-set-36	Ptda. Vallongas	Paseo
61	TORRES SERRANO	Vicente	18-oct-36	Carrt. Elche-Aspe	Paseo
62	VICENTE SERRANO	Ramón	9-set-36	Carrt. Petrel-Sax	Paseo

[1] figuran en el grupo primero del listado elaborado por el Frente Popular Antifascista de Elche.

[2] figura en el grupo segundo del listado elaborado por el Frente Popular Antifascista de Elche

[3] figuran en el grupo tercero del listado elaborado por el Frente Popular Antifascista de Elche

La mayoría de los asesinatos de esta forma tuvieron lugar en 1936; en Elche, los primeros se hicieron el 18 de agosto, en las personas de Antonio Antón Mollá y Francisco Ruiz Bru; en ese mes hubo 11 asesinatos (en 13 días); en septiembre hubo 22, 14 en octubre y 15 en noviembre. En 1937 falleció Vicente Fuentes Sansano en el Reformatorio de Adultos de Alicante, y en 1938, se suicidó Monserrate Gilabert Valero; en total, 64 fallecidos.

José Belso Castaño, Bernabé del Campo Latorre, Antonio Soria Gabaldón y Rafael Ramón García eran sacerdotes; según datos de Antonio Maciá Riquelme, este último era natural de Callosa de Segura, de cuya cárcel fue sacado y paseado en la Garganta de Crevillente, asesinado por milicianos callosinos; posiblemente el hecho de figurar entre los represaliados de Elche se deba a que, al hallarse el cadáver en término municipal de Crevillente, correspondiera la instrucción al juzgado ilicitano.

Joaquín Cartagena Baile, hijo de Vicente y Dolores, fallecido con 42 años, en la carretera de Petrel, por "herida recibida por arma de fuego por la horda roja" el 5 de noviembre de 1936, fue enterrado en Elche el 18 de noviembre de 1940.

Se puede apreciar que solo hay dos mujeres, María García Ferrández y Asunción Parreño García, ambas asesinadas en Madrid el 8 de septiembre de 1936; María García fue una de las primeras mujeres en ocupar un escaño de concejal en el Ayuntamiento de Elche, durante el periodo primorriverista, era secretaria de Acción Cívica de la Mujer; también fueron concejales o alcaldes en esa época, Carlos Antón Pastor, Arístides Botella Torres, Antonio Rodríguez Giménez.

En este sentido, no puede menospreciarse la responsabilidad del alcalde, custodio último de la seguridad de la cárcel municipal, el cual no evitó las sacas ni los paseos, aunque todo apunta a que fue el Partido Comunista quien se encargó principalmente de eliminar a todas aquellas personas que consideraba "enemigos de la República", acusación tan espuria e inconcreta como la que veríamos aquí corriendo el tiempo de "enemigos de España" o "enemigos del pueblo" en los países sometidos a la dictadura comunista.

Dentro del grupo juzgado por "tribunal competente", en septiembre/octubre de 1936 fueron juzgados un total de 30 ilicitanos acusados de conspiración para la rebelión militar; después de dictada sentencia, 26 de estos ciudadanos fueron juzgados nuevamente en una revisión de la causa, por un nuevo Jurado del Tribunal Popular, este encuadrable en el grupo B, que corrigió las condenas anteriores: el resultado fue el siguiente:

Nº	APELLIDOS	NOMBRE	1ª Condena (A)	2ª Condena (B)
1	SAFÓN SANTAMARÍA	Manuel	Pena de muerte	Pena de muerte
2	SOLER ROMÁN	Leandro	Pena de muerte	Pena de muerte
3	ALCARAZ MORA	Manuel	Pena de muerte	Pena de muerte
4	CHAZARRA HERNÁNDEZ	Jesus	20 años	Pena de muerte
5	CAMPELLO RUIZ	Manuel	20 años	Pena de muerte
6	POMARES JAVALOYES	Jaime	20 años	Pena de muerte
7	NAVARRO CARACENA	Enrique	20 años	Pena de muerte
8	NAVARRO CARACENA	Ricardo	20 años	Pena de muerte
9	MILLER GINER	Francisco	20 años	Pena de muerte
10	ÁGUEDA TORREGROSA	Jaime	20 años	Pena de muerte
11	PASCUAL QUILES	Antonio	20 años	Pena de muerte
12	ORTS SÁNCHEZ	Blas	20 años	Pena de muerte
13	CASTAÑO MARTÍNEZ	Juan	20 años	20 años
14	BRI AGUILAR	Joaquín	20 años	Absolución
15	DOMARCO SELLER	Olegario	12 años y 1 dia	Pena de muerte
16	VICENTE PASTOR	Manuel	12 años y 1 dia	Pena de muerte
17	JAVALOYES ORTS	José	12 años y 1 dia	Pena de muerte
18	SÁNCHEZ TORRES	Alfredo	12 años y 1 dia	Pena de muerte
19	DIEZ MORA	José	12 años y 1 dia	Pena de muerte
20	HERNÁNDEZ VERDÚ	José	12 años y 1 dia	20 años
21	IBARRA CANALS	Rafael	12 años y 1 dia	20 años

22	MORA SÁNCHEZ	José	12 años y 1 dia	20 años
23	MARTÍNEZ MOGICA	Ambrosio	12 años y 1 dia	Absolución
24	COVES ANTÓN	Vicente	12 años y 1 dia	Absolución
25	SANSANO GALIANA	Francisco	12 años y 1 dia	Absolución
26	ALBENTOSA PÉREZ	Antonio	12 años y 1 dia	Absolución
27	VIDAL AYMERICH	Emilio	Absolución	
28	MANZANERA PEREZ	Antonio	Acusación retirada	
29	AMORÓS GONZÁLEZ	Carlos	Acusación retirada	
30	CHINCHILLA VIVES	Vicente	Acusación retirada	

Es decir, revisadas las 26 sentencias emitidas por el tribunal del grupo A, se pasó de 3 penas de muerte, 11 de 20 años, 12 de 12 años y 1 día de prisión, y una absolución, a 17 penas de muerte, 4 de 20 años y 5 absoluciones por parte del tribunal del grupo B.

En los años siguientes, el Tribunal Popular de Alicante solo dictó una sentencia de muerte, recaída en Antonio Gras Maciá, acusado de espionaje, que no llegó a ser ejecutada; entre los condenados a muerte figuran antiguos colaboradores de la Dictadura de Primo de Rivera (en la cual, recordemos, nadie fue ejecutado por conspirar contra el gobierno o promover levantamientos militares o civiles), como Manuel Safón Santamaría, antiguo responsable de los Boy Scouts, Francisco Miller Giner, maestro, Jaime Agüeda Torregrosa, Jaime Pomares Javaloyes, concejales en 1924; sí se dictaron algunos encarcelamientos a personas acusadas de conspiración para la rebelión militar, como Diego Ferrández Ripoll, que había sido alcalde durante la Dictadura de Primo de Rivera, Julián Ruiz Andreu por su condición de católico, Salvador Sogorb por apología del fascismo, intentos de huida al extranjero (Joaquín Lucerga Sánchez, Balbino Galiano, Manuel García Navarro); Antonio Gomáriz Esteve fue condenado en marzo de 1938 a 4 años, 11 meses y 29 días.

Más adelante, el alcalde Juan Hernández Rizo, que había puesto coto a los asesinatos indiscriminados, permitió que una parte de los presos políticos encerrados en la cárcel del Palacio de Altamira pudiera alistarse en el Batallón Elche. Esta unidad, que había recibido la instrucción de carácter militar adecuada en el antiguo campo de Altabix, salió hacia el frente el domingo 18 de octubre de 1936, tras desfilar desde el Cuartel de Milicias (situado en el antiguo Registro de la Propiedad en la calle José Revenga) hasta el Ayuntamiento, donde fueron arengados por el alcalde y el comandante Romero, Jefe del Regimiento - con toda seguridad - 5º de las Milicias Populares que tenía a Antonio Carrasco Escolar de comisario político. No se conoce su distribución por compañías ni los mandos de estas, posiblemente uno de sus capitanes fuera Ginés Conesa Cañavate; disponía de una Plana Mayor, una sección de mando o de oficinas, una de sanidad, cuatro compañías de infantería y una de ametralladoras.

Tras parada en Villena, los milicianos fueron trasladados a Albacete, donde recibieron el armamento y su primera paga de soldados (12 duros de plata; los milicianos recibían 300 pesetas al mes). En la capital manchega hubo una pequeña discusión en relación con el nombre de la unidad, proponiendo algunos que se llamara Emilio Carpintero, persistiendo por mayoría la denominación de Batallón Elche; el siguiente acantonamiento fue en las inmediaciones de Madrid, en Mejorada del Campo, para llegar a la estación de Atocha el 6 de noviembre y alojarse en el grupo escolar Mariana Pineda de Carabanchel; para entonces, las tropas nacionales habían conquistado el pueblo de Carabanchel Alto, Campamento y Villaverde; en esas fechas llegaron tres Batallones de las Brigadas Internacionales, al mando del general Kléber; fue cuando el gobierno republicano se trasladó a Valencia.

En octubre de 1936 se crearon las primeras Brigadas Mixtas Republicanas, con la finalidad de ir sustituyendo las columnas y milicias formadas de modo casi espontáneo al inicio de la guerra, fragmentadas según ideologías o relaciones políticas o sindicales, y poder agruparlas bajo mandos únicos y coordinados; por otro lado, la Junta de Defensa de Madrid había ordenado construir cuatro líneas de defensa alrededor de la ciudad; la más externa de ellas, pasando por Pozuelo, Casa de Campo y Villaverde, era la de Carabanchel; de este modo, el general Miaja ascendió a Arturo Mena a coronel y le destinó a esta línea de defensa, a la cual fue enviado el Batallón Elche en sus primeros momentos, contribuyendo a que el ejército de Franco no pudiera entrar en la capital.

Aunque es el más conocido, no fue el Batallón Elche la única unidad que tuvo a ilicitanos en sus filas; también estuvieron en el Batallón Carlos Marx, en el Batallón Fernando de Rosa, incluidos en la Columna Alicante, destinada al frente de Ávila, en el frente de Huesca, en la Centuria 43, en el denominado Tigres Rojos, formado esencialmente por las Juventudes Socialistas Unificadas y comunistas; participó también en la defensa del Puente de los Franceses y del frente de Teruel. Sin embargo, su estancia más larga fue el frente carabanchelero; incluso comenzó a editar un periódico, titulado "El Combatiente", en cuyo primer número, de 24 de diciembre de 1936, apareció un artículo de Antonio Asensio Lozano, Comisario Político del Batallón Elche; también tuvo su propio himno, la "Marcha del

Batallón Elche", con letra de Ramón Brotóns y música de Francisco Rizo.

Con el fin de unificar mandos, dispersos desde el inicio de la contienda por partidos políticos, sindicatos, facciones y grupos afines, en octubre de 1936 se formaron las llamadas Brigadas Mixtas. La 42ª, que fue creada en enero de 1937, bajo el mando del comandante de carabineros Esteban Rovira Pacheco, teniendo como comisario político a Manuel Piñera Bello y Jefe de Estado Mayor a Inocencio Fernández López, incluyó al batallón 165, Elche, al mando del capitán de caballería Ignacio Villaverde García. Para esas fechas, Elche ya tenía funcionando dos hospitales de sangre, con 86 heridos ingresados.

A instancias, como hemos señalado, del alcalde ilicitano, una treintena de presos políticos encerrados en la cárcel de Altamira, aceptó incorporarse a este batallón; hemos encontrado los siguientes nombres:

Nº	APELLIDOS	NOMBRE	Final
1	ALEMÁN POMARES	Francisco	Muerto
2	ALMIRA CARRERAS	Antonio	Muerto
3	AMORÓS CANDELA	Vicente	
4	ASENCIO LINARES	Ramón	
5	BAÑÓN BUYOLO	Rafael	
6	BONETE FERRÁNDEZ	Francisco	Muerto
7	BOTELLA QUILES	Diego	Pasado
8	BUIGUES	Jaime	Pasado
9	CARACENA MIRALLES	Juan	Muerto
10	CASTAÑO MARTÍNEZ	José María	Muerto
11	DOMARCO GÓMEZ	Olegario	
12	FERRÁNDEZ GARCÍA	Eduardo	Muerto
13	GARCÍA ESQUITINO	Ginés	Muerto
14	HERNÁNDEZ SELVA	Emilio	Muerto
15	JAVALOYES ALEMÁN	Rafael	Muerto
16	LÓPEZ SANTO	Manuel	Muerto
17	MARTÍNEZ MACIÁ	Joaquín	Muerto
18	MARTÍNEZ MOGICA	Ambrosio	
19	MÁS ESTEVE	José	Muerto
20	MORA FERRÁNDEZ	Antonio	Muerto

21	ORS LLORET	Miguel	Herido
22	PASTOR SEMPERE	Mario	Muerto
23	PÉREZ BELLOD	Mario	Muerto
24	RODRÍGUEZ SÁNCHEZ	Bruno	Pasado
25	SALA HERNÁNDEZ	Emilio	Muerto
26	VICENTE SERRANO	Leopoldo	Muerto

Ciertamente, si los prisioneros aceptaron la oferta del alcalde Hernández Rizo pensando en que podrían conservar la vida o, en el mejor de los casos, evadirse a filas nacionales, no se puede decir que acertaran en su decisión. El 28 de mayo, tres de ellos, Bruno Rodríguez, Jaime Buigues y Diego Botella se pasaron al enemigo; el 14 de junio había intentado pasarse Rafael Javaloyes Alemáñ, falangista; la respuesta fue contundente: en los días 9 y 10 de julio, fueron fusilados en la posición madrileña de Carabanchel 16 ex presos políticos:

Nº	APELLIDOS	Nombre	Fecha
1	ALEMÁN POMARES	Francisco	10-jul-37
2	ALMIRA CARRERAS	Antonio	10-jul-37
3	BONETE FERRÁNDEZ	Francisco	10-jul-37
4	CARACENA MIRALLES	Juan	10-jul-37
5	CASTAÑO MARTÍNEZ	José María	10-jul-37
6	FERRÁNDEZ GARCÍA	Eduardo	10-jul-37
7	GARCÍA ESQUITINO	Ginés	10-jul-37
8	JAVALOYES ALEMÁN	Rafael	10-jul-37
9	LOPEZ SANTO	Salvador	10-jul-37
10	MARTÍNEZ MACIÁ	Joaquín	10-jul-37
11	MÁS ESTEVE	José	10-jul-37
12	MORA FERRÁNDEZ	Antonio	10-jul-37
13	PASTOR SEMPERE	Mario	10-jul-37
14	PEREZ BELLOD	Vicente	10-jul-37
15	SALA HERNÁNDEZ	Emilio	10-jul-37
16	VICENTE SERRANO	Leopoldo	10-jul-37

Uno de los incorporados al batallón (Miguel Ors) resultó lesionado y, tras una temporada en el Hospital de las Ventas de Madrid, fue trasladado a Archena (Murcia) destinado a servicios auxiliares, donde estuvo prácticamente hasta el final de la guerra; en 5 no hay mención del resultado.

Los restos mortales de muchos de estos caídos, fueron trasladados desde el cementerio de Madrid al de Elche, donde fueron sepultados; en algunos de los certificados de defunción figura la siguiente leyenda: "Conforme a la Orden de Justicia de 29 de abril de 1940, el Sr. Juez Municipal, por resolución del dia de hoy, en expediente instruido al efecto, ha acordado se hagan constar las siguientes palabras en el acta de defunción de …..."Murió gloriosamente por Dios y por España". Elche, 16 enero 1941.

Francisco Alemáñ Pomares fue trasladado desde Madrid al cementerio de Elche el 9 de octubre de 1939; en su certificado de defunción consta la mencionada inscripción y que falleció a consecuencia de herida de arma de fuego, asesinado durante la dominación roja; tenía 34 años y era hijo de José y Ramona.

Antonio Almira Carreras fue trasladado al cementerio de Elche el 9 de octubre de 1939; en su certificado de defunción consta que falleció a consecuencia de herida de arma de fuego, asesinado durante la dominación roja; tenía 31 años y era hijo de Manuel y Dolores.

Juan Caracena Miralles fue trasladado desde Madrid al cementerio de Elche el 9 de octubre de 1939; en su certificado de defunción figura que fue asesinado durante la dominación roja y que murió por heridas de arma de fuego; consta la leyenda de que murió gloriosamente por Dios y por España; tenía 24 años y era hijo de Antonio y Carmina.

José María Castaño Martínez fue trasladado desde Madrid al cementerio de Elche el 9 de octubre de 1939; en su certificado de defunción figura que fue asesinado durante la dominación roja y que murió por heridas de arma de fuego; tenía 28 años, hijo de José María y María Antonia. Su hermano Ángel murió paseado el 29 de septiembre de 1936.

Eduardo Ferrández García fue enterrado en Elche el 31 de julio de 1939; en su acta de defunción figura la leyenda de "murió gloriosamente por Dios y por España"; tenía 24 años y era hijo de Jorge y Asunción.

Ginés García Esquitino, fue trasladado desde Madrid al cementerio de Elche el 9 de octubre de 1939; en su certificado de defunción figura que fue asesinado durante la dominación roja y que murió por heridas de arma de fuego.

Rafael Javaloyes Alemáñ fue trasladado desde Madrid al cementerio de Elche el 9 de octubre de 1939; en su certificado de defunción figura que fue asesinado durante la dominación roja y que murió por heridas de arma de fuego; tenía 19 años y era hijo de José y Rosaura.

Joaquín Martínez Maciá fue trasladado desde Madrid al cementerio de Elche el 9 de octubre de 1939; en su certificado de defunción figura que fue asesinado durante la dominación roja y que murió por heridas de arma de fuego; tenía 32 años y era hijo de Joaquín y Manuela; casado, dejó cuatro hijos, consta la leyenda de muerto gloriosamente por Dios y por España

José Más Esteve tenía 28 años, fue trasladado desde Madrid al cementerio de Elche el 9 de octubre de 1939; en su certificado de defunción figura que fue asesinado durante la dominación roja y que murió por heridas de arma de fuego; hijo de Jeremías y Margarita.

Mario Pastor Sempere fue trasladado desde Madrid al cementerio de Elche el 9 de octubre de 1939; en su certificado de defunción figura que fue asesinado durante la dominación roja y que murió por heridas de arma de fuego; tenía 25 años y era hijo de Vicente y María.

Leopoldo Vicente Serrano fue trasladado desde Madrid al cementerio de Elche el 9 de octubre de 1939; en su certificado de defunción figura que fue asesinado durante la dominación roja y que murió por heridas de arma de fuego; consta la leyenda de que murió gloriosamente por Dios y por España; tenía 39 años de edad y era hijo de Francisco y Antonia.

Con anterioridad, el 24 de enero de 1937, había desertado del ejército republicano Ramón Agulló Espinosa; Joaquín Requena Bonet se pasó al enemigo el 16 de agosto de 1938 y logró sobrevivir; otros ilicitanos murieron en el frente al intentar pasarse a filas nacionales:

Nº	APELLIDOS	Nombre	Fecha	Lugar
1	AGULLÓ AGULLÓ	Manuel	26-dic-38	Borjas Blancas, Lérida
2	ANTÓN IRLES	Francisco	23-set-38	No especificado
3	GARCÍA ROCAMORA	Pascual	9-feb-39	Segorbe, Castellón
4	MACIÁ PASCUAL	Ginés	28-jun-38	Teruel
5	NAVARRO ORTS	José	7-dic-37	Talavera de la Reina, Toledo
6	NIÑOLES GARCÍA	Manuel	13-ene-39	Córdoba
7	PÉREZ VIVES	Mariano	16-ene-39	Alcalá de Henares, Madrid
8	POMARES MACIÁ	Esteban	19-dic-37	Teruel
9	AGULLÓ ESPINOSA	Ramón	24-ene-37	No especificado
10	SURRA DE GARAY	Pablo	2-ene-38	Alcalá de Henares, Madrid

Pascual García Rocamora era hijo de Salvador y Valentina; estaba casado con Vicenta Más Esteve; en su acta de defunción figura también la leyenda de murió gloriosamente por Dios y por España.

En la citada relación de Miguel Ors se incluye a José Antonio Esteve Barceló, de 19 años; según la inscripción del Registro Civil, fue "asesinado por los rojos" el 15 de febrero de 1937; todos ellos, excepto este último, murieron al intentar pasarse a las filas nacionales. En sentido estricto, no deberían catalogarse como represaliados sino muertos en aplicación de las leyes de guerra.

Aún así, podemos hacer otro apartado con ciudadanos de Elche no afectos a la República, que resultaron muertos o desaparecidos en el frente de combate:

Nº	APELLIDOS	Nombre	Fecha	Lugar
1	ANTÓN AGULLÓ	José	18-ago-38	Frente Levante
2	BERNAD AMORÓS	José	¿?	No especificado
3	FURIÓ BROTONS	Andrés	x-8-38	Paterna
4	GARCÍA CAYUELAS	Antonio	9-abr-38	El Pardo
5	GARCÍA MIRALLES	Jaime	16-jun-38	Castellón
6	GARCÍA TORRES	Antonio	24-jun-38	Levante
7	GONZÁLVEZ SELVA	José	13-oct-37	Teruel
8	GONZÁLVEZ SELVA	Juan	19-ago-38	Gandesa
9	HERNÁNDEZ SELVA	Emilio	25-ago-37	Belchite
10	HERVÁS SAINZ	Julio	10-jul-37	Castellón
11	IBARRA MATEU	Andrés	¿?	Ebro
12	MACIÁ ESCLAPEZ	Juan	3-jul-37	Teruel
13	MACIÁ JUAN	Manuel	18-jul-38	Teruel
14	MARTÍNEZ SÁNCHEZ	Diego	12-ago-36	Levante
15	MIRALLES TORRES	José	19-ene-38	Teruel
16	NAVARRO SABUCO	Jaime	23-jul-38	Castellón
17	ROMÁN PARREÑO	Fausto	12-jul-37	Teruel
18	SÁNCHEZ CEVA	Rafael	¿?	67 División
19	SÁNCHEZ SÁEZ	León	6-feb-39	Alcala Henares
20	SEGARRA RUIZ	Antonio	8-sep-38	No especificado
21	SOLER ROMÁN	Pascual	30-ene-39	Hosp. Milit. Gandia
22	TORREGROSA BOIX	Gervasio	18-ene-38	Guadalajara

Fausto Román Parreño, según consta en su acta de defunción, era hijo de Fausto y Magdalena y murió con 25 años en el Frente de Teruel, "asesinado por las hordas rojas" y murió gloriosamente por Dios y por España; fue enterrado en Elche el 13 de marzo de 1941.

Además de los reseñados en el mencionado libro de Miguel Ors, en la documentación existente en la Cátedra Pedro Ibarra constan copias de las actas de defunción de:

Diego Pomares Coves, hijo de Salvador y Antonia, fallecido con 50 años en el frente de Teruel, al parecer a consecuencia de heridas en un bombardeo; fue enterrado en Elche el 10 de febrero de 1941.

Francisco Agulló Marco, hijo de Ramón y Clara, fallecido con 27 años en el frente de Carabanchel el 13 de abril de 1937, a consecuencia de heridas por arma de fuego; estaba casado con Josefa Bri Aguilar; enterrado en Elche el 23 de agosto de 1940.

Juan Gonzálvez Selva, hijo de Vicente (solo consta el nombre del padre) fallecido con 18 años en el frente de Gandesa, "asesinado por los marxistas"; fue enterrado en Elche el 22 de noviembre de 1941.

Manuel Maciá Juan, hijo de José y Asunción, fallecido con 19 años en el frente de Teruel el 18 de julio de 1938, "asesinado por los marxistas", enterrado en Elche el 1 de febrero de 1940.

Vicente Miralles Vicente, hijo de José y Asunción, fallecido con 27 años en Sierra Trapera (Córdoba) el 29 de enero de 1939 "asesinado por los rojos", enterrado en Elche el 10 de enero de 1941.

Sumando los que fueron ejecutados en represalia por la fuga de tres compañeros a filas nacionales, los que fueron ejecutados al intentar pasarse y los que fueron ejecutados en el Batallón Elche por diversas razones, tenemos un total de 48 muertos

En muchas de las anotaciones no figura su tendencia política previa a la guerra; una vez en el frente solo había dos tipos de militancia: fascista y republicano. A la hora de la ejecución no importaba cual era su ideología; era un enemigo, un traidor y punto; aquí de nuevo el mayor número de ejecutados corresponde a la Derecha Regional Valenciana (27.08%), seguido de la Falange (16.67%).

Además de lo reseñado, los Tribunales Populares de Alicante procesaron y condenaron a José Durá Agulló (28 noviembre 1937) por espionaje, Antonio Brotóns Oliver y José María Coves Pérez, directivos de la Electromotora Equitativa, (5 febrero 1938), por falsedad y estafa, resultando absueltos; a Diego Ferrández Ripoll, por conspiración para la rebelión militar, a seis años y un día; a Julio Ruiz Andreu (30 agosto 1938) por ser católico, a tres años; a Salvador Sogorb, (8 septiembre 1938) por apología del fascismo, a tres años;

a José García Ripoll, no figura el delito, a cuatro años y 11 meses; a Antonio Gras Maciá, y otros seis más, (22 abril 1938) por espionaje, a pena de muerte; sin especificar el motivo, constan las siguientes condenas:

Fecha	Nombre	Condena
10-7-1937	Jaime Canals Agulló	1 año y 1 día, campo de trabajo
10-7-1937	Vicente Tarí Agulló	1 año y 1 día, campo de trabajo
10-7-1937	Francisco Durá Mateu	2 años, campo de trabajo
31-7-1937	José Pérez Campello	3 años, campo de trabajo
16-9-1937	Rosa Oliver Fuentes	2 años, campo de trabajo
23-9-13937	María Campí Ferrándiz	1 año 1 día, campo de trabajo
28-9-1937	Teresa Miralles Manchón	Absolución
22-10-1937	Juan Más Aznar	4 años, 2 meses, multa 20.000 pts.
22-10-1937	Gertrudis Vicente Maciá	2 años, multa 10.000 pts.
22-10-1937	Ramón Agulló Pérez	Absolución
2-11-1937	Pascual Campos Segura	1 año 1 día
2-11-1937	Manuel Maciá Jaén	Absolución
22-12-1937	Joaquín Lucerga Sánchez	Intento huir al extranjero
22-12-1937	Balbino Galiano*	Intento huir al extranjero
22-12-1937	Manuel García Navarro	Intento huir al extranjero
20-1-1938	Andrés Esteve Valero	3 años, multa 10.000 pts.
20-1-1938	Eloy Sánchez Guilabert	3 años, multa 10.000 pts.
11-3-1938	Antonio Gomariz Esteve	4 años, 11 meses

*suponemos se trate de Balbino Barceló Galiana, con su yerno Joaquín Lucerga.

Este tribunal popular se había constituido en el mes septiembre, en el cuartel de Benalúa; según el semanario El Obrero, suponía la participación directa del pueblo en la administración de justicia y la aplicación del castigo a los criminales que se habían levantado contra la República. Estaba formado por socialistas, comunistas, U.G.T., C.N.T., F.A.I., Partido Sindicalista, Unión Republicana e Izquierda Republicana; reconoce dicho semanario que la mayoría de los procesados eran obreros, solo cinco o seis eran caciques o agrarios, "de los que se valen de los obreros para trabajar sus tierras y enriquecerse"; en un primer instante, todos ellos negaron los hechos que se les imputaban, pero luego rectificaron sus declaraciones y delataron los nombres de muchos "personajes fascistas", ya internados en el Reformatorio; no vamos a detenernos en definir el adjetivo fascista: más bien parecía un cajón de sastre donde se podía incluir todo aquello que aparentase no ser defensor fehaciente de la República; véase el titular de El Obrero del 20 de septiembre: "el que pide más víveres de los precisos, ayuda al fascismo. ¡Denunciadle!".

Quedaría por reseñar un pequeño grupo de detenidos sin mandato judicial ni inclusión en ninguno de los diferentes listados reseñados líneas arriba; los nombres siguientes proceden del listado de voluntarios alistados a la División Azul:

Nº	APELLIDOS	Nombre
1	AGUADO POZO	José
2	AGULLÓ AGULLÓ	Manuel
3	CAMPOS SÁNCHEZ	Fernando
4	ESCARABAJAL CASTILLO	Lázaro
5	FENOLL FOLLANA	Emilio
6	GARCÍA PÉREZ	Antonio
7	RUIZ MARTÍNEZ	Patricio
8	SANSANO GONZÁLVEZ	Salvador

A las dos semanas de iniciada la contienda, estaban encarceladas en la prision de Altamira 126 personas (113 hombres y 13 mujeres); a primeros de septiembre ya eran 196 las personas encerradas (172 hombres y 24 mujeres); a primeros de octubre, permanecían allí 187 personas (157 hombres y 30 mujeres).

A 31 de julio de 1936 se encontraban presos en la cárcel municipal

Nº	APELLIDOS	NOMBRE	Alta	Baja
1	PERAL POMARES	Antonio	21-jun	3-jul
2	ALCARAZ MORA*	Manuel	1-jul-	21-jul
3	JAÉN BELÉN	Pedro	2-jul	6-jul
4	POMARES MORELL	Pascual	8-jul	23-jul
5	ASENCIO TORRES	Vicente	12-jul	23-jul
6	MORANTE FUENTES	José	14-jul	23-jul

7	RUIZ GÓMEZ*	Patricio	15-jul	23-jul
8	AMORÓS CANDELA	Vicente	16-jul	23-jul
9	BOTELLA QUILES	Diego	16-jul	23-jul
10	SÁNCHEZ SÁEZ*	León	16-jul	23-jul

*asesinado poco después

Siguiendo las citas del mencionado Miguel Ors; entre agosto, septiembre y octubre de 1936, estuvieron prisioneros en la cárcel del Palacio de Altamira, un total de 509 personas, 442 hombres y 67 mujeres; aporta un listado con 170 nombres:

1. Agulló Agulló, José
2. Agulló Atienza, Pascual
3. Agulló Bru, Atanasio
4. Agulló Jaen, Jaime
5. Agulló Mendiola, Juan
6. Agulló Pérez, Ramón
7. Agulló Sempere, José
8. Agulló Sempere, Jaime
9. Albentosa Navarro, Ramón
10. Albentosa Pérez, Antonio
11. Almela Martínez, Teresa
12. Alonso Cifuentes, Ernesto
13. Amorós Candela, Vicente
14. Amorós Gonzalez, Carlos
15. Amorós Tomás, Diego
16. Antón Antón, Carlos
17. Antón Antón, Pedro Miguel
18. Antón Closa, Carlos
19. Antón Lopez, Juan
20. Antón Mateu, Manuel
21. Antón Torregrosa, Carlos
22. Asencio Linares, Ramón
23. Asencio Valero, José
24. Barceló Galiana, Balbino
25. Belmonte Alonso, Andrés
26. Beltran Ibáñez, Jesu
27. Berenguer Pareja, Asunción
28. Bernabé García, Manuel
29. Bernabeu Seva, Blas
30. Bernad Rizo, Vicente
31. Bonete Ferrández, Antonio
32. Botella Bru, Andrés
33. Bri Aguilar, Joaquín
34. Brotons Oliver, Antonio
35. Brotons Ramos, Rafael
36. Bru Agulló, José
37. Buigues Hernández, Elvira
38. Buyolo Sánchez, Ramona
39. Campello Martínez, Ramón
40. Campello Sánchez, Carlos
41. Campi Ferrándiz, María
42. Campos Segura, Pascual
43. Canals Agulló, Jaime
44. Candela Martínez, Vicente
45. Canales Mira-Perceval, Santiago
46. Casanova Picó, José Víctor
47. Castaño Martínez, Juan
48. Cerdá Amorós, Amelia
49. Chilar Sánchez, Ramón
50. Chillón Casado, Ataúlfo
51. Chillón Orts, José
52. Chinchilla Martínez, Ismael
53. Chinchilla Vives, Vicente
54. Chorro Juan, Luis
55. Climent Brufal, Dositeo

56. Coquillat Samper, Aurelia
57. Coves Antón, Vicente
58. Coves Pérez, José María
59. Díez Martínez, José
60. Díez Pomares, Manuel
61. Díez Vicente, Miguel
62. Doló Ferrero, Franciscoó
63. Durá, Tomás
64. Durá Agulló, José
65. Durá López, Francisco
66. Durá Mateo, Francisco
67. Espinosa Gómez, Francisco
68. Espuche Martínez, Rafael
69. Esteve Valero, Andrés
70. Falcó Antón, Ramón
71. Fenoll Fluxá, Rogelio
72. Fernández Ramón, María de la O.
73. Ferrández Ripoll, Diego
74. Fluxá Bañón, Pedro
75. Fluxá Parres,
76. Galán Sánchez, Salvador
77. Galiano, Balbino
78. Galvañ Más, Antonio
79. García García, Rosario
80. García Navarro, Manuel
81. García Richart, Juan
82. García Ripoll, José
83. García Sánchez, Tomás
84. Gomariz Esteve, Antonio
85. Gomis Pascual, Isidro
86. González Irles, Ramón
87. González Irles, Vicente
88. Gonzálvez Campillo, José
89. Granados Albarranch, Trinitario
90. Gras Maciá, Antonio
91. Hernández Verdú, José
92. Herranz Sanz, Severino
93. Ibarra Canals, Rafael
94. Jiménez García, Francisco
95. Lucerga Sánchez, Joaquín
96. Maciá Cecilia, Manuel
97. Maciá Jaén, Manuel
98. Maciá Orts, José
99. Manzanera Pérez, Antonio
100. Martínez Mogica, Ambrosio
101. Martínez Quesada, Francisco
102. Maruenda Jimenez, Lola
103. Más Aznar, Juan
104. Miralles Manchón, Teresa
105. Mora Sánchez, Francisco
106. Mora Sánchez, José
107. Mora Sánchez, Santiago
108. Morant Fuentes, José
109. Navarro Diaz, Luisa
110. Navarro Maciá, Vicente
111. Oca Puerto, Ramón
112. Oliver Fuentes, Rosa
113. Ors Lloret, Miguel
114. Parreño Campello, Ricardo
115. Parreño Esclapez, Vicente
116. Parreño Hernández, Ricardo
117. Pascual Canal, Francisco
118. Pastor Tello, Juan
119. Paz Ferrández, Rosa
120. Penalva Escobar, Genoveva
121. Pérez Campello, José
122. Pérez Martínez, Juan
123. Pérez Martínez
124. Pereda Salvador, José
125. Petschen Kutz, Juan
126. Pizana Almarcha, Matías
127. Pizana Aznar, Honorato
128. Pomares Sempere, Juan
129. Quiles Boix, Lorenzo
130. Quiles Mora, Andrés
131. Ramos Folqués, Alejandro
132. Romero Espliego, Salvador
133. Ripoll Javaloyes, Antonio
134. Ródenas Chilar, Tomás
135. Rodríguez Torregrosa, Francisco
136. Ruiz Andreu, Julian
137. Ruiz de la Escalera Serrano, Antonia

138. Ruiz Robles, Antonio
139. Samper Marco, Francisco
140. Sánchez Aznar, María
141. Sánchez Guilabert, Eloy
142. Sánchez Ibarra, Ramón
143. Sánchez Serna, León
144. Sansano Galiana, Francisco
145. Sansano Ibarra, Alejandro
146. Segarra Agulló, José
147. Sempere Capuz, José Antonio
148. Sempere Soler, José
149. Sempere Castaño, Lorenzo
150. Serrano Gonzálvez, Miguel
151. Serrano Sánchez, Carmelo
152. Serrano Sánchez, Joaquín
153. Serrano Sánchez, María
154. Sogorb, Salvador
155. Tarí Agulló, Vicente
156. Tarí Navarro, Andrés
157. Tormo Pérez, Alfredo
158. Torres Giménez, Manuel
159. Torregrosa Parreño, Gervasio
160. Torregrosa Sansano, Milagros
161. Valero Agulló, Jerónimo
162. Valero Rizo, Jaime
163. Valero Serrano, José
164. Valero Serrano, Ramón Angel
165. Verdete García, José
166. Vidal Aymerich, Emilio
167. Vives Lledó, Francisco
168. Vicente Maciá, Gertrudis
169. Vicente Pastor, Francisco
170. Vidal Fenoll, Eliodoro

Lo anteriormente expuesto tiene como finalidad intentar relacionar la actividad represora sobre un determinado sector de la poblacion de Elche durante la guerra civil, con el alistamiento de voluntarios a la División Azul.

Desde el primer momento de Alzamiento, se suprimieron los partidos politicos en la zona nacional, a excepción de la Falange que, aunque siguió conociéndose como partido, no lo era a la usanza antigua y mucho menos desde la unificacion de ambas corrientes en una sola y la atribución del mando supremo al general Franco. Ello llevó a mucha gente, sobre todo joven, a abandonar las filas de la J.A.P. y pasarse a Falange; la ocultación y destrucción de gran parte de los archivos de esta, impiden profundizar en la investigación, que ha de hacerse de modo indirecto y, a veces, por cauces poco fiables.

Ya hemos señalado que en total sufrieron amenazas, fueron encarcelados o resultaron muertos, un total de 34 falangistas; por tanto, asumimos que ya lo eran antes del alzamiento y fueron represaliados en consecuencia. Las preguntas ahora son: ¿Están todos los que eran? ¿Había falangistas que no fueron detectados ni represaliados? ¿Cuántos de ellos se alistaron a la División Azul?. El siguiente listado es un compendio de los expuestos en el estudio de la represión y del análisis de las fichas de los ilicitanos alistados a la División Azul.

En primer lugar, se muestran los que constan como miembros de F.E.T.-J.O.N.S. antes de producirse el alzamiento:

Nº	APELLIDOS	Nombre	Alist	Incorp
1	**AGUADO POZO**	**José**	**Si**	**SI**
2	AGULLÓ AGULLÓ	Manuel	Muerto	
3	AGULLÓ ESPINOSA	Ramón	Muerto	
4	ALCARAZ MORA	Manuel	Muerto	
5	**ANTÓN MOLLÁ**	**Antonio Bejamín**	**Si**	**SI**
6	**BAÑÓN BUYOLO**	**Rafael**	**Si**	**NO**
7	BERNAD AMORÓS	José	Muerto	
8	BONETE FERRÁNDEZ	Francisco	Muerto	
9	BOTELLA QUILES	Diego	NO	NO
10	BROTONS OLIVER	Antonio	NO	NO
11	CAMPELLO RUIZ	Manuel	Muerto	
12	**CAMPOS SÁNCHEZ**	**Fernando**	**Si**	**SI**
13	**CANALES MIRA PERCEVAL**	**José**	**Si**	**NO**
14	CANALES MIRA PERCEVAL	Santiago	NO	NO
15	CASANOVA PICÓ	José Victor	Si	NO

16	CASTAÑO MARTÍNEZ	Juan	NO	NO
17	CERDÁ AMOROS	Amelia	NO	NO
18	**CHILLÓN CASADO**	**Ataúlfo**	**Si**	**NO**
19	CHINCHILLA MARTÍNEZ	Pascual	Muerto	
20	CHORRO JUAN	Luis	NO	NO
21	**ESCARABAJAL CASTILLO**	**Lázaro**	**Si**	**NO**
22	**FENOLL FOLLANA**	**Emilio**	**Si**	**NO**
23	FUENTES SERRANO	Diego	Muerto	
24	GARCÍA ESQUITINO	Ginés	Muerto	
25	**GARCÍA PÉREZ**	**Antonio**	**Si**	**SI**
26	**GOMARIZ ESTEVE**	**Antonio Jesús**	**Si**	**SI**
27	**GRAS MACIÁ**	**Antonio**	**Si**	**SI**
28	JAVALOYES ALEMAÑ	Rafael	Muerto	
29	LÓPEZ SANTO	Manuel	Muerto	
30	MACIÁ CECILIA	Manuel	NO	NO
31	MACIÁ JUAN	Manuel	Muerto	
32	MACIÁ SÁNCHEZ	Lorenzo	NO	NO
33	MARTÍNEZ GARCÍA	Antonio	Muerto	
34	MARTÍNEZ QUESADA	Francisco	NO	NO
35	MÁS ESTEVE	Antonio	NO	NO
36	NAVARRO MACIÁ	Manuel	NO	NO
37	PASTOR SEMPERE	Mario	Muerto	
38	QUILES MORA	Andrés	NO	NO
39	RODRÍGUEZ SÁNCHEZ	Bruno	NO	NO
40	**RUIZ MARTÍNEZ**	**Patricio**	**Si**	**SI**
41	RUIZ ROBLES	Antonio	NO	NO
42	SÁNCHEZ SÁEZ	Leon	Muerto	
43	SÁNCHEZ SEVA	Rafael	Muerto	
44	**SANSANO GONZALVEZ**	**Salvador**	**Si**	**SI**
45	SERRANO SÁNCHEZ	Carmelo	NO	NO
46	SOLER ROMÁN	Leandro	Muerto	
47	SOLER ROMÁN	Pascual	Muerto	
48	TORMO PÉREZ	José	NO	NO

Y aquellos de quienes se tiene constancia de que se afiliaron a Falange desdespués de terminar la guerra:

Nº	APELLIDOS	Nombre	Alist	Incorp
1	**AGUILAR CALVO**	**Manuel**	**SI**	**NO**
2	AGULLÓ AGULLÓ	José	NO	NO
3	AGULLÓ PÉREZ	Ramón	NO	NO
4	ANTÓN MATEU	Manuel	NO	NO
5	**CANO PICÓ**	**Francisco**	**SI**	**SI**
6	**CLIMENT BRUFAL**	**Dositeo**	**SI**	**SI**
7	FENOLL FOLLANA	Alfredo	NO	NO
8	**FENOLL MONTÓN**	**Domingo**	**SI**	**NO**
9	**FERRANDO RIPOLL**	**Roberto**	**SI**	**NO**
10	**FLUXÁ POMARES**	**Francisco**	**SI**	**NO**
11	GUILLEN AMOROS	Matías	NO	NO
12	GUIRAU RUIZ	Sebastián	NO	NO
13	HERRANZ SANZ	Severino	NO	NO
14	**MADUEÑO MARTÍNEZ**	**Carlos**	**SI**	**SI**
15	**MILLER RIPOLL**	**Alfredo**	**SI**	**SI**
16	**ORS LLORET**	**Adolfo**	**SI**	**SI**
17	**ORS LLORET**	**Miguel**	**SI**	**SI**
18	ORTS MARTÍNEZ	Juan José	NO	NO
19	**PASCUAL CID**	**Antonio**	**SI**	**SI**
20	PETSCHEN Y KUTZ	Juan	NO	NO
21	RIPOLL SELVA	Antonio	NO	NO
22	RÓDENAS CHILAR	Tomás	NO	NO
23	**RUIZ ALONSO**	**José**	**SI**	**SI**
24	**SALVADOR PÉREZ**	**Juan**	**SI**	**SI**
25	**SÁNCHEZ SÁEZ**	**José**	**SI**	**SI**
26	**SANTOS LLORENTE**	**José**	**SI**	**NO**
27	**VIDAL GALLAR**	**Emilio**	**SI**	**SI**

Es decir, que de los 102 alistados a la División Azul, 36 (35.29 %) eran falangistas; de ellos, 19 (52.78%) lo eran antes de comenzada la guerra y 17 (47.22 %) se apuntaron durante o despues de ésta siempre haciendo la salvedad, ya indicada, de los procedentes del Ejército. No incluimos en este recuento a Juan José Albert Morales, que solicitó su ingreso en Falange después de la guerra e incluso llegó a incorporarse a la División Azul pero fue expulsado del partido por las razones expuestas líneas arriba; los 20 etiquetables de Camisa Vieja, 11 (55 %) se incorporaron al frente; de los recién ingresados, 8 (47.06 %) se incorporaron al frente.

DEL PALMERAL A LA ESTEPA

ILICITANOS EN LA DIVISIÓN AZUL

Hermanos Adolfo y Miguel Ors Lloret

CUADERNO

FOTOGRÁFICO Y DOCUMENTAL

La
biblioteca
del **guripa**

Alfredo Miller Ripoll y otros

Dositeo Climent Brufal y componentes de la 1ª Escuadrilla Azul

Adolfo Ors Lloret

José Sánchez Sáez

Salvador Sansano Gonzálvez

José Planelles Glicián

Alfredo Miller Ripoll

Dositeo Climent Brufal

Antonio Antón Mollá

Antonio Gras Maciá

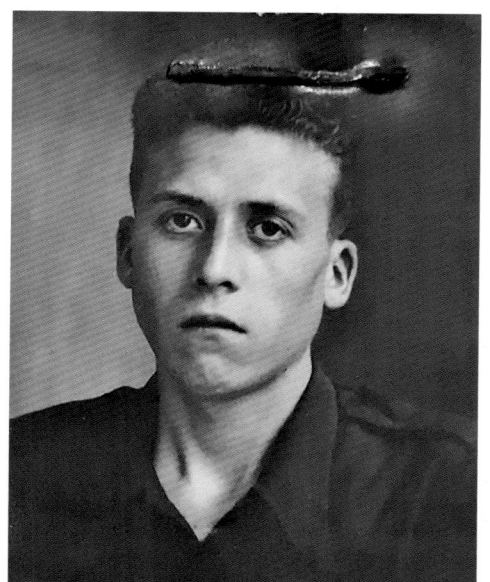

Antonio Pascual Cid

Miguel Ors Lloret

Alfredo Miller Ripoll y otros

Miguel Ors ante la tumba de Francisco Vicente Rodríguez

Procesión de la Virgen 1943 ó 1944. Patricio Ruiz, José Ruiz, Adolfo Ors y Alfredo Miller

Ficha de alistamiento a la División Azul de José Ruiz Alonso

Ficha de alistamiento a la División Azul de José Maria Lag Cuadrado

Ficha de alistamiento a la División Azul de Carlos Madueño Martínez

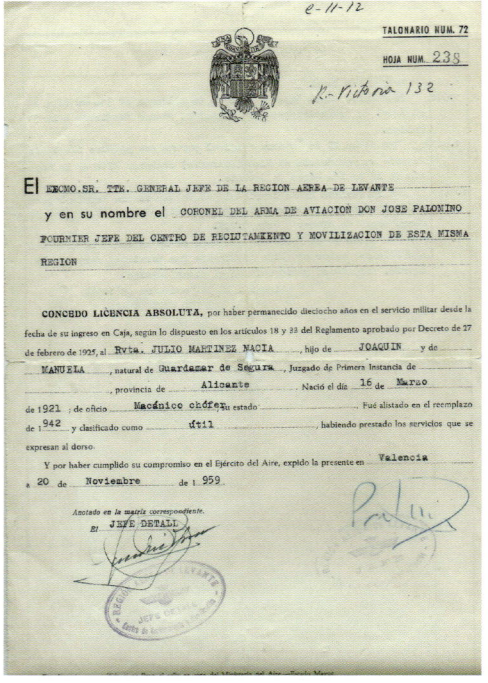

COPIA QUE SE CITA.

División Española
de Voluntarios 250
E. M.
2º Sección Bis.-

Ficha del Soldado JUAN JOSÉ ALBERT MORALES.

Este individuo al iniciarse el Movimiento, pertenecía al Partido Comunista, de donde era gran propagandista, marchó Voluntario en el Ejercito Rojo, siendo Carabinero, trabajó en una de las fábricas de Guerra de la Plaza de Elche, propagaba sus ideales con fé.
Estuvo varias veces detenido por los delitos de robo y hurto. Es de muy mala conducta y capaz de todo lo malo.
Repatriado á España por indeseable de orden de S.E.

P. C. 6 de Noviembre de 1.942.
Hay un sello con las Armas de Reich Alemán que dice: Kdo Spanische Div".

Madrid, 26 de Diciembre de 1.942.
Es copia.
El Tte. Coronel de Infantería.

Repatriación Juan José Albert Morales

Licencia Julio Martínez Maciá

Visita del General Muñoz Grandes a los divisionarios de Elche, 1955.

Antes de la Guerra				**Durante o despues de la Guerra**		
Nº	NOMBRE	Inc.	Fecha	Nº	NOMBRE	Inc.	Fecha

Nº	NOMBRE	Inc.	Fecha	Nº	NOMBRE	Inc.	Fecha
1	**Antón Mollá, A.B.**	**Si**	**Jul-41**	**1**	**Aguado Pozo, J.**	**Si**	**Jul-41**
2	Antón Torregrosa, T.	No		2	Aguilar Calvo,J.	No	
3	Bañón Buyolo, R	No		3	Braceli Bordonado, M	No	
4	**Campos Sánchez, F.**	**Si**	**Jul-41**	4	Campillo Ramallo, M	No	
5	Canales Mira-Perceval, J	No		**5**	**Cano Picó, F**	**Si**	**Jul-41**
6	Casanova Picó, J.V.	NO		**6**	**Climent Brufal, D**	**SI**	**Jul-41**
7	Chillón Casado, A	No		7	Escarabajal Castillo, L	No	
8	Fenoll Follana, E.	No		8	Fenoll Montón, D.	No	
9	**García Pérez, A.**	**Si**	**Abr-42**	9	Fluxá Pomares, F	.No	
10	Ferrando Ripoll, R.	NO		**10**	**Madueño Martínez, C**	**SI**	**Jul-41**
11	**Gomariz Esteve, A.J.**	**Si**	**Jul-41**	**11**	**Ors Lloret, A.**	**Si**	**Jul-41**
12	**Gonzálvez Campello,J.**	**Si**	**Jul-41**	**12**	**Ors Lloret, M.**	**Si**	**Abr-42**
13	**Gras Maciá, A.**	**Si**	**Jul-41**	**13**	**Pascual Cid, A.**	**Si**	**Jul-41**
14	**Miller Ripoll, A**	**Si**	**Abr-42**	14	Román Maciá, A.	No	
15	Planelles Glicián, J	No		15	Salvador Pérez, J	No	
16	**Ruiz Alonso, J**	**Si**	**Jul-41**	**16**	**Sánchez Sáez, J.**	**Si**	**Abr-42**
17	**Ruiz Martínez, P.**	**Si**	**Jul-41**				
18	**Sansano Gonzálvez, S.**	**Si**	**Abr-42**				
19	Santos Llorente, J	No					
20	**Vidal Gallart, E.**	**Si**	**May-43**				

No parece que haya diferencias significativas entre los recién llegados y los antiguos para ir a la guerra; de los 19 que marcharon a Rusia con el primer contingente, 7 eran Camisas Viejas y 6 de reciente incorporación.

Otro aspecto a considerar en cuanto a la motivación del alistamiento, es la posibilidad de la relación de este hecho con la represión sufrida durante la guerra, generadora del resentimiento antimarxista exacerbado con el llamamiento de Serrano Suñer al comienzo de la operación Barbarroja. Quizá sea conveniente ser un tanto cauteloso a la hora de relacionar represión y alistamiento a la División Azul en Elche; son numerosos los expedientes de divisionarios en los que aparece mención a haber sido perseguidos, amenazados o cautivos durante el periodo de guerra pero no todos los nombres que tienen esta indicación figuran en alguno de los cinco listados que hemos expuesto líneas arriba; a priori, no se puede descartar con seguridad que cada uno, al rellenar el cuestionario añadiese de su propia cosecha lo que consideraba podía ser un mérito para ser elegido en la recluta y; desde luego, ninguno como ser ex combatiente o haber sufrido represión previa, en persona o familiar allegado.

Nº	APELLIDOS	Nombre	Tipo de represión	Lista	Inc.	Nº
1	Aguilar Calvo	José	Perseguido	NO	NO	
2	Alonso Navarro	Vicente	Perseguido	No	SI	1
3	Antón Mollá	Antonio B.	Encarcelado. Padre asesinado	SI	SI	2
4	Bañón Buyolo	Rafael	Perseguido	NO	NO	
5	Braceli Bordonado	Manuel	Perseguido	NO	NO	
6	Campillo Ramallo	Mariano	Familiar asesinado	Si	SI	3
7	Campos Sánchez	Fernando	Padre asesinado	SI	SI	4
8	Canales Mira-Perceval	José	Hermano encarcelado	SI	NO	
9	Casanova Pastor	José	Encarcelado	NO	NO	
10	Casanova Picó	José Victor	Encarcelado	SI	NO	
11	Climent Brufal	Dositeo	Encarcelado. Padre asesinado	SI	SI	5
12	Chillón Casado	Atáulfo	Encarcelado. Padre asesinado	SI	NO	
13	Domarco Gómez	Olegario	Encarcelado. Padre asesinado	SI	NO	
14	Donaire Sánchez	Florencio	¿padre? encarcelado	SI	NO	
15	Fenoll Follana	Emilio	Hermano encarcelado	SI	SI	6
16	Fenoll Montón	Domingo	Padre encarcelado	SI	NO	
17	Ferrando Ripoll	Roberto	Hermando ejecutado Ej. Repub	NO	NO	
18	García Pérez	Antonio	Preso, malos tratos	Si	SI	7
19	Gomariz Esteve	Antonio J.	Encarcelado	SI	SI	8
20	Gonzálvez Campello	José	Encarcelado	Si	SI	9
21	Gras Maciá	Antonio	Condenado a muerte, preso	Si	SI	10
22	Madueño Martínez	Carlos	Exiliado forzoso ¿causa comun?	NO	SI	11
23	Martínez Maciá	Julio	Hermano asesinado frente	Si	SI	12
24	Mateu Fabra	Clemente	Perseguido, desertor Ej. Rep.	NO	SI	13
25	Miller Ripoll	Alfredo	Padre asesinado	SI	SI	14
26	Ors Lloret	Adolfo	Padre y hermano presos	SI	SI	15
27	Ors Lloret	Miguel	Padre preso	Si	SI	16
28	Ruiz Alonso	José	Padre asesinado	SI	SI	17
29	Ruiz Martínez	Patricio	Preso, padre asesinado	SI	SI	18
30	Sánchez Sáez	José	Padre y hermano asesinados	SI	SI	19
31	Sansano Gonzálvez	Salvador	Encarcelado	Si	SI	20
32	Sogorb García	Félix	Padre condenado Trib. Pop.	Si	SI	21
33	Tormo Pérez	Manuel	Familares encarcelados	Si	SI	22
34	Vidal Gallar	Emilio	Padre encarcelado	Si	SI	23

Es decir, de los 34 que se alistaron a la División Azul teniendo tras haber sufrido represión durante el periodo de guerra, 23 /67.65 %) se incorporaron al frente ruso.

Otra cuestión a considerar es la cualidad de excombatiente; como hemos señalado, en el momento de constituir la División, se decidió reservar un número importante de plazas para excombatientes, se entiende que pertenecientes al bando nacional; la cantidad de estos en el contingente ilicitano fue realmente exigua: solo cuatro, José Aguado Pozo, Lázaro Escarabajal Castillo, Emilio Fenoll Follana y Bernardo García Henarejos habían luchado en este bando. Por el contrario, fueron más numerosos los alistados a la División Azul que habian combatido en el ejército republicano; en conjunto, fueron 18 voluntarios (17.82%), de los cuales, 10 se incorporaron al frente; tres de ellos lo hicieron a través del Batallón Elche; dos lo hicieron claramente con intencion distinta al ideario divisionista, uno, Juan José Albert, para pasarse a filas sovieticas, y otro, Diego Soriano, para esconder un pasado tormentoso. Aquí, al igual que en el conjunto de la represión, aparecen afiliaciones a U.G.T.; ello no viene a significar que la pertenencia a dicho sindicato de numerosos individuos viniera condicionada por su ideología socialista, sino porque este carnet era una especie de aval o certificado, cuando menos, de "no desafecto a la República", aunque la realidad fuera otra, se entiende que deberían ser procedentes del bando nacional. En efecto, como bien señala Caballero Jurado, una gran parte de los veteranos de guerra que se unieron a la División Azul eran ex combatientes del ejército republicano; quienes ya tenían en su haber una campaña contra el comunismo sentían que ya habían cumplido su labor con creces, ya habían satisfecho su cuota de heroísmo por Dios y por España; aquellos que fueron sorprendidos en territorio republicano por el Alzamiento y lucharon, bien contra su voluntad a favor de la República, bien porque se sintieron defraudados por el desarrollo de la guerra, sí sentían que tenían una deuda por saldar y decidieron hacerlo a través de la División Azul. No se entiende, de otra manera, que sean tan abundantes los relatos escritos en primera persona de voluntarios participantes en la División Azul y absolutamente inexistentes los escritos en primera persona por participantes forzados en ella; se podría argumentar que durante muchos años esto estuviera prohibido o silenciado, pero llevamos ya suficiente tiempo hablando de otros aspectos diferentes de aquella época, que resulta demostrativamente extraño que no hayan aparecido más que informaciones aisladas y, por otro lado, bastante sesgadas, de hombres enrolados contra su voluntad.

Nº	APELLIDOS	Nombre	Filiación	Unidad	Incorp
1	AGUILAR CALVO	Manuel	No consta		NO
2	ALBERT MORALES	Juan José	Comunista		SI
3	ALONSO NAVARRO	Vicente	No consta		SI
4	BAÑÓN BUYOLO	Rafael	FET	Bon. Elche	NO

5	BRACELI BORDONADO	Manuel	Juv. Catolica	Sanidad	NO
6	CANO PICÓ	Francisco	Derechas		NO
7	CAYUELAS GUILLÓ	Pascual	No consta		NO
8	DOMARCO GÓMEZ	Olegario	UG.T.	Bon. Elche	NO
9	FERRANDO RIPOLL	Roberto	No consta	Aviacion	NO
10	GARRIDO ARENAS	Antonio	No consta	Pasado	SI
11	GILI MÁS	Vicente	No consta	Automov.	SI
12	MATEU FABRA	Clemente	No consta		SI
13	ORS LLORET	Miguel	JAPBon.	Elche	SI
14	PASCUAL CID	Antonio	UG.T.C.	Asalto	SI
15	SÁNCHEZ JAVALOYES	Javier	No consta	19ª B.M.	SI
16	SÁNCHEZ SÁEZ	José	JAP	Oficinas	SI
17	SÁNCHEZ SORIANO	Diego	No consta	42º B.M.	SI
18	VACA VACA	Manuel	No consta	Sanidad	NO

Y DESPUÉS, EL OLVIDO Y LOS MITOS.

A. Entre tanto

La despedida tributada a la primera expedición de voluntarios fue verdaderamente apoteósica; no solo en Madrid, sino en la mayoría de las estaciones por las que transitaron los trenes la explosión de júbilo fue manifiesta; se ha comentado en ocasiones que las expediciones que partieron desde tierras catalanas no llegaron a percibir el calor de sus compatriotas hasta llegar a Pamplona; en realidad lo que ocurrió es que la salida de los voluntarios desde Lérida si fue aclamada, pero el tren llegó a Barcelona a las 3 de la madrugada, sin que nadie hubiera sido advertido de ello.

Las reseñas en la prensa nacional fueron abundantes y laudatorias; ya hemos señalado líneas arriba las incontables manifestaciones habidas por la práctica totalidad del territorio nacional cuando se divulgó la noticia de la invasión alemana.

El apoyo a la División, tanto popular como institucional, fue explícito desde un principio; surgieron numerosas donaciones materiales (hilo para costura, prendas de abrigo confeccionadas por la Sección Femenina, etc), en metálico, suscripciones populares, subvenciones municipales, festivales populares, etc. El Ayuntamiento de Madrid aportó 30.000 pesetas; el de Elche acordó contribuir con 3.000 mil pesetas a la suscripción organizada para enviar "el aguinaldo a los valientes patriotas ilicitanos que están luchando heroicamente contra el comunismo en la División Azul" (Actas municipales); Bilbao consiguió 100.000 pesetas para dicho aguinaldo (Diario Vasco); la Federación Española de Fútbol también hizo su contribución. El Liceo de Barcelona organizó un concierto a beneficio de los caídos barceloneses de la División en febrero de 1943.

La iglesia se volcó en apoyo a la División, con multitud de misas, procesiones, rogativas y otras manifestaciones religiosas.

No se descuidó tampoco a las familias de los divisionarios; además de las condiciones que se estipularon para los combatientes y sus allegados, se concedieron becas, ayudas y clases gratuitas para hijos de voluntarios.

A los pocos meses de permanencia en tierra extraña, surgieron expresiones de desagrado con el tipo de alimentación alemana; según Royuela, había tres tipos de raciones: de retaguardia, de descanso en el frente y de primera línea. En la Escuadrilla Azul, los pilotos y personal del escalón de vuelo tenían también determinados suplementos dietéticos establecidos; pero los españoles seguían echando de menos su ración de vino, sus legumbres, sus embutidos, sus verduras, sus bebidas espirituosas, su tabaco, cansados de coles hervidas, mantequilla, cerveza como única alternativa al agua, carne en conserva o hervida y caramelos vitamínicos; este malestar llegó a las altas esferas gubernamentales de modo que, a petición del General en Jefe de la División, se organizó un envío masivo de alimentos típicos, que quedarían en un almacén secundario para uso de la División.

Pero, poco a poco, la alegre y confiada despedida a los voluntarios empezó a tener otro aspecto; todo fue tranquilidad y esperanza mientras la División permanecía en periodo de instrucción en Grafenwöhr. Las primeras señales de que iban a la guerra las tuvieron en el propio campamento, donde ya hubo algunos muertos por accidente, de tráfico, disparo accidental de arma, etc.; las segundas señales de que iban a la guerra las tuvieron en el largo caminar desde Suwalki hasta el frente de Novgorod; ya hemos detallado la muerte de varios compañeros del Regimiento 263 por explosión de una bomba trampa colocada por partisanos.

Pronto comenzaron a aparecer reseñas en prensa de caídos en combate; al principio se mencionaron los líderes falangistas y oficiales que habían muerto en los primeros compases: Julio García-Matamoros, Javier García Noblejas, capitán Isidoro Navarro, Joaquín Ruiz Vernacci, Fructuoso Sebastián Cerceda Lezcano, José Manuel Castaño Martínez, Antolín Aragoneses Alonso (Diarios ABC, Diario Vasco, Patria, etc.); después fueron noticias de ciudadanos que dejaban de ser anónimos fuera de su localidad de origen para ser héroes en la prensa local o nacional; al principio, solo oficiales, luego también suboficiales, por último, también soldados. Las crónicas de la prensa nacional exaltaban el valor y el heroísmo de los caídos y; poco a poco, los aconteceres bélicos fueron ocupando páginas interiores de los periódicos, fueron simples notas o esquelas costeadas por familiares o delegaciones locales de Falange; cuando el desarrollo de los combates dejó de ser claramente favorable a Alemania y a la División Azul, comenzaron a menudear las crónicas; es indudable que estos cambios en el devenir tuvieron influencia considerable en la segunda fase del alistamiento, costando no poco esfuerzo cubrir el contingente necesario en cada Batallón en Marcha, aunque en Elche este aserto no llegara a cumplirse con los falangistas pues se incorporaron a la División más en 1942 que en 1941.

Las pugnas entre Varela y Serrano Súñer no cesaban; aquel quería eliminar todo rastro de falangismo en la División; éste, propugnando el protagonismo de los falangistas para intentar recuperar el terreno que, en lo político, iba perdiendo a ojos vistas. El enfrentamiento entre ambos terminó de forma expeditiva tras los sucesos de la iglesia de Begoña.

Hemos apuntado líneas arriba que la relación entre falangistas y militares no fue cordial al principio; sobre todo, al pasar lista, sustituyendo la respuesta de Presente por el Arriba España al ser llamados (comenta José Luis Royuela que su sargento le dijo "ese grito te lo guardas para cuando entres al asalto en las trincheras enemigas"); el trato, a menudo despectivo, sobre todo por parte de los suboficiales, hacia los señoritos falangistas creó no pocas dudas, suspicacias y recelos entre ambos estamentos. Sin embargo, y teniendo en cuenta que prácticamente nunca ha habido en el Ejército Español una División de tan alto nivel intelectual y cultural, con tal cantidad de titulados superiores y medios, profesores, catedráticos, intelectuales, etc. como la División Azul, (Caballero, 1981), lo lógico fue que esta cualidad facilitara el aprendizaje de materias hasta entonces ignotas para muchos soldados, pero acostumbrados a adquirir conocimientos, por extraños que estos fueran a su quehacer cotidiano, de modo que no tardaron en asimilar los procedimientos y habilidades necesarios. Pronto hubo unidad de entendimiento, de acción, de organización, de disciplina, esencial para el desenvolvimiento de las acciones; son muchos los autores que refieren largas charlas, sobre todo nocturnas, al amor de la chimenea, sobre política, filosofía, derecho, etc., entre miembros provenientes de distintas esferas, que fomentaron la camaradería y entibiaron la diferencia de nivel cultural.

Que la División Azul no era franquista ni filofranquista es una verdad incontestable; otra cosa fue lo que pasó después con la Falange.

En Elche, no todos los divisionarios falangistas aceptaron de buen grado el régimen de Franco o la manipulación y aprovechamiento por parte de éste de la ideología y funcionamiento de la Falange. Por ejemplo, Miguel Ors Lloret, en sus cartas desde Rusia mantenía incólume su fe en la revolución nacionalsindicalista, criticando a los que se habían servido de la camisa azul para medrar en política o en puestos y cargos municipales; otro ejemplo podría ser el cambio de alcalde operado en este ayuntamiento en los primeros años de posguerra; el primer presidente de la gestora nombrada a raíz de finalizar la

G.C.E., fue Santiago Canales Mira-Perceval, que ya lo había sido cuando el bienio de derechas durante la República bajo el gobierno de Lerroux; en octubre de 1940 fue sustituido por Antonio Más Esteve, ex cautivo y represaliado por el Frente Popular; sin embargo, el gobernador González Vicén cambió a este por un teniente de infantería nacido en Palencia aunque casado con una ilicitana, de la familia Canales, Jesús Melendro Almela, quien tuvo que afrontar el deslinde de territorios ilicitanos para conformar el término municipal santapolero, reivindicación esta ya planteada en tiempos de Primo de Rivera (Rueda, 2017) y que encendió los ánimos notablemente; a partir de 1942, con informes técnicos, comisiones y dictámenes, se segregó una parte de Elche adjudicada a Santa Pola. Sin embargo, aunque había algunos, tan caracterizados como los hermanos Ors Lloret, Antonio Gras, Patricio Ruiz, no todos los divisionarios venidos de Rusia ocuparon cargos de responsabilidad consistorial; además, durante largo tiempo, el mando político ilicitano fue bicéfalo, siendo una persona alcalde de la ciudad y otra, especialmente José Ruiz Alonso, Jefe Local del Movimiento.

Tomás Antón Torregrosa abominó del franquismo, situándose aun más a la derecha de éste; José Gonzálvez Campello rompió en público una fotografía de Franco.

B.-El regreso

En 1943 los tiempos habían cambiado; tal vez demasiado. El régimen de Franco necesitaba ahora congraciarse con los presumibles vencedores y disimular sus afinidades con los vencidos; en 1946, por mandato del Director General de Prensa, los periódicos tenían prohibido mencionar a los "Coros y Danzas de la Sección Femenina" y a la "División Azul" (Caballero, 2018).

El júbilo y la algazara con que fueron recibidos los primeros Batallones de Repatriación fueron sustituidos por un mutismo e ignorancia considerables. Muchos divisionarios se encontraron con que al llegar a España repatriados aún les quedaba servicio militar por cumplir pese a que, en efecto, la permanencia en el frente ruso compensaba dos días por cada uno de estancia, el servicio militar en aquellos momentos era mucho más prolongado (el padre del autor de estas líneas, nacido en 1921, se incorporó en 1942 al Iº Tabor de Regulares de Caballería, de Larache, y permaneció allí 40 meses). Así fueron sorprendidos Dositeo Climent, José Sancho Tello Báguena, etc., que debieron incorporarse al ejército hasta completar el tiempo determinado de servicio.

Fueron numerosos los divisionarios que percibieron pensiones por parte del gobierno alemán durante muchos años (Moreno, 2004); sin embargo, fueron más bien pocos los que percibieron recompensas posteriores del gobierno español; la mayoría de las condecoraciones y cruces de mérito o de guerra concedidas a los combatientes no eran pensionadas; muchos voluntarios exhibieron la Medalla de Sufrimientos por la Patria pero, casi todos ellos con cinta azul de prisioneros en zona roja no pensionada (en Elche, Dositeo Climent, Patricio Ruiz). Muy pocos la tuvieron con cinta negra, caídos en acción de guerra. En lo que concierne a nuestro estudio, solo un ilicitano, José Llopis Pastor logró la Cruz de Hierro de 2ª clase.

En esta última década se han vertido multitud de informaciones adversas y peyorativas sobre la División Azul; no todas ellas, más bien la mayoría, no están basadas en testimonios sino en apreciaciones y juicios de valor. Partiendo del respeto a la diversidad y diferencia de criterios, sin apologías ni nostalgias, expondremos a continuación nuestra opinión sobre determinados aspectos que han sido controvertidos, solicitando, por ende, el mismo respeto que exhibimos hacia los que no piensan igual que nosotros.

1. Los motivos del alistamiento

Son numerosos los autores que contemplan a la División Azul como una continuación, en otro escenario, de la Guerra Civil Española (Moreno Juliá, 2009); era auténtica obsesión devolver la visita a los comunistas; a nivel local, tenemos varias demostraciones de ello; Miguel Ors Lloret lo expone varias veces en sus cartas a sus familiares: "contra todos los pronósticos, he llegado a enfrentarme cara a cara con los enemigos de Dios y de España y con los asesinos de la mamá" (carta del 21 de junio de 1942); "es una rabia impotente la que me domina; cuando me acuerdo de qué manera tan canallesca nos la robaron (a su madre fallecida), no sé lo que me pasa, es algo superior a mis fuerzas" (carta del 16 de julio de 1942, onomástica de su madre).

No deja de ser un tanto sorprendente la respuesta de la juventud hispana a la arenga de Serrano Súñer cuando apenas hacía 15 años que había finalizado la guerra de Marruecos, a la cual se negaron a acudir en repetidas ocasiones los jóvenes españoles reclutados a la fuerza. Ahora, los banderines de enganche, se vieron desbordados por la avalancha de voluntarios deseosos de ir a otra guerra allende las propias fronteras; es indudable que ambas contiendas tenían multitud de aspectos distintos pues mientras la africana era una guerra de conquista, en la que la percepción era de ir a defender intereses no nacionales o colectivos sino individuales de determinada oligarquía financiera, la rusa era una guerra ideológica, casi de tipo religioso (de hecho se planteó otra vez como cruzada contra el comunismo y los sin Dios).

Ya hemos señalado, repetidamente, que el motivo fundamental del alistamiento fue el deseo de luchar contra el comunismo en su propio lugar de origen, y así fue entendido, tanto en España como en Alemania; pruebas de ello, hay varias:

La primera, ya señalada, es la propia fórmula del juramento de fidelidad a la bandera alemana y al Führer: solo en la lucha contra el comunismo, solo en Rusia, no contra los aliados occidentales, no en otros países; así lo afirmaba, por ejemplo, Ángel Eustaquio Gil Martín: "hemos sido y somos anticomunistas; hemos sido y somos falangistas; nadie iba a jugarse la vida a 20 grados bajo cero por unos Pfennigs o marcos de ocupación; plantar una bandera o guión falangista en una trinchera rusa no se podía hacer por sentido mercenario o una soldada más o menos fuerte.". Era indubitable que el falangista asumía, por principio, que la muerte era un acto de servicio, era el camino de la inmortalidad, era la vía que conduce a vida eterna, al reencuentro con un Dios salvador; era como una búsqueda del Santo Grial, era un camino, por el Imperio hacia Dios; su valor en el combate no venía de la desesperanza del legionario ("nadie pida saber quién soy yo", "pesa en mi alma doliente calvario que en la lucha busca redención"), sino de la fe en una sociedad más justa, un mundo más equilibrado, a costa de cualquier sacrificio personal: "arma al brazo, la noche clara y en lo alto los luceros.". Era un valor frío, seco; como afirma Estévez Payeras, la cordura y el instinto natural fuerzan a los hombres corrientes a retroceder ante el peligro pero es que en la División Azul había pocos hombres corrientes y; a veces, lo más cuerdo era hacer una locura; un valor que llegó a impresionar al propio Hitler: "los españoles no han cedido nunca una pulgada de terreno; no tengo idea de seres más impávidos; apenas se protegen; desafían a la muerte; lo que sé es que los nuestros están siempre contentos de tener a los españoles como vecinos de sector".

En las numerosas tentativas por presentar aspectos peyorativos de la División, se incluye la afirmación de que muchos se alistaron para poder adquirir la condición de excombatientes y gozar de las prebendas que la legislación vigente en el momento otorgaba a quienes lo habían sido; convendría recordar que el decreto por el que se regulaban las condiciones económicas de los excombatientes fue promulgado el 7 de mayo de 1942, o sea, casi un año después de la creación de la División Azul; se les abría la posibilidad de concurrir a oposiciones y concursos de vacantes de cualquier servicio de la administración central, provincial o municipal, se les eximía del pago de tasas y derechos de matrícula académica en cualquier tipo de estudio, se les ofertaba el ingreso en plazas de magisterio, etc. No parece, a priori, que la oferta en sí misma, de haberse producido en tiempo y forma de la conformación de la División, pudiera ser suficientemente tentadora como para ir a jugarse la vida en los campos de Rusia; y, en último extremo, podría interesar más bien a individuos de tendencia derechista que, por una u otra razón, no hubieran podido participar en la G.C.E., tratando con ello de mostrar su adhesión al nuevo régimen, porque los de tendencia izquierdista que se quisieran alistar con este motivo, aún con el intento de congraciarse con las nuevas autoridades, podrían verse en una situación comprometida a posteriori si, como ellos preveían y deseaban, eran los aliados quienes ganaran la guerra. De cualquier modo, en los boletines mensuales de la División Azul de Alicante, BlauDivisión, de 1957 y sucesivos, se exponen quejas, por ejemplo, de haberse contratado personal para carga y descarga del Puerto de Alicante y ninguno de ellos era divisionario.

También se ha utilizado como supuesta justificación para el alistamiento la búsqueda del sustento en una España desolada, destrozada, despoblada, hambrienta, empobrecida, - a los destrozos inherentes a una guerra, vino a unirse la pertinaz sequía, con cosechas minúsculas, agricultura en límites inferiores de su capacidad, falta de materias primas, carente de industrias, aislada de casi todo el resto del mundo inmerso en la IIª Guerra Mundial-; pero afirmar que muchos se alistaron para poder comer, que prácticamente eran unos muertos de hambre, es otra falacia difícilmente sostenible. Cierto es que en esos momentos en España la situación económica era realmente grave; la hambruna y el estraperlo se enseñoreaban de pueblos, campos y ciudades pero no seamos ingenuos o ignorantes; por muy malas que fueran las condiciones económicas, sociales, laborales, etc., de nuestro país en esa época, siempre serían infinitamente mejores que las que se ofrecen en la guerra, de la cual, quien más, quien menos, tenía cumplida experiencia, a vanguardia o a retaguardia, como actor o como espectador; las posibilidades de morir o quedar mutilado por un accidente laboral siempre serían muchísimo menores que las de morir o quedar mutilado en acción de guerra; por muy inhóspitas que fueran las condiciones de las viviendas españolas, siempre serían mejores, mucho mejores, que las trincheras, las casamatas, los barracones donde se alojarían los soldados. En el mismo sentido, se ha postulado que el motivo fundamental del alistamiento fue la paga, la soldada; también es difícil mantener este aserto, puesto que las condiciones económicas que se iban a aplicar a los soldados no se dieron a conocer hasta aproximadamente el día 8-10 de julio de 1941, cuando la recluta estaba cerrada, los regimientos prácticamente constituidos y se estaba preparando la salida del contingente hacia Alemania; Arturo Espinosa afirma que "los jóvenes que salimos de España entre el 13 y el 18 de julio de 1941, no sabíamos que íbamos a recibir paga alguna"; además, el establecimiento de haberes, recompensas, pensiones, subsidios, etc., no se completó hasta bien entrado el año 1942; pero, aún así, los haberes señalados en España ascendieron a la misma cifra que se pagaba entonces a la unidad más valorada del Ejército, la Legión, a razón de 7.30 pesetas diarias (los milicianos percibían 10 de manos de la República, las Brigadas Internacionales mucho más); cuestión distinta eran los haberes de los miembros del ejército; los soldados, cabos y cabos 1º percibirán en la península la cantidad de 3.90 pesetas diarias, con una ventaja mensual de 15 y 100 pesetas para los cabos y cabos 1º (Pons Peón, 2020).

Cuando llegaron a Alemania, se enteraron que el salario que les correspondía en España podía ser entregado a sus familiares, como ayuda para subsistencia, puesto que ellos iban a percibir, además, la cantidad estipulada por los alemanes, consistente en 1 RM al día para el soldado en retaguardia y 2 RM en primera línea, cifras que iban in crescendo a medida que aumentaba la graduación militar, 75/105 para el cabo, 105/145 para el sargento, 210/260 para el alférez, 230/290 el teniente, 340/430 el capitán, 400/520 el comandante, etc. (Pérez Maestre, 2008). Es indudable que esto sí podía estimular el alistamiento voluntario entre los militares, aparte la motivación profesional intrínseca; al argumento de que esta cantidad pudo ser factor determinante en el alistamiento, se contrapone otro argumento, verídico: Alemania necesitaba imperiosamente mano de obra y acordó con el gobierno español aceptar hasta 100.000 (cien mil) trabajadores para sus fábricas de guerra: había que ser realmente estúpido para ir a jugarse la integridad física y la vida en el frente, en vez de ir a retaguardia a un trabajo organizado y sin riesgo. En algunas de las fichas del AGMAv de los divisionarios ilicitanos figuran los salarios que percibían en el momento del alistamiento; las cifras expuestas hablan por sí solas, desmintiendo la huida desesperada de la miseria. Haciendo los cálculos a razón de 7.30 pesetas al dia, resultan 219 al mes y 2.628 al año, en números redondos:

APELLIDOS	Nombre	Salario
Bañón Buyolo	Rafael	3450 pts/año
Campillo Ramallo	Mariano	7.8 pts/dia
Campos Sánchez	Fernando	500 pts/mes
Fenoll Follana	Emilio	640 pts/mes
García Perez	Antonio	228 pts/mes
Gonzálvez Campello	José	900 pts/mes
Martínez Maciá	Julio	11.7 pts/dia
Pascual Cid	Antonio	200 pts/mes
Peral Blasco	José	8 pts/dia
Serna Santiago	Antonio	9.10 pts/dia

Conocemos el empleo, aunque no el sueldo de otros más, como Miguel Ors, empleado de banca, Antonio Gomáriz y Manuel Aguilar eran guardias municipales, Antonio Antón trabajaba en una empresa de calzado, Roberto Ferrando era cortador a cuchilla en una fábrica de calzado, Manuel Braceli era secretario del alcalde.

Algo con lo que no contaron los divisionarios al incorporarse, por desconocimiento en el entonces, era la posibilidad de percibir pensiones por parte del gobierno alemán en caso de mutilación en la guerra; así fueron establecidas, por cuantía oscilante, para el soldado, entre 20 RM (84'8 pts) para el grado I, hasta los 80 RM (339'2 pts) al mes para el grado IV de mutilación (Moreno Juliá 2014). Los haberes de los soldados profesionales, provenientes del ejército, fallecidos en acción de guerra con la División, se percibían a través de la Caja del Regimiento de pertenencia en tanto en cuanto se resolviera el expediente de solicitud de pensión promovido por sus familiares (Pons Peón, 2020).

Respecto al lavado de imagen propia o alistamiento para defensa de algún familiar represaliado o en vías de serlo por el régimen franquista, no se puede negar que hubo casos concretos y determinados, pero tampoco se puede afirmar que fueron la tónica dominante. En Elche no parece que hubiera ninguno de éstos.

Ya hemos comentado la cantidad y proporción de falangistas alistados a la División Azul así como la cantidad y proporción de divisionarios que habían sufrido represión, en sí mismos o en familiares durante el periodo republicano. Da la impresión de que, aunque el anticomunismo fuera el principal, no hubo un solo factor determinante que impulsara a los jóvenes ilicitanos a alistarse sino más bien un conglomerado de causas, quizás ninguna de suficiente entidad motivadora por sí sola pero que en conjunto pudieron influir decisivamente en el ánimo colectivo. No cabe duda que algunos se alistaron de modo un tanto retórico (o romántico, si se quiere), sabiendo a ciencia cierta que no iban a ser aceptados pero hacían gala así de su patriotismo y puede que algún otro se alistara en la vorágine del primer momento, para no hacer acto de presencia nunca más, una vez pasada la euforia inicial, evitando de esa forma ser señalado como tibio en cuanto a valentía personal.

Otra de las versiones, malévolas, sobre la División Azul, es la negativa del carácter voluntario de sus componentes; esto requiere, sin duda, una explicación minuciosa y no apriorística; ya hemos señalado la diferencia de criterio al conformar la unidad: mandos, jefes y oficiales debían proceder del Ejército regular; suboficiales, una parte del Ejército y otra del personal civil; la tropa, toda de extracción civil; ahora bien, los militares profesionales ¿fueron voluntarios o forzados?; su primer general en jefe, Muñoz Grandes, fue designado para el cargo; nada hace pensar que fuera obligado más allá de lo que mandan las ordenanzas; su segundo general en jefe, Emilio Esteban-Infantes Martín presionó por todos los medios a sus superiores para ir al frente de Rusia; no bien visto por Hitler, que no quería perder a Muñoz Grandes, estuvo más de seis meses sin poder tomar posesión del mando, ocupando, como mal menor, el cargo de segundo jefe hasta la repatriación del primero; el coronel Esparza, que estaba al mando de Regimiento de Infantería nº 7, sito en Algeciras, se apresuró a seguir a su jefe de División del campo de Gibraltar, el mencionado Muñoz Grandes y con él lo hicieron gran cantidad de jefes, oficiales y suboficiales de su unidad. Muchos oficiales que habían alcanzado el grado de forma provisional durante la guerra civil española, se apresuraron a alistarse, dispuestos a seguir la carrera de las armas; prueba es que gran cantidad de ellos fueron repatriados en los primeros meses de su llegada a Alemania, para hacer el curso de transformación en la academia militar correspondiente y adquirir el carácter definitivo de oficial.

Distinto matiz tuvo el alistamiento de suboficiales y miembros del Cuerpo Auxiliar de Subalternos del Ejército; ciertas actividades no podían dejarse, de buenas a primeras, en manos civiles inexpertas o no formadas en la materia; léase maestro armero, maestro herrador, telegrafista, zapador, acemilero, etc… Si el cupo previsto no llegaba a cubrirse con voluntarios, se procedía a la recluta obligada pero entre profesionales de la milicia, no entre civiles.

Por tanto, nos parece absolutamente innegable el carácter voluntario de los divisionarios de tropa; como hemos señalado anteriormente, las previsiones de alistamiento, por lo general, se vieron desbordadas en muchos lugares de España.

Se comenta muy a menudo en la literatura que para la conformación de los Batallones en Marcha, destinados a cubrir bajas sufridas y repatriaciones, hubo notables dificultades, por escasez de voluntarios en las Milicias de Falange y hubo que recurrir a la selección forzosa. Esto no parece haber tenido lugar en Elche pues, como hemos señalado anteriormente, en 1942 hubo más alistamientos que en 1941, siendo en ambos mayoritaria la procedencia falangista en los tres años que se hizo recluta. En marzo-abril de 1942 ya se tenía información suficiente sobre lo que estaba ocurriendo en el frente ruso como para minimizar las decisiones impulsivas y dejar paso a las razonadas; es de suponer que siguieran abiertas tanto las heridas anímicas como morales que la represión republicana había dejado en una parte de la población ilicitana y ello impulsara a otros tantos jóvenes a formar parte de la lucha anticomunista.

2. Identificación con el nazismo

Afirmación difícil de mantener; es innegable que tanto Alemania como España estaban gobernados por sistemas autocráticos unipersonales; en ambos coincidían la jefatura del estado y la presidencia del gobierno en la misma persona, teniendo los demás poderes bajo su propia jurisdicción; so capa de cierta similitud en las formas, eran claramente diferentes en sus orígenes, instauración y, sobre todo, desarrollo; si los medios eran semejantes, los fines eran claramente distintos.

Para desmontar otra de estas falacias sobre la División Azul, su supuesta connotación filonazi, anglófoba y contraria a las democracias occidentales, puede resultar de utilidad la exposición de motivos que figura en el Diario de Operaciones del III° Batallón del Regimiento Rodrigo: "Ordenada por S.E. el Jefe del Estado la formación de una División Española de Voluntarios para luchar contra un estado de cosas en Europa en el cual los países plutocráticos y capitalistas protegen con benevolencia el fomento de las ideas marxistas, oprobio de la Civilización Cristiana y occidental, espiritualista, en cuya defensa se batió España siempre, la juventud española respondió unánime al llamamiento del Caudillo para llevar las armas españolas por los campos de Europa combatiendo al comunismo, principal causante de todas las desgracias de nuestra Patria, principalmente de la pasada Guerra de Liberación, en la cual, como en todas las ocasiones trascendentales de la Historia, fue el Glorioso Ejército el encargado de terminar con el marxismo y con toda su secuela de crímenes y asesinatos vergonzosos. Abiertos los banderines de enganche, con esta fecha comienza en Zaragoza la organización del III° Batallón de Regimiento Rodrigo de la División Española de Voluntarios..."

El texto se presta, obviamente a interpretaciones variadas; lo primero que demuestra y deja claro es la hegemonía del Ejército sobre la Falange, a quien ni siquiera menciona. No concede ninguna importancia, en definitiva, al hecho de que a la guerra civil y según datos de J.J. Negreira (Negreira, 2022), Falange hubiera aportado 72.608 hombres, encuadrados en 96 Banderas, 23 Centurias independientes y 4 Escuadrones a caballo; como fuerza bélica, las Milicias falangistas fueron disueltas apenas concluida la contienda y puestas bajo control del Ejército. También deja claro el texto que había sido el Ejército, y solo él, quien había ganado la guerra y a quien correspondía acabar con el marxismo allá donde se encontrare; el abstracto (y un tanto absurdo) aserto de que los países plutócratas y capitalistas protegen al comunismo hace ver que, en efecto, el ejército español no era muy partidario de los sistemas democráticos aunque tampoco critica directamente el modelo, sino a "la plutocracia y el capitalismo", valorable a criterio de cada cual y que orienta más (como así fue) hacia un modelo de gobierno autocrático y no participativo que a un modelo abierto y plural, aunque en esta declaración de intenciones no afirmara en ningún momento que la misión de la División Azul fuera apoyar al régimen hitleriano o enfrentarse a otros países no comunistas. La División Azul no fue con (los nazis), sino contra (los comunistas); de hecho fue la única unidad no alemana combatiente en el frente del Este que, aunque incardinada en la estructura de la Wehrmacht, mantuvo su cadena de mando original desde General en Jefe hacia abajo y se regía por su propio código de Justicia Militar; las faltas cometidas por los divisionarios eran juzgadas dentro de la propia

División Azul. Los prisioneros enemigos capturados eran entregados a las autoridades alemanas.

España, agotada y profundamente empobrecida tras la G.C.E., se enfrentaba a numerosos problemas de índole diversa: por un lado, económicos, pues la desaparición de las reservas de oro del Banco de España, entregadas a Rusia por el gobierno republicano en pago por la ayuda soviética durante la contienda, más la depositada en los bancos franceses, obligaron al nuevo gobierno a endeudarse con los países que colaboraron al triunfo y también con los que inicialmente no habían apoyado el alzamiento, como Gran Bretaña y Estados Unidos. Internos por otro lado, cuando aún persistían luchas intestinas por el poder pese a haber asumido el general Franco todos los poderes y todas las jefaturas necesarias para gobernar en solitario, la pugna entre militares y falangistas era manifiesta; y también externos, pues España no había visto reconocido su régimen por la comunidad internacional, aún no tenía relaciones políticas ni comerciales con la mayoría de los países de su entorno y, por añadidura, la guerra europea había señalado el riesgo potencial que podían correr partes integrantes de España como las Canarias, Baleares o el Protectorado marroquí, que obligaban a mantener activo un numeroso ejército.

Alemania estaba en 1941, en plena vorágine bélica, habiendo conquistado prácticamente toda Europa occidental, deseosa de invadir Inglaterra, cooperando con Italia en el Mediterráneo, avanzando en territorios africano; y presionando a España para que entrase en la guerra a su lado, cosa que no logró pese a numerosos intentos, mediando incluso la intervención personal del Führer sobre el Caudillo.

Pero identificar nazismo con franquismo es no considerar las enormes diferencias que existían entre ambos regímenes; por ejemplo, en materia religiosa: Hitler se declaraba ferviente admirador de Richard Wagner, que odiaba a los judíos; en las páginas de Mein Kampf sobrevuela la influencia de Nietzsche, que afirmaba que la religión es "la única gran maldición, la única, enorme e intima perversión" (Shirer, 1962); de hecho, aunque se toleraba el culto, en la Wehrmacht no existía la figura del capellán castrense; el ejército alemán no tenía sacerdotes, ni católicos ni luteranos, en su estructura. Los capellanes españoles, que no tenían graduación como tal en la División Azul, tuvieron que llevar uniforme alemán de soldado y la incuestionable importancia de su labor, tanto de confort espiritual como de apoyo al divisionario, registro, documentación y notificación de las bajas, queda perfectamente explicitada por Pablo Sagarra (Sagarra, 2012). El celo de los sacerdotes divisionarios queda manifiesto, por ejemplo, en la actitud del capellán de la 1ª Escuadrilla Azul, que para no dejar a sus fieles sin asistencia religiosa, ofició la Santa Misa en Bjeloj a las 6 de la mañana y a las 10 en Konaja, con desplazamiento en avión incluido (Rueda, 2019); dieron muestras suficientes de vocación, asistiendo a heridos y moribundos en primera línea de fuego, con verdaderos alardes de valor, reconocidos oficialmente en algún caso, como el de Ildefonso Jiménez Andrades, capellán del II°/269, a quien se concedió la Cruz de Hierro de 2ª clase.

Franco se apoyaba de forma explícita en la Iglesia Católica, cuya ayuda había sido inequívoca durante la guerra y ahora lo era en la paz; la ideología falangista era claramente confesional y las menciones a la asistencia a la Eucaristía son infinitas en los diarios y escritos de los divisionarios. Así consta en multitud de documentos: Miguel Ors Lloret repetía en sus cartas su confianza la protección divina; también se expresa así José Luis Royuela Cristóbal (BlauDivisión 765): "tengo, como siempre, plena confianza en Dios, todo por El", quien también nos explica la diferente actitud ante la ceremonia en la jura de bandera: "con misa de campaña, oída en el más absoluto silencio; en el momento de la Consagración, todos los hombres caímos rodilla en tierra, menos los alemanes, que, impasibles, lo presenciaron con la mayor indiferencia"; el comandante Alemany explica a su esposa la asistencia a la Misa, el rezo colectivo del Rosario, la Comunión, y le pide que le envíe desde España hostias sin consagrar, pues a veces no pueden comulgar por no tener Sagradas Formas (Negreira&Torres, 2021). La religiosidad, profunda, firme, de los divisionarios es manifiesta en multitud de ocasiones en sus diarios y memorias: "después de una marcha en que toda la compañía quedo extenuada, hasta el punto de que nos llevaron la comida a la cama, como en todas las ocasiones que estuve en apuros, fui meditando sobre la Pasión de Jesucristo" (Royuela, 2022); "he pensado en la muerte, en la rápida y en la lenta, y me he encomendado a Dios y a la Virgen" (Azorín Ortiz, 2020). En el Diario de Operaciones de la Compañía de Radio, consta la entrega de "Crucifijos de madera, que llevan en sus brazos la leyenda: "Jerusalén", expresión del sentido de la Cruzada que tiene la guerra contra el Bolchevismo".

La afirmación, vertida en estos últimos años hasta la saciedad, de que la División Azul fue enviada por Franco en pago a cuenta de la deuda contraída con Hitler por su ayuda durante la G.C.E., tampoco tiene demasiada credibilidad; en primer lugar, porque puestos a reclamar deudas, el principal acreedor de España al final de la contienda no fue Alemania sino Italia y ésta no reclamó pago alguno que no fuera el establecido desde el principio con los líderes del Alzamiento. Si es cierto que Hitler pidió, un tanto como contraprestación por la negativa española a incorporarse a la guerra europea junto a los países del eje, determinadas materias primas imprescindibles para la industria bélica como el wolframio; pero, tras la conferencia de Hendaya, no solicitó el envío de tropas a los diversos frentes. Como se ha expuesto, la idea primigenia de la creación de la División de Voluntarios, era de Serrano Suñer, Mora Figueroa y Dionisio Ridruejo; Franco se limitó a aceptar la propuesta falangista y la propuesta del ejército, haciendo una mezcla de ambas pero sin ordenar por sí mismo su formación.

Una vez aceptada la oferta y constituida la División, Alemania llegó a sugerir a Portugal la formación de una unidad semejante, a lo cual se negó el anglófilo gobierno portugués; pero sí que se encontraron los alemanes con peticiones análogas a la española por parte de Noruega, Dinamarca, Bélgica, Países Bajos, Francia y Países Bálticos, dispuestos a luchar junto a la Wehrmacht y ninguno de estos países era fascista ni nazi (Caballero, 2019).

3. La cuestión judía y el holocausto

Hemos expuesto líneas arriba el odio manifiesto de Hitler, transmitido a sus congéneres, con respecto a la raza judía; lo que se inició con un simple intento de preservar la "pureza de sangre" prohibiendo los matrimonios mixtos, se fue transformando en proyectos de eliminación de los "seres inferiores" (Untermenschen).

Los campos de concentración nazis no fueron una creación ex profeso para judíos durante el tiempo de guerra; en 1935 ya existían algunos, como el de Dachau, al cual eran enviados los disidentes del régimen hitleriano. La persecución de los judíos no fue tampoco un evento más en la guerra; había comenzado en 1937, teniendo uno de sus principales exponentes primigenios en la famosa noche de los cristales rotos, el 9-10 de noviembre de 1938; ya hemos apuntado que, en su rechazo al Tratado de Versalles, Hitler consideraba su firma como una traición a Alemania, conducida por judíos, comunistas y revolucionarios; tras la anexión de Austria, los judíos alemanes y austríacos fueron encerrados en los campos de Dachau, Buchenwald y Sachsenhausen, bajo la vigilancia de los Totenkopfverbände, las conocidas y temidas unidades de la calavera, equipos selectos de las S.S.

Cierto es que, en determinadas y no pocas ocasiones, los soldados de la Wehrmacht colaboraron en estas funciones, que estaban encargadas fundamentalmente a los llamados Einsatzgruppen, equipos móviles de matanza.

Aunque la decisión definitiva de eliminar la raza judía no fue tomada hasta la reunión de Wansee, en enero de 1942, las represalias contra la población civil de las ciudades conquistadas se fueron desarrollando al mismo ritmo que avanzaba la guerra mediante la creación de ghettos, no menos de 1.200, en las regiones orientales de Europa. De hecho, la primera ciudad en experimentarlo fue la propia capital polaca; además de los ghettos de Lodz, Cracovia, Bialystok, Lvov, Lublin, Kovno, Czestochowa y Minsk. 450.000 judíos fueron encerrados en el ghetto de Varsovia, en un área del orden de 2 km2;

así lo refleja el soldado ilicitano que formó parte de la 1ª Escuadrilla Azul al llegar a Varsovia el 25 de septiembre de 1941: "dentro de una ciudad preciosa, es escandaloso el hambre que está pasando la población civil; innumerable cantidad de personas que hay alrededor de las líneas del tren pidiendo lastimosamente en alemán, bite, brot; los judíos viven en una miseria enorme y, para distinguirse, llevan una estrella amarilla en el pecho y la espalda" (Rueda Cuenca, 2019).

Pese a interpretaciones poco o nada objetivas, (Núñez Seixas, 2011), existen numerosos y fundados documentos que confirman el buen trato de los divisionarios españoles hacia la población judía. Muszynski, el primer polaco en escribir sobre la División Azul, al comentar el paso de los españoles por su país refiere que los documentos de la resistencia polaca antialemana ya afirmaban lo siguiente: "a Grodno ha llegado una brigada de voluntarios españoles …///… mantienen relaciones totalmente amistosas con los polacos y muestran su simpatía por los judíos, demostrando que no aceptan los principios hitlerianos". El teniente médico de la 1ª Escuadrilla Azul, José Luis Álvarez-Sala Morís, explica en su diario las maniobras nazis contra el judaísmo – "Wir machen ihnen das leven schwer"- (les vamos a hacer la vida imposible). (Rueda Cuenca, 2021)

Manuel Polo Robledo (BlauDivisión 765) afirma no haberse "planteado problema alguno con el nazismo; nosotros fuimos a luchar contra el comunismo, no contra los judíos";

4. El trato a los soldados rusos

Por parte alemana, el trato a los prisioneros quedó claro desde el principio: Rusia no había firmado la convención de La Haya y, por tanto, sus soldados no tenían ningún derecho en lo referente a las leyes de guerra.

Esta animadversión era aún más furibunda cuando se trataba de los comisarios políticos; ya antes de comenzar la invasión, una orden del 12 de mayo de 1941 señalaba claramente que se debería "fusilar a todos los comisarios políticos del Ejército Rojo en cuanto sean hechos prisioneros"; y la Orden de los Comisarios, dictada por el O.K.W. el 6 de junio, antes de iniciada la invasión, así lo establecía por norma; muchos de estos asesinatos fueron realizados por las S.S. o la policía aunque los vigilantes de los campos de prisioneros eran miembros de la Wehrmacht (Kay, 203)

Por eso, según numerosos relatos de divisionarios, los soldados rusos, prisioneros o desertores, tras dejar clavado el fusil en el suelo y mostrar que quedaban desarmados, se apresuraban a dejar claro "niet comunist", "niet Komisariet", o incluso afirmaban ser ucranianos y no rusos para tratar de obtener un trato más benevolente de sus captores españoles (Azorín, 2020).

Se calcula (Edele, 2017) que en total, entre prisioneros y desertores, fueron cerca de dos millones y medio los soldados rusos capturados por la Wehrmacht.

Año	Prisioneros	Desertores	%
1.942	1.653.000	79.319	4,80
1.943	565.000	26.408	4,67
1.944	147.493	9.207	6,24
1.945	33.110	2.015	6,09
suma	2.398.603	116.949	4,88

No cabe duda que la enorme cantidad de prisioneros y desertores rusos planteaba un notable problema a la Wehrmacht en cuanto a su traslado, custodia, alimentación, etc… A la crueldad innata de la guerra vino a unirse en este caso la crueldad del nazismo; muchos de estos prisioneros fueron encerrados en campos de concentración, en condiciones absolutamente infrahumanas, con alimentación insuficiente, expuestos al frío terrible del invierno ruso, a las enfermedades transmisibles y obligados a trabajos forzados o excesivos.

En las negociaciones hispano-alemanas para dar forma a la División, se incluyeron también aspectos de justicia militar (Caballero, 2019); ya hemos indicado cómo se acordó que los voluntarios españoles solo podían ser juzgados de acuerdo con las leyes españolas y por tribunales españoles. También se acordó que todos los prisioneros de guerra que capturase la División serían entregados de inmediato a los alemanes, ya que España no estaba oficialmente en guerra con la U.R.S.S; lo que sorprendió, gratamente, a los soldados españoles fue la actitud de los soldados soviéticos una vez rendidos o capturados. Numerosos testimonios relatan la ausencia de conflictividad de los rusos y su predisposición a la colaboración; ejemplos, muchos: un soldado español cae de la balsa cuando se esta vadeando el rio Vóljov y un prisionero ruso le saca del agua; un soldado resbala en la nieve, cae y pierde el conocimiento, cuando lo recupera, un prisionero ruso le esta aplicando hielo en las sienes, otro le sujeta el fusil y otro le devuelve la bomba de mano (Belmonte, 1942). Para conducir una cuerda de presos, bastaba con tres o cuatro soldados, no había intentos de fuga; un soldado español tropieza y cae sobre la nieve, un prisionero ruso recoge el fusil y se lo entrega; ayudaron a cortar leña, en labores de cocina y limpieza, conduciendo troikas, etc… Hay constancia de que los prisioneros rusos preferían estar en manos españolas antes que alemanas. Arturo Espinosa se plantea que más que prisioneros parecían considerarse liberados; se han planteado también dudas sobre la moral del soldado soviético en el combate, por ejemplo, el hecho de sufrir bajas propias en los movimientos envolventes, de cerco, al atravesar campos minados a retaguardia de sus mismas unidades;

según declaraciones de los prisioneros, la finalidad de estos campos era evitar retiradas descontroladas de los soldados soviéticos.

5. El trato a la población rusa

Los divisionarios repitieron hasta la saciedad en sus escritos, contemporáneos y ulteriores a la campaña, que su intención, su leit motiv, era luchar contra el comunismo como sistema político, contra Rusia pero no contra los rusos aunque, como siempre, no ha de falta quien lo ponga en tela de juicio.

Dando por asumido que la invasión de Rusia fue condicionada por el afán expansionista de Hitler, convendría no olvidar que éste, en sus alegatos durante el juicio a que fue sometido por el Putsch de la cervecería de Baviera, declarase ya que una de sus intenciones era "acabar con el marxismo" (Shirer, 1962).

Una de las críticas más veraces formuladas contra el comportamiento del ejercito alemán con respecto a la población rusa conquistada fue el empleo sistemático de la crueldad en lugar de tratar de congraciarse con los habitantes aborígenes; esta era una de las consignas enviadas por el propio Hitler: "la guerra contra Rusia no será una guerra caballeresca; están en juego ideologías y diferencias raciales, será conducida con una dureza sin precedentes, implacable e inflexible; "hay que provocar en el enemigo un terror sin límites por los medios más brutales"; "no queremos convertir a los rusos al nacionalsocialismo, queremos solamente hacer de ellos una herramienta en nuestras manos" (Keegan, 1974); el respeto a la población civil era inexistente, como manifestó Rosemberg, ministro de las regiones del este: "Ucrania y el Cáucaso del Norte deben constituir las reservas de víveres para el pueblo alemán; no veo ninguna obligación por nuestra parte de alimentar al pueblo ruso con los productos que provienen de estas regiones". Por tanto, en aras del principio acción-reacción, la población nativa no es que no colaborase en absoluto con la fuerza invasora sino que trató por todos los medios a su alcance de ofrecer resistencia, si quiera pacífica, a su presencia apoyando, aun de forma solapada, a los grupos de partisanos. Contra ello, las normas, sobre todo emanadas de las SS, eran rigurosas: "las personas sospechosas de las zonas ocupadas deberán ser llevadas inmediatamente ante un oficial, quien decidirá si deben ser fusiladas".

Sin embargo, este maltrato a la población rusa no se contagió en absoluto a los divisionarios; de las antes mencionadas reuniones donde se debatió la cuestión de justicia militar, salió la Instrucción General 3.005 (de la 3ª Sección de Estado Mayor), de título suficientemente demostrativo: Objeto: Aplicación de normas jurídicas internas y de Derecho Internacional; en ella se ordenaba de forma tajante que "en los territorios ocupados se guardará respeto a sus habitantes, castigándose con todo rigor los atentados contra la propiedad o los perjuicios causados en esta intencionadamente...; no se deteriorarán los monumentos históricos, se guardará respeto a los edificios dedicados al culto religioso..., la no observancia de lo dispuesto sobre esta materia será considerada como falta grave de desobediencia."

La instrucción sobre el trato con la población civil rusa era suficientemente clara y los divisionarios la tenían absolutamente asumida; en las casas donde se alojaban cuando estaban de facción, el respeto absoluto a la integridad, costumbres, creencias y valores de la población rusa fue exquisito; era común compartir con ellos la comida que se les proporcionaba en la unidad e incluso la que se disponía: "Al recibir el aguinaldo, muy gustosos de hacer partícipes a los rusos de lo que habíamos recibido... disfrutaron mucho comiendo cosas que no sabían ni que existieran", e incluso "los residentes con los que convivíamos se unieron a nosotros y recriminaron a los suyos cada vez que nos disparaban" (Ramos Molina, 2020).

Y también el sanitario José González Gras refiere que una familia rusa, una mujer y tres sobrinas, al ir en busca de patatas, pisaron una mina soviética, que causó la muerte a la tía y heridas graves a una sobrina que, curada por los médicos divisionarios, fue evacuada al hospital ruso, con el agradecimiento de estos por la labor; el mejor testimonio de la actuación de los médicos españoles a este respecto, viene detallado por Poyato (Poyato Galán, 2017).

La desaprobación de ciertos métodos de guerra contra la población civil también es manifiesta: "nos encontramos con el espectáculo de una rusa en un patíbulo, colgada del cuello, por haber acuchillado a un sargento alemán"; se puede argumentar que este hecho forma parte de las normas de guerra pero no dejó de causar desagradable impresión a los divisionarios españoles.

LISTADOS
DIVISIÓN AZUL

1. AGUADO Canal, José
No constan datos

2. AGUADO POZO, José
Soldado; nacido el 12 de octubre de 1919 en Benalúa de las Villas (Granada), con domicilio en Elche, calle del Carmen nº 4; se alistó en Falange durante la Guerra Civil, y combatió como requeté en el Ejército Nacional; al final de la contienda, como excombatiente, fue guardia municipal en el Ayuntamiento de Elche. Se incorporó a la División Azul en el primer llamamiento, julio 1941, siendo destinado a la 4ª/263; dejó como beneficiaria a Carmen Sánchez Bernad, con domicilio en la calle del Carmen nº 4; obtuvo dos Cruces Rojas al Mérito Militar, y el Diploma y Emblema de Asalto de Infantería del gobierno alemán; fue licenciado y repatriado el 12 de abril de 1943, en la 1ª compañía del 11º Batallón de Relevo; fue condecorado personalmente por el Generalísimo el 3 de enero de 1944; falleció en Elche en abril de 1945. AGMAv, 5061-5.

3. AGUILAR CALVO, Manuel
Nacido el 15 de agosto de 1909, en Catral, apodado "Escarcha"; domicilio en Elche, calle Capitán Lagier nº 7; durante la Guerra Civil consiguió huir del ejército republicano; después, se hizo falangista y fue guardia municipal; firmó su solicitud de alistamiento a finales de junio de 1941 y la ratificó el 28 de enero de 1942. No llegó a incorporarse. AGMAv, 5061-8.

4. ALBERT MORALES, Juan José

Soldado; nacido en Elche el 26 de mayo de 1921. Se incorporó a la División Azul mientras hacia el servicio militar en el Regimiento de Infantería nº 11, el 13 de agosto de 1942, con la 2ª compañía del 14º Batallón en Marcha. Casado y con un hijo, dejó como beneficiaria a María Escolano Campello, domiciliada en calle Filet, 40. En su ficha consta: "Categoría: Adherido. Expulsado del partido". Fue devuelto calificado de "indeseable". AGMAv 5061-20, 5426-13 y 4420-21.

5. ALONSO NAVARRO, Vicente

Soldado; nacido en Rojales el 9 de septiembre de 1919, domicilio en Elche Travesía de San Roque: marchó al ejército republicano al ser movilizada su quinta, se ignora su actuación en filas; herido, estuvo en el hospital de sangre hasta la liberación. Solicitó su ingreso en la División Azul el 10 de febrero de 1943, siendo declarado inútil por talla (en la ficha consta; "estatura: un metro"), posiblemente fuera un error al no anotar los milímetros siguientes, pues según la ficha, en agosto de ese año volvió a solicitar el alistamiento , fue considerado útil y se incorporó el mismo día. Se incorporó con el 27º Batallón en Marcha, en agosto de 1943. La instancia está firmada con la huella dactilar. AGMAv 5061-42

6. ANTÓN MOLLÁ, Antonio Benjamín

Soldado; nacido en Elche el 21 de marzo de 1914; domicilio calle Ernesto Martínez, 7; hijo de Antonio Antón Román, recaudador de impuestos, de 70 años, sin militancia política determinada, asesinado ("paseo") el 18 de agosto de 1936; perteneciente al reemplazo de 1934, hizo el servicio militar como marino en Santa Pola; militante de Falange desde febrero de 1936; trabajador de una empresa de calzado, fue perseguido y encarcelado en los primeros meses de la Guerra Civil; fue nombrado concejal en la primera corporación municipal al concluir la G.C.E.; se incorporó a la División Azul en julio de 1941, siendo destinado a la 4ª/263; dejó como beneficiario a su hermano Carlos Antón Mollá, domiciliado en la calle Ernesto Martínez, nº 7; herido por explosión de una mina, perdió una pierna, y fue repatriado el 25 de abril de 1942, ingresando en el Hospital Vista Alegre, de Carabanchel (Madrid), 2º pabellón de cirugía, en junio de dicho año; poco después fue licenciado; recibió el alta hospitalaria el 6 de octubre. Obtuvo dos Cruces Rojas al Mérito, fue condecorado por el Generalísimo el 3 de enero de 1944; en el listado del Primer Cuaderno de Caídos de la División Azul, aparece, erróneamente, como caído en noviembre de 1941. AGMAv 5061-73.

7.ANTÓN TORREGROSA, Tomás

Nacido en Elche el 27 de febrero de 1924; militante falangista, intentó alistarse en la División Azul, pero no fue aceptado por ser menor de edad; existe poca información sobre él, salvo que su comportamiento fue radical, con algunas actuaciones fuera de la ley, llegando a vincularse con movimientos de extrema derecha durante la Transición política tras la muerte de Franco; según la prensa, murió el 31 de julio de 1981, al arrojarse desde una ventana de la Brigada Judicial de la Dirección General de Seguridad, donde estaba detenido por participar en actos violentos. AGMAv 5061-74.

8. BAÑÓN BUYOLO, Rafael

Nacido en Elche el 23 de agosto de 1918, hijo de José e Isabel; afiliado a Falange y Juventud Católica, durante la República y la Guerra Civil se alistó a la "sindical marxista U.G.T."; se incorporó al Batallón Elche por temor a ser detenido, ya que estaba amenazado por el Frente Popular; amanuense, empleado de banca, se alistó el 28 de junio de 1941, no consta que llegase a incorporarse; falleció el 29 de diciembre de 1958, en accidente de tráfico en la carretera de Santa Pola; su capilla ardiente se instaló en la sede local de FET-JONS, y a su entierro acudieron el gobernador civil de Alicante, Miguel Moscardó y el Obispo Barrachina. AGMAv 5062-19.

9. BLANCO MARIANO, Francisco.

No constan datos.

10. BONMATÍ GONZÁLVEZ, Manuel

Nacido en Elche el 17 de mayo de 1919; empleado municipal, en la posguerra fue considerado afecto al nuevo régimen; no constan otros datos en el AGMAV 5062-73.

11. BOTELLA MARTÍNEZ, Antonio

Nacido en Elche el 12 de noviembre de 1922; falleció el 21 de julio de 1987; salvo que estaba haciendo el servicio militar, no constan otros datos en el AGMAv 5062-79.

12. BRACELI BORDONADO, Manuel

Nacido en Elche el 7 de octubre de 1913, hijo de Luis y Vicenta; estudiante, afiliado a la Juventud Católica durante la República, al pertenecer al reemplazo de 1935 fue movilizado y prestó servicio en Sanidad Militar en Valencia, como sargento del Ejército Republicano, logrando pasarse a filas nacionales en enero de 1939; sirvió como sanitario en el penal de Santoña a prisioneros republicanos. Fue secretario particular del alcalde Antonio Más Esteve desde el 7 de junio de 1941; no consta que llegase a incorporarse a la División Azul; fundó la Imprenta Braceli, situada en la calle Hospital. Falleció el 1 de enero de 1970. AGMAv 5062-82

13. CABRERA ORTUÑO, Manuel

Sin datos, solo figura "haciendo el servicio militar" en el AGMAv 5063-12; falleció el 14 de diciembre de 2009.

14. CAMPILLO RAMALLO, Mariano

Nacido en Cartagena el 12 de febrero de 1920, hijo de Antonio y Marina; adherido a FET-JONS, se alistó el 28 de junio de 1941, no consta que llegase a incorporarse (haciendo el servicio militar); empleado en la fábrica de Vicente Sansano Fenoll; en el listado de fallecidos por la represión de guerra en Elche, figura Manuel Campillo Maldonado; AGMAV 5063-20.

15. CAMPOS SÁNCHEZ, Fernando

Soldado; nacido el 28 de mayo de 1916, en Elche, hijo de Antonio y Nieves; domicilio en Elche, calle Alfredo Javaloyes, nº 6; su padre, Antonio Campos Javaloyes fue asesinado ("paseo") el 19 de octubre de 1936; procedente de las Juventudes de Acción Popular (J.A.P.), ingresó en Falange Española en febrero de 1936, fue uno de los impulsores del alzamiento en Elche, organizando la compra de armas; tomó parte en el intento fallido de liberar a José Antonio Primo de Rivera de la Prisión de Alicante; hizo el servicio militar en el Regimiento de Infantería nº 27, Argel, en Cáceres, en julio de 1940; empleado en la C.N.S. (Confederación Nacional de Sindicatos), estuvo preso durante los primeros meses de la Guerra Civil. Se incorporó a la División Azul en julio de 1941, siendo destinado a la 4ª/263, para pasar después a la 2ª de Antitanques; dejó como beneficiaria a Francisca González Sánchez, con domicilio en Alfredo Javaloyes, 6; repatriado en agosto de 1942, 6º Batallón de Relevo, 2ª compañía; obtuvo dos Cruces Rojas al Mérito Militar; fue condecorado por el Generalísimo el 3 de enero de 1944. Falleció el 15 de junio de 1994. AGMAv 5063-27.

16. CANALES MIRA-PERCEVAL, José

Nacido en Elche el 4 de agosto de 1908; fue detenido el 17 de agosto de 1936 por orden del alcalde Manuel Rodríguez Martínez; su hermano Santiago, miembro del Partido Radical durante la República, fue presidente de la gestora municipal nombrada por el gobernador civil tras destituir al alcalde de Elche durante el bienio derechista, y fue encarcelado desde el 17 de julio de 1936 hasta el 22 de marzo de 1939; presidió el primer ayuntamiento de la posguerra.

José fue acusado por el alcalde Rodríguez Martínez de intentar organizar la Falange Española en la provincia de Alicante por mandato de José Antonio. En el AGMAv (5063-34) solo aparece su tarjeta de afiliación, donde consta que rectificó su decisión, y no llegó a incorporarse, tal vez por superar el límite de edad establecido (ya tenía 33 años). AGMAv 5063-34.

17. CANO PICÓ, Francisco

Soldado; nacido en Pinoso el 28 de octubre de 1920, hijo de Francisco y Lucrecia, con domicilio la calle Filet nº 39; de profesión camarero, según su ficha, antes y durante el periodo de la guerra estaba afiliado a la central sindical marxista U.G.T., aunque se mostró simpatizante de los partidos de derechas. Ingresó en el ejército republicano, ignorándose su situación en filas; durante su permanencia en esta ciudad se mostró "simpatizante del G.A.N.", y se afilió a Falange en junio de 1939. Alistado para la División Azul en junio de 1941, se incorporó con la 2ª compañía del 6º Batallón en Marcha, procedente del Regimiento de Artillería nº 34, en abril de 1942 y fue destinado al Regimiento de Artillería 250; dejó como beneficiario a Francisco Cano, domiciliado en la Plaza del Arrabal. Repatriado con el 16º Batallón de Relevo en octubre de 1943. AGMAv 5063-35.

18. CASANOVA PASTOR, José

Nacido en Elche el 17 de enero de 1920; en su ficha figura como ex cautivo, haciendo el servicio militar; no consta si llegó a incorporarse; falleció el 1 de junio de 1992. AGMAv 5063-60.

19. CASANOVA PICÓ, José Víctor

Nacido en Elche el 28 de septiembre de 1919, en su ficha figura como ex cautivo, haciendo el servicio militar; según Patricio Ruiz, pertenecía a Furia Elchera (F.E.), y fue llevado a Carcagente; no consta si llegó a incorporarse; fue concejal del Ayuntamiento de Elche entre 1974 y 1979, siendo alcalde Vicente Quiles Fuentes; falleció el 26 de noviembre de 2001. AGMAv 5063-61.

20. CATALÁN LINARES, Andrés

Nacido en Isaba (Navarra), el 24 de marzo de 1920, hijo de Felipe Catalán Valenzuela y Casilda Linares, domiciliados en calle San Roque, 24, de

Elche; su padre era carabinero en Guardamar; se incorporó procedente del Regimiento de Artillería de Montaña nº 34, destinado a la Plana Mayor del Regimiento de Artillería 250, y a la 1ª Batería del 1º Grupo de Artillería. Número de chapa, 16.462. Ingresó en el Hospital de Königsberg el 22 de febrero de 1943 herido de metralla en el brazo izquierdo el 10 de febrero (batalla de Krasnij Bor), si bien en otra ficha figura como herido en el vientre; fue dado de alta el 21 de mayo de ese año. Repatriado en noviembre de 1943, con la 1ª compañía del 23º Batallón de Relevo, en noviembre de 1943. Según su ficha, percibió en total 1.080 RM de soldada. AGMAv 4185-18

21. CAYUELAS GUILLÓ, Pascual
Soldado; nacido en Elche el 2 de noviembre de 1918; durante la guerra civil luchó en el bando republicano, 69ª Brigada Mixta, dándole como desaparecido en los frentes de combate el 29 de marzo de 1938. Se incorporó a la División Azul en marzo de 1943, con la 2ª Compañía del 21º Batallón en Marcha, procedente del Regimiento de Infantería nº 11, destinado a la Plana Mayor del IIIº/262. Número de chapa, 15.980. Dejó como beneficiaria a Asunción Guilló Clement, domiciliada en Elche, calle Ramón Jaén, 34. AGMAv 4172-24.

22. CLIMENT BRUFAL, Dositeo
Soldado; nacido en Elche el 1 de julio de 1919; hijo de Dositeo Climent Mateu asesinado en agosto de 1936, y de Margarita Brufal; fue detenido y encarcelado en varias prisiones republicanas (Provincial de Alicante, Celular de Valencia, Rita Sister); en enero de 1940 se alistó voluntario al Ejército del Aire, siendo destinado al aeródromo de Rabasa (Alicante). En julio de 1941 se presentó voluntario para luchar contra el comunismo, formando parte de la Primera Escuadrilla Azul, mandada por el comandante Ángel Salas Larrazábal. Tras su estancia en la Escuela de Vuelo de Caza de Werneuchen, fue trasladado al frente ruso, ejerciendo fundamentalmente labores de oficinista en la Intendencia de la Escuadrilla. En posesión de la Medalla de Sufrimientos por la Patria con cinta azul, fue condecorado también con la Cruz del Mérito de Guerra de 2ª clase con espadas, Cruz de Guerra de 2ª clase con pasador Rusia y Medalla del Este del ejército alemán. Volvió a Elche repatriado con su Escuadrilla en abril de 1942, volviendo a trabajar en la fábrica de Vicente Serrano; falleció a los 24 años, de muerte natural, en Elche.

23. COVES COVES, Francisco
Nacido en Elche el 16 de agosto de 1916; no consta si llegó a incorporarse; falleció el 8 de mayo de 2004. AGMAv 5064-20.

24. CREMADES CAPARRÓS, Francisco

Nacido el 12 de marzo de 1915, hijo de Antonio y Marina; no consta si llegó a incorporarse. AGMAv 5064-28.

25. CHILLÓN CASADO, Ataúlfo

Nacido hacia 1890 en Toledo; militante de la Unión Patriótica de Primo de Rivera, miembro del partido radical, se afilió a Falange Española; en el informe de 1941 se dice de él que fue "sañudamente perseguido", que colaboró "dando noticias pesimistas" y que ayudó a organizar la Falange para la "labor depuradora"; su nombre figuraba en las órdenes de detención firmadas por el alcalde Manuel Rodríguez Martínez; estuvo encarcelado desde el 11 de agosto de 1936 hasta abril de 1937; desde el final de la guerra civil fue jefe de la Guardia Municipal; se alistó a la División Azul el 30 de junio de 1941, y ratificó su compromiso el 28 de enero de 1942; no llegó a incorporarse por razones de edad (51 años); falleció el 30 de agosto de 1975. AGMAv 5064-36.

26. DELTELL FERRER, Alejandro

Nacido el 2 de mayo de 1921, en su ficha del AGMAv (5064-47); solo consta "se marchó sin dejar señas".

27. DELTELL FERRER, Nicandro

Nacido el 2 de mayo de 1921; en su ficha del AGMAv (5064-43); solo consta "se marchó sin dejar señas".

28. DOLÓ GRAS, Manuel

Nacido en Elche el 12 de abril de 1918, en su ficha del AGMAv (5064-56) solo figura que estaba prestando el servicio militar, no consta si llegó a incorporarse; falleció el 18 de noviembre de 1978.

29.DOMARCO GÓMEZ, Olegario

Nacido en Catral el 9 de julio de 1909; hijo de Carmen Gómez y Olegario Domarco Seller, detenido y fusilado por sentencia del Tribunal Popular de Alicante el 4 de octubre de 1936; zapatero, afiliado a U.G.T. durante la República, fue detenido y encarcelado en el Palacio de Altamira; en abril de 1937 se enroló en el Batallón Elche, del ejército republicano, junto a su cuñado, el capitán Ginés Conesa Cañavate, luchando inicialmente en el frente de Carabanchel; después pasó al Batallón 106 de la 42ª Brigada Mixta como cabo. En la posguerra declaró favorablemente en el procedimiento contra Francisco Valero Quiles, comisario político, que sería fusilado. No llegó a incorporarse a la División Azul; en su ficha del AGMAv (5064-58) figura la palabra "inútil"; tampoco cumplía los criterios de edad establecidos (32 años). AGMAv 5061-58.

30. DONAIRE SÁNCHEZ, Florencio

Nacido en 1922, fallecido el 12 de mayo de 1990; no constan datos. En el listado de "polizontes al servicio de las derechas" que publicó el semanario El Obrero el 5 de abril de 1936 y en un listado de encarcelados aparece el nombre de Alfredo Donaire Ribera AGMAv 4203-56.

31.ESCARABAJAL CASTILLO, Lázaro

Nacido en Cartagena el 1 de junio de 1921, hijo de Jerónimo e Isabel; tornero, hizo el servicio militar como marinero en Cartagena; adherido a Falange Española; en el AGMAv (5064-69) figura "se marcha sin dejar señas"; no consta si llegó a incorporarse.

32.ESCUDERO GARCÍA, Serafín

Soldado; nacido en Elche el 1 de mayo de 1916, de profesión albañil; dejo como beneficiaria a Mariana García Ballester, domiciliada en calle Carmen, 13; se incorporó a la División Azul con la 2ª compañía del 5º Batallón en Marcha, el 4 de abril de 1942, procedente del Regimiento de Infantería nº 34, Cartagena. Repatriado con la 1ª compañía del 14º Batallón de Relevo, en septiembre de 1943. AGMAv 4608-31.

33. FENOLL FOLLANA, Emilio

Según su ficha del AGMAv (5065-12), era militante de la vieja guardia (estaba afiliado a Falange Española con número de carnet 3317), excautivo y excombatiente en la Legión; era hermano de Federico Fenoll, concejal de la primera corporación municipal después de la G.C.E.; se alistó el 27 de junio de 1941 y ratificó el 28 de enero de 1942; no consta si llegó a incorporarse, al parecer, tenía ya 59 años. Falleció el 5 de mayo de 1960.

34. FENOLL MONTON, Domingo

Nacido en Tucumán (Argentina) el 29 de diciembre de 1919 (o el 20 de diciembre de 1920), hijo de Rafael y Patrocinio; militante de la Juventud Católica, fue oficial de Quintas del Ayuntamiento; su padre fue detenido durante la guerra civil; al final de la contienda, se alistó a Falange Española y se presentó voluntario para la División Azul, recién casado y con una hija de corta edad; sus padres lograron fuera excluido, alegando su nacionalidad argentina. Casado con Francisca Gomis Coves, tuvieron cuatro hijos, María Teres,

Francisca Guillermina, Rafael y Domingo Andrés.
Falleció el 25 de septiembre de 1954. AGMAv 5065-13

35. FERRANDO RIPOLL, Roberto

Nacido en San Juan de Puerto Rico el 15 de mayo de 1917, hijo de José y Vicenta; era falangista con número de carnet 77147; perteneciente al reemplazo de 1941, fue movilizado con el ejército republicano, sirviendo como motorista en la 62ª compañía motorizada de Aviación; su hermano Vicente, perteneciente a la 107 Brigada Mixta, fue muerto en el frente el 28 de enero de 1938; en la posguerra trabajó en la fábrica de Ripoll Hermanos como cortador a cuchilla; en su ficha del AGMAv 5065-26 figura como "inútil".

36. FLUXÁ POMARES, Francisco

Nacido el 4 de octubre de 1905; su ficha del AGMAv (5065-39) está vacía; fue agente de Investigación y Vigilancia de FET-JONS en 1939; falleció el 17 de junio de 1969.

37. GALLEGO IGLESIAS, Eleuterio

Nacido el 2 de octubre de 1912 en Palafruguell, Gerona, residente en Santa Pola; se incorporó a través de las Milicias de Falange de Elche con la compañía de Ametralladoras del 7º Batallón en Marcha; fue repatriado con el 15º Batallón de Repatriación en octubre de 1943. AGMAv 5065-63.

38. GARCÍA HENAREJOS, Bernardo

Soldado; nacido en Pilar de la Horadada el 4 de enero de 1918, hijo de Bernardo y Dolores; excombatiente como fusilero-granadero, correspondiente al reemplazo de 1938, luchó como marino en el destructor Ceuta, del Ejército Nacional, entre el 4 de octubre de 1936 y el 30 de octubre de 1939, obteniendo la Medalla de Campaña, una Cruz Roja al Mérito Militar y una Cruz de Guerra. Afiliado al partido en 1939, se incorporó a la División Azul en julio de 1941, pero fue devuelto desde Valencia, declarado inútil por enfermo el 6 de julio. AGMAv 5065-87.

39. GARCÍA PÉREZ, Antonio

Soldado; nacido en Novelda el 6 de enero de 1913 , hijo de Antonio e Iluminada; activo dirigente de la J.A.P., era Vieja Guardia, afiliado a Falange el 21 de diciembre de 1935, empleado municipal, tuvo que huir, perseguido y apaleado por los rojos; se alistó a la División Azul en el primer llamamiento; se incorporó en abril de 1942, con la 4ª compañía del 6º Batallón en Marcha; dejó como beneficiario a Antonio García, con domicilio en calle General mola, 16; obtuvo una Cruz Roja del Mérito Militar y la Medalla de la Campaña del Este; fue repatriado con la 4ª Agrupación del 15º Batallón de Relevo en octubre de 1943. AGMAv 5065-98.

40. GARCÍA RODRÍGUEZ, Antonio
No constan datos.

41. GARCÍA TARÍ, Juan
Sargento; nacido en Elche el 17 de abril de 1917, hijo de Narciso y María, se incorporó a la División Azul en junio de 1942, con la Compañía de Transporte del 12º Batallón en Marcha, procedente del Regimiento Mixto de Caballería nº 19, destinado a la 5ª Columna del Grupo Hipomóvil. Chapa nº 10018. AGMAv 4665-26.

42. GARRIDO ARENAS, Antonio
Soldado; nacido en La Roda (Albacete), el 25 de octubre de 1917, hijo de Antonio y María; domicilio en Elche, calle Teniente Ruiz nº 21; movilizado al inicio de la guerra con el ejército republicano, se pasó a filas nacionales el primer día de su incorporación, combatiendo en la Legión durante 27 meses y obtuvo la Medalla de la Campaña, dos Cruces Rojas y una Cruz de Guerra; se afilió a Falange en septiembre de 1939; se alistó el 1 de julio de 1941 y se incorporó en el primer contingente, en la 4ª/263; dejó como beneficiaria a María Arenas Piñero; sufrió congelación en ambos pies; entre el 2 de febrero y el 19 de marzo estuvo ingresado en el hospital de Königsberg, por heridas de guerra. Fue repatriado en septiembre de 1942, con la 1ª compañía del 7ª Batallón de Relevo, y trajo consigo el pantalón y la guerrera del ejército alemán; obtuvo dos Cruces Rojas al Mérito Militar, la Medalla de la Campaña y una Cruz de Guerra; condecorado personalmente por el Generalísimo el 3 de enero de1944.

Después de su vuelta, ingresó en la Guardia Civil, en la 234 comandancia. En 1944 era sargento de la Guardia Municipal de Elche; en enero de ese año, era jefe comarcal de Milicias, teniendo a José Niñoles Gómez como secretario. AGMAv 5066-16.

43. GILI MÁS, Leandro
Soldado; nacido en Barcelona el 28 de octubre de 1924, hijo de José y María, con domicilio en Elche, Plaza del Salvador nº 3; no ingresó en el ejército republicano por criterios de edad, al no haber sido movilizada su quinta;

alistado a la División Azul con autorización paterna el 10 de febrero de 1943, se incorporó dos días después, a través de las Milicias de Falange, con la 10ª Expedición (20º Batallón en Marcha); fue sometido a procedimiento en la Agrupación de Eventualidades, sin que conste un motivo especifico, por lo que su incorporación efectiva fue retrasada, y pasó la frontera hispano-francesa el 29 de agosto; fue repatriado con la 1ª compañía del 30º Batallón de Relevo el 21 de diciembre de 1943. AGMAv 5066-33 y 4268-115

44. GILI MÁS, Vicente

Soldado. Hijo de José y María; luchó en el bando republicano, en noviembre de 1937 estaba en el 325 Bon, 82 Brigada. Incorporado en julio de 1941, desde el Regimiento de Automovilismo de Madrid, destinado a la Sección Motorizada del Cuartel General. Dejó como beneficiario a José Gili Aguilar, domicilio en Elche, Plaza del Salvador, 3. Repatriado con el 30 Batallón de Relevo, en diciembre de 1943. AGMAv 4268-114

45. GOMARIZ ESTEVE, Antonio Jesús

Soldado; nacido en Fortuna (Murcia) el 15 de junio de 1917, domicilio en Elche, calle Padre Lorenzo, 9; se alistó a Falange Española en agosto de 1934; el 3 de agosto de 1939 fue detenido, posiblemente en Fortuna, procesado por el Tribunal Popular de Murcia y encarcelado en la Prisión Provincial, pasando al Hospital en noviembre de dicho año; según la Causa General de Valencia (tomo 78), fue ingresado en la Prisión Celular el 3 de mayo de 1938 como transeúnte. Figura como familiar, Francisca Gomariz Esteve, domiciliada en Elche, calle García Morato nº 9; tras la guerra civil fue guardia urbano en el Ayuntamiento ilicitano; se incorporó a la División Azul en julio de 1941, con la 4ª/263, dejando como familiar a Anita Silvestre Lorente, domiciliada en la calle Padre Lorenzo nº 9; obtuvo una Cruz Roja al Mérito Militar; fue muerto en los combates de Possad-Posselok, el 8 o el 9 de diciembre de 1941, enterrado inicialmente en Tschetschulino, después fue trasladado al cementerio de Pankowska. AGMAv 5066-45.

46. GÓMEZ NAVARRO, Tomás

Soldado; nacido en Catral, el 3 de febrero de 1920, su madre, Concepción Navarro Gómez vivía en la calle Filet nº 28; se incorporó a la División Azul, procedente del Regimiento de Infantería nº 61, en junio de 1942, con la 3ª compañía del 9º Batallón en Marcha; fue destinado a la 15ª/269 y a la 5ª/269; número de chapa 7138; repatriado con la 3ª compañía del 18º Batallón de Relevo en noviembre de 1943. Falleció el 6 de octubre de 1951. AGMAV 4246-87

47. GÓMEZ REGUERA, Alfredo

Soldado; incorporado con el 12º Batallón en Marcha, en junio de 1942, procedente del 3º Tercio de la Legión, destinado a la 7ª/263. Repatriado el 10 de diciembre de 1943. En 1956 solicitó certificado de servicios prestados, por haber extraviado la documentación recibida en la repatriación. AGMAv 4244-41.

Hay otro expediente (AGMAv 4679-26) con este mismo nombre.

48. GÓMEZ VILLO, José

Soldado; nacido en Cullera el 23 de abril de 1917, hijo de Federico y Josefa; se alistó a la División Azul en julio de 1941 a través de las Milicias de Falange de Elche, y se incorporó con el 6º Batallón en Marcha en abril de 1942. Dejó como beneficiaria a Josefa Villo, con domicilio en la calle Obispo Rocamora, 3. Fue repatriado con la 1ª Agrupación del 15º Batallón de Relevo, en octubre de 1943. AGMAv 5066-50.

49. GONZALVEZ CAMPELLO, José

Soldado, nacido en Elche en 1917, hijo de Joaquín Gonzálvez Irles y Teresa Campello, también conocido por "fiahuero" y "chofeta"; domicilio en Elche, calle Reina Victoria, nº 14; afiliado a Falange, permaneció casi toda la guerra preso en la cárcel de Guadalajara; trabajaba como oficinista en la empresa de H.J. Gonzálvez; se alistó a la División Azul el 27 de junio de 1941 y se incorporó en el primer contingente, en la 4ª/263; fue repatriado y licenciado como herido y presunto mutilado por el Tribunal Médico el 31 de marzo de 1942; obtuvo dos Cruces Rojas al Mérito Militar; fue condecorado personalmente por el General Franco el 3 de enero de 1944; otro de los descontentos con la evolución del régimen franquista, fue detenido años más tarde por romper en público una foto de Franco. AGMAv 5066-67.

50. GRAS MACIÁ, Antonio

Soldado, nacido en Elche el 21 de mayo de 1919, hijo de José y Dolores; se afilió a Falange en 1935; fue un activo defensor del Alzamiento, encargándose del reparto de armas; acusado, por ello o por repartir el periódico falangista de espionaje y alta traición, fue juzgado estando en busca y captura por el Tribunal Especial de Guardia de Alicante, según el semanario Nuestra Bandera del 22 de abril de 1938, y condenado a muerte; no fue ejecutado, aunque sí sometido a torturas, permaneció detenido prácticamente toda la guerra.

Fue nombrado concejal en la primera gestora, presidida por Santiago Canales Mira-Perceval, entre el 8 de abril de 1939 y el 13 de octubre de 1940, miembro de las comisiones de Beneficencia y Sanidad y Plazas y Mercados; al parecer tuvo un altercado con José Gil Orts, cabo de la Guardia Municipal; en 1940 el concejal José Botella Sánchez pidió su cese por no tener la edad mínima (23 años) para ser concejal.

Se alistó a la División Azul el 30 de junio de 1941 (su ficha esta duplicada en el AGMAv) y se incorporó en el primer contingente, en la 4ª/263. Si bien en el Primer Cuaderno de la División Azul figura erróneamente como caído en noviembre de 1941, resultó herido el 2 de septiembre, durante la marcha a pie hacia el frente. Fue condecorado personalmente por el Generalísimo el 3 de enero de 1944.

Volvió a ser concejal con Jesús Melendro Almela a partir del 26 de agosto de 1942, hasta 27 de octubre de 1944. Estuvo muy vinculado a la Sociedad Venida de la Virgen. Falleció el 18 de septiembre de 2007. AGMAv 5066-72.

51. GRAS MACIÁ, Manuel

Ficha suelta, con fecha de nacimiento 22 de septiembre de 1917, sin otros datos.

52. LAG CUADRADO, José María

Soldado; nacido el 30 de junio de 1922 en Cehegín (Murcia), se incorporó el 25 de abril de 1942, con el 6º Batallón en Marcha, procedente de las Milicias de Falange; dejó como beneficiaria a María Isabel Cuadrado, con domicilio en la calle Sitio de Oviedo. Repatriado en junio de 1943, por enfermedad. AGMAv 5067-72.

53. LOPEZ CARRERAS, José

Soldado; nacido el 23 de marzo de 1921, se incorporó con la 3ªCia, del 27 Batallón en Marcha, procedente del 3º Tercio de la Legión.

54. LOPEZ MANRIQUE, Juan

Soldado; nacido en La Unión en 1918, agricultor, militante de la C.N.T. luchó voluntario con el eército republicano, como cabo de la 126 Brigada Mixta. Se incorporó a la División Azul con el 4º Batallón en Marcha, marzo de 1942, procedente del Regimiento de Infantería 23, chapa de identificación 2011; dejó como beneficiaria a Emcarnación Úbeda Almagro. Averiguada su militancia y su participación en el ejército republicano, fue declarado indeseable y repatriado en diciembre de 1942. AGMAv 4761-22.

55. LOPEZ MORENO, Francisco

Soldado; nacido en Elche el 23 de marzo de 1921, con domicilio en calle San Francisco Javier, 9; se incorporó con la 3ª compañía del 27º Batallón en Marcha, procedente de la 9ª Bandera del 3º Tercio de la Legión, en octubre de 1943; chapa de identificación, 24.670; dejó como beneficiario a Francisco López Martínez, con domicilio en calle San Francisco Javier, 9; al disolverse la División Azul se incorporó a la Legión Azul, 1ª Bandera, 4ª compañía.

56. LLOPIS PASTOR, José

Soldado; nacido en Elche el 19 (ó 20) de octubre de 1920, hijo de José y Antonia; de profesión zapatero, con domicilio en la calle Sansón, nº 2; se incorporó como soldado a la División Azul con el primer contingente, el 1 de julio de 1941, procedente del Regimiento de Ingenieros nº 6 y destinado a la 2ª compañía de Zapadores; actuó en las acciones de la cabeza de puente del Vóljov en el frente de Novgorod, tomando parte activa en el asalto a Dubrowka y en la defensa de Tigoda; en septiembre de 1942 fue destinado a la Agrupación Robles; muy activo y voluntarioso, fue citado repetidas veces por sus superiores por su espíritu ejemplar y labor meritoria; al crearse la Sección de Asalto y Cazatanques formó parte de ella con carácter voluntario; en junio de 1942 tomó parte en las operaciones de liquidación de la Bolsa del Voljov; propuesto en dos ocasiones para la Cruz de Hierro de 2ª clase, le fue concedida el 31 de octubre de 1943; el 12 de noviembre de 1942 se le concedió la Medalla del Mérito Militar Alemán. En octubre de 1942 le fue concedida la Cruz de Guerra "por su heroico comportamiento al rescatar con gran riesgo de su vida los cuerpos sangrantes de los valientes soldados que habían quedado entre las líneas propias y las enemigas, en un lugar altamente batido por el enemigo, el día 14 de octubre". Resultó herido grave en el brazo derecho por metralla enemiga el 20 de diciembre de 1942; atendido en el Hospital de Campaña, fue trasladado al día siguiente al de Krasnogar deisk y el 29 al de Königsberg; fue declarado inútil con fecha 9 de febrero de 1943, por haber sufrido fractura del cóndilo humeral derecho, consolidada con limitación del movimiento, además de amputación de un dedo de la mano homolateral; en el informe médico consta que en la radiografía de abdomen aparecen fragmentos de metralla a dos traveses de dedo a la derecha de la columna vertebral, entre 3ª y 4ª vertebras lumbares; el 17 de ese mes llegó a Hof para ser repatriado el día 27.

Se le concedió la Medalla del Mérito Militar alemán el 12 de noviembre de 1942, y dos Cruces Rojas al Mérito Militar españolas.

Falleció el 16 de mayo de 2007. AGMAv 4776-34

57. LLORET FENOLL, José Antonio

Soldado; nacido en Elche, de profesión comerciante, se incorporó a la División Azul con el primer contingente, procedente del Regimiento de Infantería 51, Gerona, destinado a la 8ª/263.

58. MACIÁ ALMELA, Diego

Soldado; nacido en Elche el 11 de noviembre de 1920, hijo de Sebastián y Josefina, con domicilio en la calle Velarde, nº 3; se incorporó al 3º Tercio de la Legión el 10 de noviembre de 1941 y desde allí, el 16 de junio de 1942, se incorporó a la División Azul, con la Plana Mayor del 9º Batallón en Marcha, destinado a la Compañía de Teléfonos del Grupo de Transmisiones; al fallecer sus padres dejó como beneficiario a su tutor Pascual Escobar Ripoll; resultó herido por metralla de artillería en la región deltoidea izquierda, con factura de clavícula y cabeza de húmero, el 3 de agosto de 1943, siendo evacuado el 15 de agosto; fue propuesto para Cruz Roja al Mérito Militar; desde Larache solicitó en mayo de 1944, el ingreso en el Cuerpo de Caballeros Mutilados por la Patria, que le fue concedido como mutilado útil al 46%; falleció el 25 de marzo de 2006. AGMAv 4776-34

En el listado del 5º Batallón en Marcha, compañía de Plana Mayor figura "ASENCIO ALMELA", sin nombre propio, nacido el 11 de noviembre de 1920, domiciliado en la calle Velarde nº 2, alistado desde el 3º Tercio de la Legión; estos datos coinciden casi en su totalidad con los correspondientes a Diego Maciá Almela.

59. MADUEÑO MARTÍNEZ, Carlos

Soldado, nacido el 29 de marzo de 1921, en Sevilla, hijo de Juan y Teresa, de profesión tornero mecánico, con domicilio en Alfonso XIII, 19; durante la guerra tuvo que huir con su familia a Portugal, al parecer por motivos comunes, no políticos; miembro de Falange desde marzo de 1939, en 1941 era jefe de escuadra; se alistó a la División Azul el 30 de junio de 1941, y se incorporó en el primer contingente, procedente de las Milicias de Falange; al no haber sido encuadrado inicialmente en la expedición que salió de Valencia, denegada su instancia por no tener 20 años, se presentó por su cuenta en el Regimiento Vierna, siendo admitido, y destinado a la 4ª/263, aunque su padre reclamó su devolución por ser menor de edad y no contar con su autorización; dejó como beneficiaria a Teresa Martínez Pérez; obtuvo la Cruz Roja al Mérito Militar de 1ª y 2ª clase; herido en el pie izquierdo, el día 7 de julio de 1942, fue repatriado el día 17 e ingresado en el Hospital Militar de Alicante, dado de alta con fecha 2 de septiembre de 1942. Fue condecorado por el Generalísimo el 3 de enero de 1944. AGMAv 5068-33.

60. MARI DE DIOS, Julio / Rafael

Soldado, nacido en Elche el 14 de septiembre de 1924, se incorporó con el 25º Batallón en Marcha, procedente de las Milicias de Falange de La Coruña; chapa número 27.202. Dejó como beneficiario a Jaime Llorente Cardona, de La Coruña. Al disolverse la División Azul, se incorporó a la Legión Azul, 1ª Bandera, 4ª compañía.

61. MARTÍNEZ MACIÁ, Julio

Soldado; nacido en Guardamar del Segura, el 16 de marzo de 1921, hijo de Joaquín y Manuela, se trasladó a Elche con muy pocos años y aquí vivió hasta su fallecimiento. Su hermano Joaquín fue asesinado en el frente. Se incorporó a la División Azul el 2 de julio de 1941, destinado a la compañía de Teléfonos del Grupo de Transmisiones y se licenció el 13 de mayo de 1942. Fue condecorado con la Cruz Roja del Merito Militar, la Medalla Conmemorativa de la Campaña de Rusia y la medalla alemana Conmemorativa de la Campaña de Invierno 1941-1942 en el Este. Su profesión fue la de mecánico fresador (formado en Madrid en la escuela de oficios). Trabajó en este oficio hasta mediados de la década de los cincuenta, compaginando con un corto periodo de policía municipal y posteriormente fue chófer de bomberos del Ayuntamiento de Elche durante varios años. A mediados de la década de los cincuenta y empleando unas piezas de tela blanca del ajuar de su esposa, comenzó a fabricar calzoncillos de hombre, que fue vendiendo por los mercadillos de la comarca, hasta que más tarde, asociado con sus cuñados, fundó una empresa de confección que en principio se llamó F. García Hurtado Limitada y a mediados de los sesenta cambió de nombre por el de Illice S.L. y en 1975 se transformó en Illice S.A., empresa dedicada a la confección de prendas de vestir. En un principio fabricaron delantales (la fábrica de los delantales) y ropa de trabajo y posteriormente se reconvirtió en fábrica de ropa infantil, en especial vestidos de niña, llegando a tener cerca de 200 empleados en el interior y varios cientos que hacían bordados a mano en el exterior. Se jubiló en 1987 y falleció el 23 de marzo de 1999. AGMAv 5327-23

62. MÁS TARI, Ramón

Soldado; nacido en Elche el 30 de mayo de 1920; procedente del Regimiento de Infantería nº 21, se incorporó a la División Azul con la Compañía de Antitanques del 8º Batallón en Marcha; dejó como beneficiaria a Vicenta Tarí Torres, domiciliada en calle Soledad, nº 5; destinado a la 2ª compañía de Sanidad, fue repatriado con la 1ª compañía del 17º Batallón de Relevo, en noviembre de 1943

63. MATEU FABRA, Clemente

Soldado; luchó con el bando republicano; fue evacuado a Elche el 14 de julio de 1937 por la Jefatura de Sanidad del Ejército del Centro; el 2 de noviembre se le reclamó, incluso por medios de difusión, como la radio, para que se presentase, pero no consta ni que hubiera estado hospitalizado ni que hubiera sido atendido, según certificado del Capitán Pastor Jordán, Médico Director de la Clínica Militar nº 2 de Elche, dictándose orden de detención contra él por el alcalde el 15 de noviembre; se incorporó a la División Azul con el primer contingente, en julio de 1941, desde el Regimiento de Artillería nº 42, destinado a la 4ª Batería del IIº Grupo de Artillería Divisionaria; dejó como beneficiaria a María Ruiz, domiciliada en la calle Doctor Fajarnés. Fue repatriado en septiembre de 1942.

64. MIGUEL PÉREZ, Felipe de

Según el Boletín BlauDivision, se incorporó al IIº/269, participando en los combates de Possad y el Voljov, entre octubre de 1941 y el verano de 1942, en que fue repatriado; ingresó en el Cuerpo Nacional de Policía, del cual fue Comisario Jefe en Elche; casado con Manuela Bernad Amorós, hermana de José, falangista muerto en los frentes de guerra. Su necrológica, firmada por Patricio Ruiz Martínez apareció en dicho boletín, en enero de 1997.

65. MILLER RIPOLL, Alfredo

Soldado; nacido en Elche el 16 de enero de 1921, hijo de Carmen Ripoll y Francisco Miller Giner, maestro, concejal del ayuntamiento de Elche durante la Dictadura de Primo de Rivera, fusilado por sentencia del Tribunal Popular de Alicante en octubre de 1936; durante la guerra civil fue encarcelado en la prisión provincial de Alicante, en la casa de José Antonio y hasta el final de la contienda, en una de las cárceles de Gandía. Falangista, fue uno de los primeros en alistarse en Elche, aunque no se incorporó a la División Azul hasta abril de 1942, con la 3ª compañía del 6º Batallón en Marcha; dejó como beneficiaria a Carmen Ripoll, con domicilio en calle Calvo Sotelo, 63. Fue herido en el frente del Voljov por metralla enemiga el 29 de junio de 1942, y repatriado en el mes de octubre.

Según testimonio de su familia, se casó con Josefina Rodríguez, hija del también asesinado Antonio Rodríguez, alcalde de Elche con Primo de Rivera; trabajó como viajante de calzado por el norte de España; a los 73 años sufrió una grave enfermedad, que enfrentó con gran entereza y espíritu cristiano durante más de dos años, falleciendo el 9 de julio de 1996. AG-MAv 5069-12 y 4833-14.

66. MOLINA SEMPERE, Antonio

Soldado; nacido en Elche el 19 de agosto de 1921, hijo de Salvador y Manuela, con domicilio en la calle Cuartel Viejo nº 60, de profesión hilador; se incorporó a la División Azul procedente del Regimiento Mixto de Ingenieros nº 3, con la 1ª compañía de Zapadores del 15º Batallón en Marcha, en agosto de 1942. Chapa nº 16343. En la posguerra fue policía municipal. Recibió de soldada 963,54 RM, y había girado 569. Falleció el 14 de febrero de 1989.

AGMAv 4311-66

67. MORAGON MAESTRE, Manuel

Nacido en Yecla el 15 de junio de 1918, hijo de Antonio y Clotilde. Procedente de las Milicias de Falange de Murcia, se incorporó con el primer contingente, en julio de 1941, destinado a la 2ª/263. Obtuvo dos Cruces Rojas al Mérito Militar.

Licenciado en Filosofía y Letras, doctor en Filología Románica, fue director del Instituto Laboral de Elche, y profesor de literatura en la Universidad de Valladolid. En 1953 publicó las obras completas de Francisco de Aldana (CSIC). Catedrático de literatura de la Escuela de Magisterio, en 1969 fue el primer director del Centro de Estudios Universitarios (CEU) de Alicante y, en 1975, director del departamento de Filología Hispánica. Se jubiló en 1986 y recibió la medalla de oro de la Universidad de Alicante. Dirigió la revista ITEM, revista de ciencias humanas (1977). Publicó numerosos libros. Falleció en Alicante el 2 de junio de 1998.

68. ORS LLORET, Adolfo

Soldado; nacido en Alicante el 16 de febrero de 1916, hijo de Miguel y Carmen; durante la guerra civil permaneció escondido, mientras eran encarcelados su padre y su hermano; ingresó en Falange Española en mayo de 1939, siendo nombrado Delegado de Cultura y Educación en junio; se incorporó a la División Azul con el primer contingente, en julio de 1941, desde el Regimiento de Artillería nº 44, de Barcelona, destinado a la 13ª/263, pasó después a la Plana Mayor del Regimiento; repatriado en agosto de 1942, fue nombrado concejal del ayuntamiento de Elche con Jesús Melendro Almela como alcalde, pero apenas acudió a las sesiones municipales, volviendo a la concejalía con Porfirio Pascual y José Ferrández Cruz; casado con Asunción Montenegro Castro, tuvieron cuatro hijos; fue delegado de la Caja de Ahorros de Novelda y cronista deportivo, Falleció el 3 de julio de 1973.

69. ORS LLORET, Miguel

Soldado; nacido en El Grao de Valencia el 15 de marzo de 1913, hijo de Miguel y Carmen; empleado del Banco Central, era militante de las J.A.P. y fue encarcelado al comienzo del alzamiento; fue uno de los presos políticos del palacio de Altamira que se incorporó al Batallón Elche, luchando en el frente de Carabanchel; sufrió un accidente a poco de llegar con lesión en la rodilla izquierda; trasladado desde Madrid al sanatorio de Fortuna (Murcia), fue declarado no apto para el combate, pasando después a servicios auxiliares hasta el final de la contienda. Se alistó a Falange Española en julio de 1939 y fue delegado de Prensa y Propaganda; en octubre de 1940 fue nombrado segundo teniente de alcalde con Antonio Más Esteve; se incorporó a la División Azul en abril de 1942, con la 4ª compañía del 6º Batallón en Marcha; dejó como beneficiario a su padre, Miguel Ors Foraster, con domicilio en calle Primo de Rivera 34; tras un breve paso por el Regimiento 269, ocupó la plaza de la Plana Mayor del 263 que dejó su hermano al ser repatriado; en mayo de 1943 fue herido de metralla en cara y región auricular; en el hospital se le detectó una cardiopatía, por lo que permaneció ya ingresado en varios centros alemanes hasta su repatriación en noviembre de 1943; a su vuelta fue diagnosticado de tuberculosis, enfermedad que le causó la muerte el 4 de mayo de 1950; al ser considerada esta patología como contraída en el frente ruso, se consideró como acción de guerra, por lo que fue incluido en la lista de caídos por el Ayuntamiento de Elche. AGMAv 5070-12.

70. PACHECO PACHECO, Vicente

Soldado; nacido en Elche el 22 de agosto de 1919; se incorporó a la División Azul en julio de 1941, destinado a la 3ª/263, procedente del Regimiento de Infantería nº 11; dejó como beneficiario a Vicente Pacheco, (Guardia Civil) domiciliado en el Cuartel de la Benemérita. Obtuvo la Cruz Roja al Mérito Militar de 1ª Clase y la Cruz de Guerra de 2ª clase con espadas. Repatriado con el 9º Batallón de Relevo, en diciembre de 1942.

71. PASCUAL CID, Antonio

Soldado; nacido en Madrid el 7 de mayo de 1921, hijo de Antonio y Asunción; de profesión dependiente, empleado en la fábrica de Hijos de Jaime

Brotons, antes de la guerra estuvo afiliado a la U.G.T; se incorporó al Cuerpo de Asalto del ejército republicano, ignorándose su actuación en filas; tras la guerra fue admitido como adherido a Falange Española; se alistó a la División Azul el 30 de junio de 1941, procedente de las Milicias de Falange de Albacete, y se incorporó con el 6º Batallón en Marcha en marzo de 1942; dejó como beneficiaria a Asunción Cid, obtuvo la Cruz Roja al Mérito Militar y la Medalla del Este. Repatriado en octubre de 1943, con la 3ª Agrupación del 15º Batallón de Relevo. AGMAv 5070-43.

72. PERAL BLASCO, José

Cabo; nacido en Elche el 16 de febrero de 1920, hijo de Manuel y Teresa, se profesión zapatero, empleado en la fábrica de Vicente Sansano Fenoll; en su ficha consta: datos militares: Aviación. Se alistó a la División Azul el 1 de julio de 1941, y se incorporó con el ¿5º? Batallón en Marcha, en abril de 1942, procedente del 3º Tercio de la Legión, número de chapa de identificación 2202; dejó como beneficiaria a Teresa Blasco Sánchez. Falleció el 26 de agosto de 1983. AGMAv 5070-69

73. PLANELLES GLICIÁN, José

Nacido en Barcelona el 15 de noviembre de 1919, hijo de José y Antonia; falangista, hizo el servicio militar en Infantería, sección ametralladoras; se alistó el 30 de junio de 1941, cuando trabajaba de enfermero en el Hospital Municipal de Elche. Dejó como beneficiaria a María Ferrández Ramón, con domicilio en la partida de Algorós, 38; no consta si llegó a incorporarse. AGMAv 5071-46.

74. POMARES AGULLÓ, Tomás

Soldado; nacido en Elche el 14 de octubre de 1911; se alistó en el primer contingente a través de las Milicias de Falange Española de Barcelona, siendo destinado a la 1ª columna ligera de Infantería Grupo transporte. Dejó como beneficiario a Juan Pomares, domiciliado en la Partida de Saladas. Obtuvo dos Cruces Rojas al Mérito Militar. AGMAv 5071-53.

75. RAMÓN MEDINA, Jaime

Soldado; nacido en Elche el 3 de abril de 1922, hijo de Dolores Medina, con domicilio en la calle General Cosidó, 20; se incorporó a la División Azul con el 26º Batallón en Marcha, en agosto de 1943, como soldado artillero de 2ª, con número de chapa de identificación 24.198; al ser disuelta y repatriada la División Azul, se incorporó a la Legión Azul, en la Batería de Acompañamiento de la 3ª Bandera.

76. REMIRO PALACIOS, Antonio

No constan datos.

77. ROMÁN MACIÁ, Antonio

Nacido en Elche el 2 de noviembre de 1916; en su ficha del AGMAv (5072-41) solo figura "militante, haciendo el servicio militar"; no consta si llegó a incorporarse.

78. RUIZ ALONSO, José

Soldado, nacido en Elche 23 de agosto de 1914, era sobrino de Tomás Alonso Blasco, concejal y alcalde de Elche en repetidas ocasiones durante el periodo de la Restauración; hijo de Francisco y Josefina, su padre, Francisco Ruiz Bru, propietario conocido como "el Platero", era militante de Derecha Ilicitana; junto con Antonio Antón Román, fueron las dos primeras personas ejecutadas en Elche, el 18 de agosto de 1936, uno en Las Salinetas y otro en El Campello; José, Cursillista de la Iglesia de Santa María, trabajó en la posguerra en la Jefatura Local de Prensa y Propaganda de F.E.T.-J.O.N.S., cargo que abandonó al incorporarse a la División Azul, en julio de 1941, con la 4ª/263; obtuvo dos Cruces Rojas al Mérito Militar; licenciado el 18 de agosto de 1942, fue repatriado con la 4ª compañía del 15º Batallón de Relevo; a su vuelta se casó con la que fue su madrina de guerra, Asunción Guillen Amorós, con la que tuvo cinco hijos, Francisco, Alejandro, Asunción, José y Josefina. Fue condecorado personalmente por el General Franco el 3 de enero de 1944. El 6 de febrero de 1948 fue nombrado concejal en la Corporación presidida por Tomás Sempere Irles, dentro de la comisión de Mercados y Abastos. El 21 de octubre de 1951 continuó como concejal por el tercio de representación familiar. Segundo teniente de alcalde (3-II-1952). Dejó de ser concejal el 27-X-1954. Fue también Jefe local del Movimiento (I-1953- 24-I-1958). Cuando cesó como jefe local del Movimiento fue nombrado Inspector provincial del Movimiento y consejero de Falange. En febrero de 1959 recibió un homenaje con motivo de su ingreso en la Orden de Cisneros. Empresario, fue propietario de una fábrica de plantillas para calzado en la calle Oscar Esplá 84. Falleció el 16 de febrero de 1979. AGMAv 5072-63.

79. RUIZ BROTONS, Vicente

Nacido en Elche el 3 de abril de 1924, su familia residía en Palma de Mallorca; se incorporó a la División Azul en octubre de 1943, con la 3ª compañía del 27º Batallón en Marcha, procedente del 3º Tercio de la Legión, destinado a la 7ª/262; chapa nº 24568; estuvo ingresado en el Hospital de Riga, procedente de Wolosowo, afecto de paludismo, el 18 de noviembre de 1943, fue dado de alta a su unidad el 2 de diciembre, repatriado a continuación. AGMAv 4361-14.

80. RUIZ MARTÍNEZ, Patricio

Soldado; nacido en Torrevieja el 12 de marzo de 1920, hijo de Patricio y Antonia; su padre, Patricio Ruiz Gómez, marino mercante y conductor (el "chaufer"), había nacido en Torrevieja en 1891; militante de Derecha Ilicitana, fue detenido el 20 de febrero de 1936 y, liberado unos días después, se trasladó a Orihuela; vuelto a Elche fue detenido a raíz del asesinato de Calvo Sotelo, encarcelado en el Palacio de Altamira, y asesinado el 3 de septiembre en la localidad de El Campello.

Patricio hijo fue detenido al inicio de la guerra, estando prisionero en las cárceles de Orihuela, Provincial de Alicante, Valencia, penal de San Miguel de los Reyes, Modelo de Madrid y otras; se alistó a la División Azul el 2 de julio de 1941, y se incorporó en el primer contingente, en la 4ª/263; regresó en el 9º Batallón de Repatriación, mandado por el entonces capitán Alfonso Armada Comyns, el 20 de diciembre de 1942. Concejal y segundo teniente de alcalde (20-III-1947 - 3-II-1952), Jefe local de F.E.T.-J.O.N.S. (1947-1950). El 1 de octubre de 1947 le fue concedida la Cruz de Cisneros al mérito político y al año siguiente fue homenajeado como jefe local del Movimiento. El 23 de diciembre de 1949 fue el último pleno al que asistió; el 21 de octubre continuó como concejal por el tercio de representación familiar, pero fue cesado oficialmente el 3 de febrero de 1952; nuevamente concejal entre el 6 de febrero de 1955 y el 5 de febrero de 1961, 4º teniente de alcalde por el tercio sindical. Obtuvo numerosas distinciones y condecoraciones, entre ellas, la Cruz Roja al Mérito Militar de 1ª clase, la Medalla de Sufrimientos por la Patria con cinta azul (cautivo en zona roja), Medalla al Mérito en Campaña. Falleció el 1 de mayo de 2001. AGMAv 5072-75.

81. SALVADOR PEREZ, Juan

Nacido en Elche el 9 de enero de 1921, hijo de Ramón y Encarnación; zapatero, en paro, con domicilio en la calle de Santa Ana nº 49; se alistó el 2 de julio de 1941; en el formulario de alistamiento figura: "arma en que está especializado: falanjista" (sic). Posteriormente, rectificó su decisión y no llegó a incorporarse; falleció el 9 de enero de 1994. AGMAv 5072-97.

82. SAMPER LOPEZ, Luis

Soldado; nacido el 11 de enero de 1922, en Monóvar; se incorporó a la División Azul en agosto de 1942, con la 3ª compañía del 17º Batallón en Marcha; solicitó la Medalla del Este y la Cruz Roja al Mérito Militar; repatriado en enero de 1944, una vez disuelta la División. AGMAv 5073-5

83. SÁNCHEZ ALMELA, José (o Juan José)

Nacido en Elche el 5 de septiembre de 1920, su ficha del AGMAv (5073-7) está vacía; falleció el 23 de febrero de 2002.

84. SÁNCHEZ JAVALOYES, Javier

Nacido en Elche el 5 de agosto de 1917, hijo de Rogelio y Francisca. Perteneciente al reemplazo de 1938, el 29 de abril de 1937 fue requerido a presentarse en el 4º Batallón de la 19ª Brigada Mixta del ejército republicano; hizo el servicio militar en el Regimiento de Infantería nº23, Pamplona; se incorporó a la División Azul en agosto de 1943, pero fue recusado por el Tribunal Médico Militar y declarado no apto por padecer epilepsia. AGMAV 5073-2.

85. SÁNCHEZ SÁEZ, José

Soldado; nacido en Elche el 8 de enero de 1913, hijo de León y Josefa; antes del la guerra era de las J.A.P y de las Juventudes de Acción Católica; muy activamente perseguido, se trasladó a Valencia; ingresó en el ejército republicano con su reemplazo, siendo nombrado sargento eventual de oficinas en una comandancia de ingenieros a retaguardia; su hermano León fue asesinado en febrero de 1939 en el frente de Guadalajara; después de la liberación, José se afilió a F.E.T. y fue secretario de las Milicias locales. Se alistó a la División Azul en junio de 1941, ratificó en enero de 1942, y se incorporó con la 4ª compañía del 6º Batallón en Marcha, en marzo de 1942; fue herido en junio de ese año en acción de guerra, por ráfaga de ametralladora en la espalda, que le produjo sección medular completa con paraplejia de extremidades inferiores; se le concedió la Cruz Roja al Mérito Militar; fue repatriado en septiembre de 1942, ingresando en el Hospital de Burgos, después en el de Carabanchel de Madrid, y por último, en el de Valencia, donde falleció el 26 de abril de 1943, a consecuencia de septicemia por ulceras sacras infectadas a consecuencia de la paraplejía; su viuda, Nieves Davó, domiciliada en la calle Marqués de Molins, se fue a vivir a Hondón de los Frailes. AGMAv 5073-17.

86. SÁNCHEZ SEGARRA, José

Soldado; nacido el 20 de abril de 1914; en su ficha del AGMAv (5073-18) solo consta excautivo, haciendo el servicio militar.

87. SÁNCHEZ SORIANO, Diego

Soldado; nacido en Elche el 24 de marzo de 1918, hijo de Manuel y Asunción, conocido como "paisanet"; gomero, se incorporó al ejército republicano el 21 de abril de 1937, en la 42ª Brigada Mixta, fue dado por desaparecido en combate; sin embargo, ingresó en la cárcel de Elche el 17 de abril de 1939, desde Comisaria, y el 16 de enero de 1940 fue trasladado al Reformatorio de Adultos de Alicante para ser sometido a Consejo de Guerra.

En mayo de 1943 figura como trabajador de la cerámica de Quiles; se alistó a la División Azul en ese mes, (¿23º Batallón en Marcha?) destinado al Batallón 250 (número de chapa 22.906); en agosto fue licenciado de ella, y repatriado por "indeseable" en noviembre, siendo detenido en San Sebastián y conducido por la Guardia Civil. AGMAv 5073-20.

88. SANSANO GONZÁLVEZ, Salvador

Soldado; nacido en Elche el 27 de noviembre de 1921, hijo de Salvador y Carlota; afiliado al S.E.U en mayo de 1936, Durante la guerra hizo propaganda de Falange Española y estuvo encarcelado alrededor de diez meses; en el archivo histórico provincial de Alicante aparece su ingreso en el Reformatorio de Adultos, como estudiante de 17 años, el 16 de abril de 1938, quedando libre dos días después, comenzando entonces a prestar servicios en la Milicia local del Partido. Se alistó a la División Azul el 2 de julio de 1941 y se incorporó con la 4ª compañía del 6º Batallón en Marcha en abril de 1942; dejó como beneficiario a Salvador Sansano, domiciliado en la calle Anselmo Clavé; regresó en noviembre de 1942, 8º Batallón de Relevo. Importante empresario local, fue socio fundador de la Cerámica La Asunción y de Estructuras del Sudeste, entre otras. Falleció el 31 de mayo de 1979. AGMAv 5073-27.

89. SANTOS LLORENTE, José

Nacido en Elche el 22 de junio de 1918, militante de Falange Española, se alistó en junio de 1941, ratificó su decisión el 27 de enero de 1942; no consta si llegó a incorporarse. AGMAv 5073-33.

90. SEGURA PAYA, Santiago

Soldado; se incorporó en julio de 1941, procedente del Regimiento de Infantería nº 11, de Alicante, destinado a la 3ª/263; dejó como beneficiario a Joaquín Segura Payá, domiciliado en Oscar Esplá, 16; obtuvo la Cruz Roja al Mérito Militar y la Cruz de Guerra.

91. SERNA SANTIAGO, Antonio

Nacido en Albatera el 28 de septiembre de 1920, hijo de Antonio y Pilar, se alistó el 29 de junio de 1941; en su ficha del AGMAv figura un certificado de la empresa Guillén, Campello y Cía., de que pertenecía a la plantilla de dicha empresa desde el mes de febrero de 1936 como obrero manual, y que dejó de trabajar en ella el 8 de julio de 1941 ya que por falta de materias primas, la sección donde prestaba sus servicios se encontraba completamente paralizada; es decir, causó baja cuando los voluntarios ilicitanos encuadrados en el primer contingente ya estaban en Valencia, y, por tanto, la admisión estaba cerrada. AGMAV 5073-66.

92. SERRANO DIEZ, José
No constan datos.

93. SOGORB GARCÍA, Félix
Soldado; nacido en Olot (Gerona) el 28 de enero de 1914, hijo de Félix y Piedad, con domicilio en Blas Valero, 25; cocinero, trabajador del Restaurante Nacional, se alistó en julio de 1941, se incorporó en el primer contingente, con la 4ª/263; dejó como beneficiaria a María Sogorb García; fue repatriado con la 1ª compañía del 7º Batallón de Relevo en septiembre de 1942. AGMAv, 4380-39

94. TORMO PÉREZ, Manuel
Soldado, se incorporó a la División Azul procedente del Regimiento de Infantería nº 11, con la Compañía de Sanidad del 19º Batallón en Marcha, en diciembre de 1942. Dejó como beneficiaria a Florentina Martin domiciliada en el Cuartel Viejo, Postigo Trinquete 75; su hermano José fue nombrado concejal en la primera corporación municipal al concluir la G.C.E.

95. URREA RIQUELME, Francisco
Soldado, domiciliado en la calle Nueva de San Antonio nº 8; se incorporó a la División Azul, procedente del Parque de Artillería de Valencia, en julio de 1942, con la Compañía de Antitanques del 13º Batallón en Marcha. Dejó como beneficiaria a Francisca Riquelme Campos, domiciliada en calle Nueva de San Antonio, 5.

96. VACA VACA, Manuel
Nacido el 30 de febrero de 1912 en Valverde de Leganés, Badajoz; durante la guerra era Auxiliar Facultativo de Segunda del Cuerpo de Sanidad Militar, destinado al Batallón de Guardia Presidencial; llegó a Elche en 1937,

como teniente practicante en los hospitales de sangre; al concluir esta se mostró afecto al nuevo régimen; fue empleado municipal, ejerciendo su profesión de practicante en la Casa de Socorro y en el Hospital Municipal. Su ficha del AGMAv (5074-31) está vacía.

97. VALERO NAVARRO, Joaquín
No constan datos.

98. VALERO RIZO, Jaime
Nacido el 7 de febrero de 1920, hijo de Jaime y María; se alistó el 30 de junio de 1941; en su ficha del AGMAv (5074-35) figura como oficinista y excautivo. No consta si llegó a incorporarse.

99. VERACRUZ ROCAMORA, José
Soldado; en la relación de incorporados con el 8º Batallón en Marcha, en abril de 1942, figura como nacido el 22 de agosto de 1920, alistado en Orihuela; en la Revista de Comisario de dicho Batallón en Marcha, figura como natural de Elche, con domicilio en Asprillas nº 50; dejó como beneficiaria a su madre, Josefa Rocamora; procedente de Regimiento de Ingenieros nº 3, fue destinado al Batallón de Zapadores; también consta como ilicitano en el 17º Batallón de Relevo, 4ª compañía, que fue repatriado en noviembre de 1943.

100. VERDÚ SOLER, Estanislao
Nacido el 29 de enero de 1912; su ficha del AGMAv (5074-45) está vacía.

101. VICENTE RODRÍGUEZ, Francisco
Soldado; nacido en Elche el 30 de marzo de 1921; se incorporó a la División Azul con la 4ª compañía del 6º Batallón en Marcha; dejó como beneficiario a Francisco Vicente, domiciliado en la calle Teniente Ganga; muerto por metralla de artillería el 30 de junio de 1942, quedó enterrado en Rusia. AGMAv 5074-61.

Su compañero Miguel Ors Lloret se fotografió junto a su tumba (Imagen cedida por la Cátedra Pedro Ibarra)

102. VIDAL GALLAR, Emilio
Soldado; nacido en Barcelona el 29 de diciembre de 1922, hijo de Emilio y Concepción; padre, derechista fue encarcelado por los rojos; procedente de las Milicias de Falange Española, miembro del Frente de Juventudes, se

incorporó a la División Azul con el 23º Batallón en Marcha, en mayo de 1943, fue destinado a la 2ª compañía del Batallón de Zapadores; chapa de identificación nº 21.193; dejó como beneficiaria a Concepción Gallart Lorente; a poco de llegar se le abrió expediente por supuesto intento de deserción, que fue archivado sin responsabilidad. AGMAv 5074-65 y 4499-46

LISTADO DE PERSONAS QUE SUFRIERON REPRESION DURANTE EL PERIODO DE LA GUERRA CIVIL EN ELCHE

La mayor parte de estos datos se han obtenido de libro "Elche, una ciudad en Guerra", de Miguel Ors Montenegro, y de los archivos de la Cátedra Pedro Ibarra de la Universidad Miguel Hernández de Elche, de la cual es director el mencionado historiador

1. ÁGUEDA TORREGROSA, Jaime
Nacido el 29 de diciembre de 1883, empresario y comerciante. Concejal durante el periodo de Primo de Rivera, Su nombre figuraba en el listado del Frente Popular, grupo segundo. Juzgado por el Tribunal Popular de Alicante, condenado a 20 años de prisión, al repetir el juicio fue condenado a muerte y ejecutado el 4 de octubre de 1936.

2. AGUILAR CALVO, Manuel
Alias "Escarcha", nacido en Catral el 15 de agosto de 1909; durante la guerra consiguió huir del ejército republicano; después, se afilió a F.E.T.

3. AGULLÓ, Carlos
Fue detenido por orden del alcalde Manuel Rodríguez, el 7 de agosto de 1936.

4. AGULLÓ AGULLÓ, José
Nacido en Elche en 1900, de profesión agricultor, miembro de Derecha Ilicitana; fue interventor en las elecciones; detenido el 29 de agosto de 1936, salió en libertad en febrero de 1937, permaneciendo escondido el resto de la guerra. Solicitó su ingreso en F.E.T.-J.O.N.S. en mayo de 1940.

5. AGULLÓ AGULLÓ, Manuel
Muerto en Borjas Blancas (Lérida) el 26 de diciembre de 1938, al intentar pasarse a filas nacionales.

6. AGULLÓ ATIENZA, Pascual
Preso en la cárcel de Altamira en 1936.

7. AGULLÓ BRU, Atanasio
Detenido por orden del alcalde Manuel Rodríguez Martínez, encarcelado del 21 de julio de 1936 al 22 de marzo de 1937.

8. AGULLÓ ESPINOSA
Perteneció a la 4ª Brigada Mixta; fue dado por desaparecido en los frentes de guerra; en unos documentos consta como fecha de su muerte el 24 de enero de 1937; según un informe del ejército republicano, había desertado el 9 de febrero de 1939.

9. AGULLÓ JAEN
Preso en la cárcel de Altamira en 1936.

10. AGULLÓ MARCO
Nacido en Elche, hijo de Ramón y Clara, casado con Josefa Bri Aguilar. Murió en el frente de Carabanchel, Madrid, el 13 de abril de 1937 por "heridas recibidas en acción de guerra". Fue enterrado en Elche el 23 de agosto de 1940.

11. AGULLÓ MENDIOLA, Juan
Preso en la cárcel de Altamira en 1936.

12. AGULLÓ PÉREZ, Ramón
Alias "Bolaor", nacido en Elche en 1892, de profesión agricultor, miembro de Derecha Ilicitana, fue apoderado en las elecciones de febrero de 1936; estuvo encarcelado entre el 18 de marzo de 1937 y febrero de 1938; en 1939 solicitó su ingreso en F.E.T.-J.O.N.S.

13. AGULLÓ SEMPERE, Jaime
Su nombre figura en el listado del Frente Popular, grupo tercero. Estuvo preso en la cárcel de Altamira.

14. AGULLÓ SEMPERE, José
Preso en la cárcel de Altamira en 1936.

15. ALBENTOSA NAVARRO, Ramón
Preso en la cárcel de Altamira en 1936.

16. ALBENTOSA PÉREZ, Antonio
Empleado en la central eléctrica de Los Almadenes, fue detenido por orden del alcalde Manuel Rodríguez Martínez el 12 de agosto de 1936, su nombre figuraba en el listado del Frente Popular, grupo segundo; procesado por el Tribunal Popular de Alicante, fue condenado a 12 años y un día de prisión, al repetir el juicio resultó absuelto.

17. ALCARAZ MORA, Manuel
Nacido en Elche en 1917, agricultor; militante de Falange Española; señalado como enemigo de la República, fue detenido el 30 de junio de 1936 y liberado el 21 de julio por abofetear al alcalde pedáneo de Torrellano Bajo; según el alcalde, se le había encontrado correspondencia dirigida a José Antonio Primo de Rivera; figura en el listado del Frente Popular, grupo primero; juzgado por el Tribunal Popular de Alicante, condenado a muerte y ejecutado el 4 de octubre de 1936.

18. ALEMÁN AMORÓS, Pascual
Detenido por orden del alcalde Manuel Rodríguez Martínez el 30 de agosto de 1936, encarcelado en Murcia; figura en la relación de desafectos a la República de abril de 1937.

19. ALEMAÑ PÉREZ, Francisco
Nacido en Elche en 1882, comerciante; miembro de Derecha Ilicitana, fue asesinado ("paseo") en El Campello el 30 de septiembre de 1936.

20. ALEMAÑ POMARES, Francisco
Nacido en Elche en 1902, de profesión zapatero-jornalero. Fue detenido y encerrado en la prisión de Altamira; se incorporó al Batallón Elche en febrero de 1937; fue fusilado en el frente de Carabanchel (Madrid) el 10 de julio en represalia por haberse pasado unos compañeros a filas nacionales. Enterrado en Elche el 9 de octubre de 1939, en el acta de defunción figura "heridas por arma de fuego"; en la esquela que publicó la familia consta fecha de defunción 6 de julio de 1936.

21. ALEMANY ALEMANY, Joaquín

Su nombre aparece en la relación de personas desafectas a la República de abril de 1937.

22. ALMELA MARTÍNEZ, Teresa

Presa en la cárcel de Altamira en 1936.

23. ALMIRA CARRERAS, Antonio

Nacido en Albatera en 1900, era camarero y jornalero; miembro de Derecha Ilicitana, fue detenido por orden del alcalde Manuel Rodríguez Martínez, el 9 de agosto de 1936, encerrado en la cárcel de Altamira, se incorporó al Batallón Elche; fue fusilado el 10 de julio de 1937 en represalia por haberse pasado unos compañeros a filas nacionales; enterrado en Elche el 9 de octubre de 1939, en su acta de defunción consta como causa de la muerte, "heridas por arma de fuego, asesinado durante la dominación roja".

24. ALONSO BLASCO, Tomás

Nacido en Elche el 13 de noviembre de 1860, fue alcalde y concejal en repetidas ocasiones durante la Restauración, por el partido Liberal. Su nombre aparece en la relación de personas desafectas a la República de abril de 1937. Falleció el 3 de abril de 1949.

25. ALONSO CIFUENTES, Ernesto

Preso en el barco-prisión Rita Síster, de Valencia en 1938.

26. ALONSO PÉREZ, Vicente

Nacido en Elche en 1889, de profesión abogado, miembro de Derecha Ilicitana. Fue asesinado ("paseo") en la carretera de Guardamar el 29 de agosto de 1936; parece ser que el cadáver fue profanado.

27. AMORÓS CANDELA, Vicente

Nacido en Elche en 1917, hijo de Carlos y Josefa, empleado de Banca y estudiante de Comercio, pertenecía a la Adoración Nocturna y fue secretario de la Juventud Católica; detenido inicialmente el 16 de julio fue puesto en libertad el día 23; detenido nuevamente ese mismo mes, encerrado en la cárcel de Altamira durante ocho meses, se enroló en el Batallón Elche el 18 de marzo de 1937; en otoño de ese año logró pasarse a filas nacionales; realizó el curso de piloto, y murió el 16 de mayo de 1938, en Jerez de la Frontera.

28. AMORÓS GONZÁLVEZ, Carlos

Su nombre figuraba en el listado del Frente Popular, grupo segundo y en el de personas desafectas a la República de 1937. Fue juzgado por el Tribunal Popular de Alicante y retirada la acusación. Preso en la cárcel de Altamira.

29. AMORÓS TOMÁS, Diego

Preso en la cárcel de Altamira.

30. ANTÓN AGULLÓ, José

Nacido en Elche en 1905, de profesión transportista; miembro de Derecha Ilicitana; incorporado al 808 Batallón de la 207ª Brigada Mixta, fue asesinado el 18 de agosto de 1938 en el Frente de Levante.

31. ANTÓN ANDREU, Jerónimo

Nacido en Elche en 1880, empresario alpargatero, fue asesinado ("paseo") el 18 de octubre de 1936 en la carretera de Aspe. En el libro de enterramientos figura: "Hallado muerto por disparo de arma de fuego".

32. ANTÓN ANTON, Pedro Miguel

Afiliado al Partido Radical, fue miembro de la Gestora Municipal formada al ser disuelto el Ayuntamiento por orden gubernativa durante el Gobierno Lerroux, el 9 de octubre de 1934; figura en el grupo tercero del listado del Frente Popular, y fue detenido por orden del alcalde Manuel Rodríguez el 7 de agosto de 1936. Preso en la cárcel de Altamira.

33. ANTÓN CLOSAS, Carlos

Preso en la cárcel de Altamira en 1936.

34. ANTÓN IRLES, Francisco

Nacido en Elche en 1904, propietario; detenido por orden del alcalde Manuel Rodríguez el 16 de agosto de 1936, murió en el frente de guerra el 23 de septiembre de 1938 al intentar pasarse a filas nacionales.

35. ANTÓN LÓPEZ, Juan

Alias "Ternero", nacido en Elche en 1904, era guardia municipal y miembro del Partido Radical; fue destituido el 20 de febrero de 1936; detenido el 19 de julio, estuvo preso en la cárcel de Altamira y en la Provincial de Alicante; el Tribunal de Urgencia le condenó a 4 años, 11 meses y 9 días, que cumplió en el campo de trabajo de Totana.

36. ANTÓN MATEU, Manuel

Preso en la cárcel de Altamira. Posteriormente fue teniente de alcalde entre abril de 1939 y octubre de 1940, afiliado a F.E.T.-J.O.N.S.

37. ANTÓN MOLLÁ, Antonio

Hijo de Antonio "El Punto". Su nombre figura en el listado de personas "polizontes al servicio de las derechas, las cuales habrían de actuar como dignos pistoleros" del semanario El Obrero de 5 de abril de 1936 y en el de "elementos enemigos de la República que en la actualidad, 2 de octubre de 1936, todavía están en libertad".

38. ANTÓN PASTOR, Carlos

Alias "el Tuerto de Cerilla", nacido en Elche en 1893, de profesión comerciante, era miembro de Derecha Ilicitana; su nombre figura en el listado de personas "polizontes al servicio de las derechas, las cuales habrían de actuar como dignos pistoleros" del semanario El Obrero de 5 de abril de 1936, en las órdenes de detención firmadas por el alcalde Manuel Rodríguez y en el listado del Frente Popular, grupo primero; fue detenido el 24 de julio y "paseado" el 25 de septiembre (octubre?) de 1936 en Bacarot, en la Carretera de Alicante.

39. ANTÓN ROMÁN, Antonio

Nacido en Elche en 1872, era propietario y recaudador de Hacienda; miembro de Derecha Ilicitana, fue detenido por orden del alcalde Manuel Rodríguez el 10 de agosto de 1936 y "paseado" el día 18, en el paraje de Las Salinetas. Su hijo Antonio Benjamín Antón Mollá se incorporó a la División Azul.

40. ANTÓN SÁNCHEZ, Vicente

Su nombre figura en el listado de personas "polizontes al servicio de las derechas, las cuales habrían de actuar como dignos pistoleros" del semanario El Obrero de 5 de abril de 1936.

41. ANTÓN SELVA, Vicente

Nacido en Elche en 1879, gerente de la Hiladora Ilicitana, su nombre aparece en la relación de personas desafectas a la República de abril de 1937, y asesinado ("paseo") en la carretera de Alicante el 28 de octubre de 1936. En el libro de enterramientos figura: "Traumatismo que sufrió a consecuencia de disparos de arma de fuego".

42. ANTÓN TORREGROSA, Carlos
Preso en la cárcel de Altamira.

43. ASENCIO LINARES, Ramón
Nacido en Elche en marzo de 1899, hijo de Diego y Josefa; preso en la cárcel de Altamira, se enroló en el Batallón Elche, y en la 42ª Brigada Mixta.

44. ASENCIO VALERO, José
Preso en la cárcel de Altamira en 1936.

45. BAÑÓN ANTÓN, Juan
Alias "Meniscal". Su nombre figura en el listado de personas "polizontes al servicio de las derechas, las cuales habrían de actuar como dignos pistoleros" del semanario El Obrero de 5 de abril de 1936.

46. BAÑÓN BUYOLO, Rafael
Nacido en Elche el 23 de agosto de 1918, hijo de José e Isabel, fue amenazado por el Frente Popular, y se incorporó al Batallón Elche; alistado a F.E.T., falleció en accidente de tráfico el 29 de diciembre de 1958.

47. BARCELÓ GALIANA, Balbino
Nacido en Torrevieja el 22 de agosto de 1895, llegó a Elche en 1930 como Jefe de Telégrafos. El alcalde ordenó el interrogatorio del personal de la oficina por sospecha de actividades contrarias a la salud de la República y la detención de su jefe. Estuvo preso en la cárcel de Altamira; (en uno de los listados aparece como Balbino Galiano).

48. BELMONTE ALONSO, Andrés
Nacido en 1908, guardia municipal; miembro de Derecha Ilicitana, fue detenido el 19 de septiembre de 1936 y encerrado en la cárcel de Altamira, de la que salió en febrero de 1937 para enrolarse forzado en la Columna Alicante. Falleció el 17 de julio de 1985.

49. BELSO CASTAÑO, José
Nacido en Elche el 1 de octubre de 1901, sacerdote; figura en el listado del Frente Popular, grupo tercero; fue detenido por orden expresa del alcalde Manuel Rodríguez y preso en la cárcel de Altamira; el 5 de noviembre de 1936 iba a ser trasladado a la cárcel de Chinchilla, pero fue asesinado en Petrel ("paseo").

50. BELTRÁN IBÁÑEZ, Jesús

Nacido en 1886, era electricista, empleado municipal. Miembro de Derecha Ilicitana, fue una de las órdenes de detención firmadas por el alcalde Manuel Rodríguez y en el listado del Frente Popular, grupo tercero; fue encarcelado el 10 de agosto de 1936, y liberado en agosto de 1937; multado con 1000 pesetas, al no poder abonarla, sufrió seis meses de detención domiciliaria. En la posguerra fue simpatizante de F.E.T.-J.O.N.S.

51. BERENGUER

"El manquet del Registro de la Propiedad"; su nombre aparece en el listado de "elementos enemigos de la República que en la actualidad, 2 de octubre de 1936, todavía están en libertad".

52. BERENGUER PAREJA, Asunción

Presa en la cárcel de Altamira en 1936.

53. BERNABÉ GARCÍA, Manuel

Procurador de los Tribunales, preso en la cárcel de Altamira.

54. BERNABÉU SEVA, Blas

Preso en la cárcel de Altamira.

55. BERNAD AMORÓS, José

Nacido en Elche en 1911, hostelero, miembro de Falange Española, muerto en los frentes de guerra, sin fecha determinada.

56. BERNAD RIZO, Vicente

Preso en la cárcel de Altamira.

57. BONET, Antonio

Conserje del Porvenir; su nombre aparece en el listado de "elementos enemigos de la República que en la actualidad, 2 de octubre de 1936, todavía están en libertad".

58. BONETE FERRÁNDEZ, Antonio

Nacido en Elche el 13 de octubre de 1903, hijo de Antonio Bonete Pomares; comerciante, propietario de un almacén de curtidos para la industria del calzado; preso en la cárcel de Altamira; fue concejal en la posguerra.

59. BONETE FERRÁNDEZ, Francisco

Nacido en Elche en 1908, hijo de Antonio Bonete Pomares, comerciante, miembro de F.E.T.-J.O.N.S. Preso en la cárcel de Altamira, se incorporó al Batallón Elche y fue asesinado el 10 de julio de 1937 en represalia por haberse pasado unos compañeros a filas nacionales.

60. BONETE POMARES, Antonio

Ex alcalde de Elche durante la Dictadura de Primo de Rivera, figura en el listado de órdenes de detención firmado por el alcalde Manuel Rodríguez, detenido el 11 de agosto de 1936.

61. BOTELLA BRU, Andrés

Nacido en Elche en 1905, de profesión médico, era miembro de Derecha Ilicitana y de la Juventud Católica; detenido el 20 de julio de 1936, su casa fue requisada; estuvo en diversas cárceles, y movilizado al ser liberado, se incorporó a un batallón de Ingenieros; según informe de F.E.T. su comportamiento "no fue adecuado".

62. BOTELLA CALVO, Ramón

Nacido en Alginet (Valencia) en 1886, era secretario del juzgado municipal; su nombre aparece en el listado de "elementos enemigos de la República que en la actualidad, 2 de octubre de 1936, todavía están en libertad".

63. BOTELLA QUILES, Diego

Nacido en Elche el 6 de noviembre de 1912, de profesión zapatero, miembro de Falange Española; detenido el 16 de julio y liberado el 23, posteriormente estuvo preso en la cárcel de Altamira, se incorporó el 18 de febrero de 1937 al frente de guerra de Madrid, con la 1ª Cía. del Iº Bon de la 42ª Brigada Mixta; en su ficha del Centro Documental de la Memoria figura como desertor y fue uno de los tres miembros del Batallón Elche que se pasaron a filas nacionales el 28 de mayo de 1937; después de la guerra se incorporó al Regimiento de Caballería de Valladolid. Falleció el 14 de enero de 1994.

64. BOTELLA TORRES, Arístides

Nacido en Elche en 1892; comerciante, fue concejal durante el periodo de Primo de Rivera, y miembro de la Unión Patriótica; su nombre aparece en el listado de "elementos enemigos de la República que en la actualidad, 2 de octubre de 1936, todavía están en libertad"; fue declarado desafecto a la República y asesinado ("paseo") en la carretera de Aspe el 19 de octubre de 1936.

En el libro de enterramientos figura: "Hallado muerto por disparo de arma de fuego". Su nombre aparece también en la relación de personas desafectas a la República de abril de 1937.

65. BRI AGUILAR, Joaquín

Nacido en Catral en 1903, figura en las órdenes de detención firmadas por el alcalde Manuel Rodríguez y en el listado del Frente Popular, grupo segundo; fue detenido el 7 de agosto de 1936, preso en la cárcel de Altamira; procesado por el Tribunal Popular de Alicante, resultó absuelto.

66. BRACELI BORDONADO, Manuel

Nacido en Elche el 7 de octubre de 1913, hijo de Luis y Vicenta, afiliado a la Juventud Catolica; fue obligado a incorporarse al ejército republicano, sirviendo en Sanidad; después de la guerra se afilió a F.E.T. Falleció el 1 de enero de 1970.

67. BROTONS OLIVER, Antonio

Nacido en Elche en 1895, empresario, miembro de Falange Española, fue uno de los más importantes empresarios de Elche, creador e impulsor de F.A.C.A.S.A.; fue acusado por el Ayuntamiento de falsedad y estafa, preso en la cárcel de Altamira, absuelto por el Tribunal Popular de Alicante nº 2; falleció el 28 de enero de 1976.

68. BROTONS PASTOR, Antonio

Nacido en Elche en 1890, comerciante, miembro del Partido Agrario, fue declarado desafecto a la República, detenido el 20 de julio y asesinado ("paseo") en la carretera de Aspe el 24 de noviembre de 1936. Su nombre aparece en la relación de personas desafectas a la República de abril de 1937.

69. BROTONS RAMOS, Rafael

Preso en la cárcel de Altamira.

70. BROTONS RUIZ, José

Hermano del Moreta. Su nombre aparece en el listado de "elementos enemigos de la República que en la actualidad, 2 de octubre de 1936, todavía están en libertad".

71. BRU AGULLÓ, José

Figura entre las órdenes de detención firmadas por el alcalde Manuel

Rodríguez, detenido el 21 de julio de 1936. Preso en la cárcel de Altamira.

72. BUIGUES, Jaime
Aparece en el listado de "polizontes al servicio de las derechas, las cuales habrían de servir cono dignos pistoleros" publicado por el semanario El Obrero el 5 de abril de 1936. Preso en la cárcel de Altamira, fue uno de los tres miembros del Batallón Elche que se pasaron a filas nacionales el 28 de mayo de 1937.

73. BUIGUES HERNÁNDEZ, Elvira
Presa en la cárcel de Altamira.

74. BUYOLO SÁNCHEZ, Ramona
Presa en la cárcel de Altamira.

75. CABRERIZO, Ana de
Su nombre aparece en la relación de personas desafectas a la República de abril de 1937.

76. CAMPELLO, María
Fue detenida por orden del alcalde Manuel Rodríguez, el 9 de agosto de 1936.

77. CAMPELLO MARTÍNEZ, Ramón
Nacido en La Hoya en 1871, empresario, hijo de José Campello Sempere, alias "El tío Gall", emigró a Cuba; al regresar construyó la casa de tipo colonial conocida como "Torre del Gall", con un gallo en la veleta, que fue requisada en guerra, sufriendo grandes destrozos. Su nombre aparece en la relación de personas desafectas a la República de abril de 1937; se volvió a Cuba, regresando después de la guerra; fue concejal en 1947 y 1949; falleció el 16 de octubre de 1954.

78. CAMPELLO RUIZ, Manuel
Alias "El Gall", relacionado con el anterior, nacido en Elche en 1911, de profesión zapatero, miembro de Falange Española, su nombre figura en el listado del semanario El Obrero de abril de 1936 y en el del Frente Popular, grupo primero; fue juzgado por el Tribunal Popular de Alicante, condenado inicialmente a 20 años de prisión, al repetir el juicio fue condenado a muerte y fusilado el 4 de octubre de 1936.

79. CAMPELLO SÁNCHEZ, Carlos
Preso en la cárcel de Altamira.

80. CAMPI FERRÁNDIZ, María
Presa en la cárcel de Altamira. Camarera de la Virgen desde 1912.

81. CAMPILLO MALDONADO, Manuel
Figura como fallecido por la represión de guerra en Elche.

82. CAMPO LATORRE, Bernabé del
Nacido en Gestalgar (Valencia) el 31 de octubre de 1884; Cura de la Iglesia de Santa María desde 1919, figura en el listado de órdenes de detención firmado por el alcalde Manuel Rodríguez, al sentirse amenazado se trasladó a Ayora; fue detenido el 10 de octubre de 1936 y asesinado ("paseo") el día 18 en La Cruz de Paterna (Valencia).

83. CAMPOS GARCÍA, Pascual
Nacido en Elche en 1896, de profesión hilador, miembro de Derecha Ilicitana, fue víctima de malos tratos que le causaron la muerte, sin precisar la fecha.

84. CAMPOS JAVALOYES, Antonio
Nacido en Elche en 1878, de profesión carnicero, miembro de Derecha Ilicitana. Su nombre aparece en el listado de "elementos enemigos de la República que en la actualidad, 2 de octubre de 1936, todavía están en libertad". Asesinado en la carretera de Aspe el 19 de octubre de 1936. En el libro de enterramientos figura: "Hallado muerto por disparo de arma de fuego".

85. CAMPOS SEGURA, Pascual
Preso en la cárcel de Altamira.

86. CANALES MIRA-PERCEVAL, José
El alcalde Manuel Rodríguez informó que había sido una de las personas encargadas por José Antonio de organizar la Falange en la provincia; fue detenido el 17 de agosto de 1936; se alistó a la División Azul, aunque no llegó a incorporarse.

87. CANALES MIRA-PERCEVAL, Santiago
Nacido en Elche el 25 de enero de 1908, de profesión empleado, miem-

bro del Partido Radical durante la República y posteriormente, de Falange Española; fue alcalde con la gestora municipal formada al ser disuelto el Ayuntamiento de Elche por orden gubernativa durante el gobierno de Lerroux. Según el alcalde Manuel Rodríguez, había sido una de las personas encargadas por José Antonio de organizar la Falange en la provincia; fue detenido por orden del alcalde detenido el 19 de julio de 1936, y permaneció encarcelado hasta marzo de 1939.Primer alcalde de la posguerra.

88. CANALS AGULLÓ, Jaime
Preso en la cárcel de Altamira.

89.CANDELA MARTÍNEZ, Vicente
Preso en la cárcel de Altamira.

90. CANO PICÓ, Francisco
Nacido en Pinoso el 28 de octubre de 1920, hijo de Francisco y Lucrecia, luchó con el ejército republicano pese a ser simpatizante de derechas.

91. CARACENA MIRALLES, Juan
Nacido en Elche el 8 de agosto de 1912, de profesión oficinista, miembro de la J.A.P., fue encarcelado en la prisión de Altamira; incorporado al Batallón Elche, fue asesinado el 10 de julio de 1937 en represalia por haberse pasado unos compañeros a filas nacionales..

92. CARRATALÁ, Antonio
Su nombre aparece en el listado de "elementos enemigos de la República que en la actualidad, 2 de octubre de 1936, todavía están en libertad".

93. CARTAGENA, José
Figura en la relacion de órdenes de detención firmadas por el alcalde Manuel Rodríguez, por "actividades contrarias a la salud del Régimen", fue detenido el 28 de julio de 1936.

94. CARTAGENA BAILE, Joaquín
Alias "Sinsón", había nacido en Almoradí en 1895; de profesión jornalero; aparece en el listado de "polizontes al servicio de las derechas, las cuales habrían de servir cono dignos pistoleros" publicado por el semanario El Obrero el 5 de abril de 1936, como "carretero de Sansano", y también en el del Frente Popular, grupo tercero; fue detenido en su ciudad de origen el 21 de julio de

1936, encarcelado en Dolores, fue trasladado a Elche por orden de este alcalde; fue asesinado por un grupo de comunistas en una "saca" de la cárcel de Altamira el 5 de noviembre de 1936.

95. CASANOVA PICÓ, José Víctor

Nacido en Elche, en algunos documentos figura el 28 de septiembre de 1929, posible error; empresario, estuvo preso en la cárcel de Altamira; concejal en la posguerra. Falleció el 23 de noviembre de 2001.

96. CASTAÑO, Pedro

Su nombre aparece en el listado de "elementos enemigos de la República que en la actualidad, 2 de octubre de 1936, todavía están en libertad".

97. CASTAÑO MARTÍNEZ, Ángel

Nacido en Elche en 1868, empleado, sin militancia política conocida; fue asesinado el 29 de septiembre de 1936 en la carretera de Alicante a Monforte.

98. CASTAÑO MARTÍNEZ, José María

Nacido en Elche en 1910, de profesión comerciante; aparece en el listado de personas "polizontes al servicio de las derechas, las cuales habrían de servir cono dignos pistoleros" publicado por el semanario El Obrero el 5 de abril de 1936; encerrado en la cárcel de Altamira, se incorporó al Batallón Elche y fue asesinado en el frente de Madrid el 10 de julio de 1937 en represalia por haberse pasado unos compañeros a filas nacionales.

99. CASTAÑO MARTÍNEZ, Juan

"Secretario de El Progreso". Nacido en Elche en 1911, empleado de banca, su nombre figura en el listado de personas "polizontes al servicio de las derechas, las cuales habrían de actuar como dignos pistoleros" del semanario El Obrero de 5 de abril de 1936 y en el del Frente Popular, grupo segundo. Militante de Derecha Ilicitana y después de Falange Española. Preso en la cárcel de Altamira, fue juzgado por el Tribunal Popular de Alicante, condenado a 20 años de prisión, al repetir el juicio se mantuvo la condena, y estuvo encerrado en el campo de concentración de Albatera. Concejal después de la guerra con Santiago Canales Mira-Perceval y Antonio Más Esteve, en 1941 se trasladó a Valencia, donde falleció el 20 de junio de 1998.

100. CASTAÑO MATEU, Antonio

Figura en el listado de órdenes de detención firmado por el alcalde Manuel Rodríguez, fue detenido el 11 de agosto de 1936; durante la Dictadura de Primo de Rivera fue colaborador de semanario El Ilicitano, en 1938.

101. CASTAÑO VALERO, Andrés

Ex Alcalde de la Plaza, aparece en el listado de "polizontes al servicio de las derechas, las cuales habrían de servir cono dignos pistoleros" publicado por el semanario El Obrero el 5 de abril de 1936.

102. CERDÁ AMORÓS, Amelia

Nacida en Elche el 23 de febrero de 1918, de profesión "sus labores", miembro de Falange Española, estuvo presa en la cárcel de Altamira; fue la primera jefa de la Sección Femenina de Elche; al casarse con Francisco Quiles Conejero, se trasladaron a Barcelona, donde falleció el 12 de agosto de 2012.

103. CLIMENT BRUFAL, Dositeo

Nacido en Elche el 1 de julio de 1919, hijo de Dositeo y Margarita; durante la G.C.E. estuvo preso en diversas cárceles republicanas, Rita Sister, Escolapios, Celular de Valencia, Provincial de Alicante; al salir en libertad hubo de incorporarse al ejército republicano; se afilió a Falange Española; participó en la rama aérea de la División Azul, la Escuadrilla Azul; falleció el 22 de mayo de 1944.

104. CLIMENT MATEU, Dositeo

Nacido en Játiva en 1880, casado con la hija del dirigente socialista Juan Brufal, propietario y periodista, era miembro de Derecha Ilicitana; colaborador de diversos periódicos locales y director del semanario "Patria", órgano de las derechas entre junio de 1932 y abril de 1933. Antes de la G.C.E. fue juzgado en la Audiencia Provincial de Alicante; su nombre figuraba en el listado del Frente Popular, grupo tercero; fue asesinado ("paseo") en la partida de Vallongas el 30 de septiembre de 1936; enterrado en Elche el 15 de julio de 1939, en el acta de defunción consta como "heridas producidas por arma de fuego".

105. COQUILLAT PASCUAL, Aureliano

Nacido en Elche en 1883, de profesión farmacéutico, afiliado a Derecha Ilicitana; considerado "peligroso para la salud del régimen marxista" fue detenido el 20 de agosto de 1936 y encerrado en la prisión de Altamira; se decidió su traslado a San Miguel de los Reyes, pero fue asesinado ("paseo") en la carretera de Aspe el 24 de noviembre. En el libro de enterramientos figura: "Hemorragia cerebral traumática".

106. COQUILLAT SAMPER, Aurelia

Nacida en Elche el 26 de mayo de 1919, maestra, hija de Aureliano Coquillat; detenida, estuvo en el barco prisión Rita Cister, en la cárcel de mujeres de Alacuás en Valencia, en Cehegin; falleció el 25 de enero de 2014.

107. COVES ANTÓN, Vicente

Fue concejal durante el periodo de Primo de Rivera. Preso en la cárcel de Altamira, fue juzgado por el Tribunal Popular de Alicante, condenado a 12 años y un día de prisión, al repetir el juicio resultó absuelto. Su nombre aparece en la relación de personas desafectas a la República de abril de 1937.

108. COVES PÉREZ, José María

Preso en la cárcel de Altamira.

109. CRUZ BRU, Joaquín

Su nombre aparece en la relación de personas desafectas a la República de abril de 1937.

110. CHAZARRA HERNÁNDEZ, Jesús

Nacido en Elche en 1907, agricultor, miembro de Derecha Ilicitana; su nombre figura en el listado del Frente Popular, grupo primero; juzgado por el Tribunal Popular de Alicante, fue condenado a 20 años de prisión, al repetir el juicio fue condenado a muerte y ejecutado el 4 de octubre de 1936.

111. CHILAR SÁNCHEZ, Ramón

Concejal en 1924, durante el periodo de Primo de Rivera, estuvo preso en la cárcel de Altamira.

112. CHILLÓN CASADO, Ataúlfo

Nacido en Castillo de Bayuela, Toledo en 1892; miembro de la Unión Patriótica de Primo de Rivera, del Partido Radical durante la República y después, de Falange Española, figura en el listado de órdenes de detención firmado por el alcalde Manuel Rodríguez, fue detenido el 11 de agosto de 1936, encarcelado hasta abril de 1937. Se alistó a la División Azul, pero no llegó a incorporarse.

113. CHILLÓN ORTS, José

Preso en la cárcel de Altamira.

114. CHINCHILLA MARTÍNEZ, Ismael

Nacido en Elche en 1915, era empleado municipal; aparece en el listado de personas "polizontes al servicio de las derechas, las cuales habrían de servir cono dignos pistoleros" publicado por el semanario El Obrero el 5 de abril de 1936. Encarcelado en la prisión de Altamira, se incorporó al Batallón Elche en febrero de 1937; después de la G.C.E. se afilió a Falange, desempeñando funciones en el servicio de Información.

115. CHINCHILLA MARTÍNEZ, Pascual

Nacido en Elche en 1905, de profesión jornalero, miembro de Derecha Ilicitana y de Falange, aparece en el listado de "polizontes al servicio de las derechas, las cuales habrían de servir cono dignos pistoleros" publicado por el semanario El Obrero el 5 de abril de 1936 y en el del Frente Popular, grupo tercero. Fue asesinado ("paseo") en Las Salinetas, Novelda, el 21 de noviembre de 1936.

116. CHINCHILLA VIVES, Vicente

Su nombre figuraba en el listado del Frente Popular, grupo segundo. Preso en la cárcel de Altamira. Juzgado por el Tribunal Popular de Alicante, fue retirada la acusación.

117. CHORRO JUAN, Luis

Nacido en Elche el 9 de junio de 1908, de profesión maestro, en Matola y director del colegio Las Graduadas, miembro de Falange, estuvo preso en la cárcel de Altamira; fue concejal y alcalde de Elche; falleció el 17 de junio de 1975.

118. DIAZ DE RIVERA Y MURO, Ildefonso

Su nombre aparece en la relación de personas desafectas a la República de abril de 1937.

119. DIAZ DE RIVERA Y MURO, Pedro

Su nombre aparece en la relación de personas desafectas a la República de abril de 1937.

120. DÍEZ MARTÍNEZ, José

Preso en la cárcel de Altamira.

121. DÍEZ MARTÍNEZ, Juan

Alias "Matoleta". Nacido en Elche en 1915, empleado, miembro de la

J.A.P. Su nombre figura en el listado de personas "polizontes al servicio de las derechas, las cuales habrían de actuar como dignos pistoleros" del semanario El Obrero de 5 de abril de 1936. Asesinado en el frente de Valdesequillo el 2 de febrero de 1939.

122. DÍEZ MARTÍNEZ, Rafael

Alias "Matoleta". Su nombre figura en el listado de personas "polizontes al servicio de las derechas, las cuales habrían de actuar como dignos pistoleros" del semanario El Obrero de 5 de abril de 1936.

123. DÍEZ MORA, José

Nacido en Elche en 1887, de profesión empleado; miembro de Derecha Ilicitana, su nombre figuraba en el listado del Frente Popular, grupo segundo y en la relación de personas desafectas a la República de abril de 1937; juzgado en el Tribunal Popular de Alicante y condenado a 12 años y un día de prisión; al repetir el juicio fue condenado a muerte y ejecutado el 4 de octubre de 1936.

124. DÍEZ POMARES, Manuel

Concejal en 1920 con Tomás Alonso Blasco de alcalde, estuvo preso en la cárcel de Altamira.

125. DÍEZ VICENTE, Miguel

Preso en la cárcel de Altamira.

126. DOLÓ FERRERO, Francisco

Preso en la cárcel de Altamira.

127. DOMARCO GÓMEZ, Olegario

Nacido en Catral el 9 de julio de 1909; zapatero, estuvo afiliado a la U.G.T.; su nombre figuraba en el listado del Frente Popular, grupo segundo; fue detenido y encarcelado en la cárcel de Altamira, de donde salió para enrolarse en el Batallón Elche, pasando después al 106 Batallón de la 42 Brigada Mixta. Se alistó a la División Azul, pero no llegó a incorporarse.

128. DOMARCO SELLER, Olegario

Nacido el 12 de octubre de 1892, era dependiente de comercio; miembro de Derecha Ilicitana, Juventud Católica y de la Adoración Nocturna, figura en el listado de órdenes de detención firmado por el alcalde Manuel Rodríguez y en el del Frente Popular, grupo segundo. Fue detenido el 21 de julio de 1936;

juzgado por el Tribunal Popular de Alicante fue condenado inicialmente a 20 años de prisión; al repetir el juicio, fue condenado a muerte y fusilado el 4 de octubre de 1936; en su lápida del cementerio de Elche figura como fecha de fallecimiento el 7 de diciembre de ese mismo año.

129. DOMÍNGUEZ TORRES, Juan
Su nombre figura en el listado de personas "polizontes al servicio de las derechas, las cuales habrían de actuar como dignos pistoleros" del semanario El Obrero de 5 de abril de 1936.

130. DONAIRE, Alfredo
Detenido el 19 de agosto de 1936 por orden del alcalde.

131. DURA, Tomás
Preso en la cárcel de Altamira. Podría tratarse de Tomás Durá Guilabert, fallecido en los frentes de guerra el 17 de enero de 1938, con el 861 batallón de la 216ª Brigada Mixta.

132. DURÁ AGULLÓ, José
Preso en la cárcel de Altamira.

133. DURÁ DURÁ, Carlos.
Detenido el 7 de agosto de 1936, por orden del alcalde.

134. DURÁ LÓPEZ, Francisco
Preso en la cárcel de Altamira.

135. DURÁ MATEO, Francisco
Preso en la cárcel de Altamira.

136. ESPINOSA GÓMEZ, Francisco
Francisco.- Alias "Quitet", había nacido en Elche el 2 de agosto de 1894; maestro nacional y profesor de música, fue detenido por orden del alcalde Manuel Rodríguez el 11 de agosto de 1936, encerrado en la cárcel de Altamira y de Orihuela. Falleció el 14 de noviembre de 1976.

137. ESPUCHE MARTÍNEZ, Rafael
Nacido en Elche en 1895, de profesión médico, fue encarcelado en la prisión de Altamira el 11 de septiembre de 1936; decidió autoprovocarse una

enfermedad para ser trasladado al Hospital de San José; durante la G.C.E. dirigió el hospital de sangre nº 3. Concejal y teniente de alcalde en 1952 y 1958; falleció el 24 de mayo de 1981.

138. ESTEVE BARCELÓ, José Antonio

Nacido en 1918; según el Registro Civil, falleció en los frentes de guerra de Levante "asesinado por los rojos" el 15 de febrero de 1937.

139. ESTEVE VALERO, Andrés

Nacido en Elche en 1891, empleado municipal, fue miembro del Partido Radical y de Partido Agrario; destituido el 20 de febrero de 1936; preso en la cárcel de Altamira y en la Provincial de Alicante.

140. FALCÓ ANTÓN, Francisco

Por orden del alcalde, fue detenido por tres destacados dirigentes comunistas, conducido a la sede del P.C.E. de Alicante, y trasladado a la cárcel de Altamira de Elche, donde estuvo preso cinco meses; al ser puesto en libertad se pasó a zona nacional. Posteriormente fue concejal entre febrero de 1952 y febrero de 1958.

141. FALCÓ ANTÓN, Ramón

Fue detenido por orden del alcalde en Santa Pola el 6 de agosto de 1936. Preso en la cárcel de Altamira.

142. FENOLL, Víctor

Su nombre aparece en el listado de "elementos enemigos de la República que en la actualidad, 2 de octubre de 1936, todavía están en libertad", con sus hijos Víctor y José.

143. FENOLL FOLLANA, Alfredo

Su nombre figura en el listado del Frente Popular, grupo tercero. Afiliado a Falange Española después de la G.C.E.

144. FENOLL FOLLANA, Emilio

Afiliado a F.E.T. con carnet nº 3317, Vieja Guardia,

145. FENOLL FLUXÁ, Rogelio

Nacido en Elche hacia 1907, médico odontólogo; durante la República militó en el Partido Republicano Radical Socialista, fue director del semanario republicano Elche; preso en la cárcel de Altamira; concejal en 1947, falleció el 23 de febrero de 1986.

146. FENOLL TARÍ, Rogelio

Nacido en Elche el 16 de enero de 1878, procurador de los Tribunales, fue detenido por orden del alcalde el 10 de noviembre de 1936.

147. FERNÁNDEZ, Adolfo

Aparece en el listado de "polizontes al servicio de las derechas, las cuales habrían de servir cono dignos pistoleros" publicado por el semanario El Obrero el 5 de abril de 1936.

148. FERNÁNDEZ RAMON, María de la O

Presa en la cárcel de Altamira.

149. FERRÁNDEZ GARCÍA, Eduardo

Nacido en Elche en 1894, hijo de Diego y Asunción; empresario, miembro de Derecha Ilicitana. Su nombre figura en el listado del Frente Popular, grupo tercero, y en la relación de personas desafectas a la República de abril de 1937; fue detenido y encerrado en la cárcel de Altamira; enrolado en el Batallón Elche, fue fusilado el 10 de julio de 1937 en represalia por haberse pasado unos compañeros a filas nacionales.; sus restos fueron enterrados en Elche el 26 de julio de 1939, en su acta de defunción figura que fue "asesinado a balazos por los marxistas".

150. FERRÁNDEZ PALAZÓN, Pascual

Nacido en Elche en 1901, de profesión barbero, militante de Derecha Ilicitana; en agosto 1935 fue denunciado en el semanario El Obrero por haber agredido a dos militantes socialistas. Fue asesinado ("paseo") en la carretera de Alicante a Alcoy el 8 de octubre de 1936.

151. FERRANDEZ RIPOLL, Diego

Nacido en Elche en 1878, empresario, fue miembro de la Unión Patriótica de Primo de Rivera, periodo en el que fue alcalde de Elche en dos ocasiones, y de Derecha Ilicitana; fue detenido por orden del alcalde el 31 de agosto de 1936, preso en la cárcel de Altamira. En febrero de 1938 fue condenado por el Tribunal Popular de Alicante nº 2, a 6 años y un día de prisión por conspiración para la rebelión militar. Falleció el 30 de junio de 1961.

152. FERRANDO RIPOLL, Roberto

Nacido en Puerto Rico, hijo de José y Vicenta, fue movilizado con el Ejército Republicano; su hermano Vicente resultó muerto en la guerra.

153. FLUXÁ BAÑÓN, Pedro

Nacido en 1907, empleado municipal, jefe de arbitrios; durante la República militó en el Partido Republicano Radical Socialista y después en el Partido Radical, para terminar en Derecha Ilicitana; fue destituido por el Frente Popular, y encarcelado desde el 7 de octubre de 1936 hasta el 7 de abril de 1937, y nuevamente entre mayo y julio de 1937.

154. FLUXÁ PARRES, Antonio

Su nombre figura en el listado del Frente Popular, grupo tercero. Preso en la cárcel de Altamira.

155. FUENTES JAÉN, Pascual

Su nombre figura en el listado del Frente Popular, grupo tercero.

156. FUENTES SANSANO, Vicente

Nacido en Elche en 1878, fabricante de harinas, fue militante de Derecha Ilicitana. Fue detenido y encarcelado el 3 de agosto de 1936 y murió en el Reformatorio de Adultos de Alicante "a consecuencia de los martirios a que le sometieron las hordas rojas". Su nombre figuraba en el listado del Frente Popular, grupo tercero.

157. FUENTES SERRANO, Diego

Alias "El Tramusero", nacido en Elche en 1903, propietario. Fue militante de Derecha Ilicitana y posteriormente de Falange Española; asesinado ("paseo") en Biar el 7 de noviembre, después de estar prisionero dos meses en la cárcel de Altamira. Su nombre figuraba en listado de "El Obrero" de abril de 1936.

158. FURIÓ BROTONS, Andrés

Nacido en Elche en 1901, de profesión alpargatero, miembro de Derecha Ilicitana; según el acta de defunción, murió en el frente de Canals en acción de guerra el 23 de julio de 1938; fue enterrado en Elche en abril de 1940-

159. GALÁN GINER, Manuel

Aparece en el listado de "polizontes al servicio de las derechas, las cuales habrían de servir cono dignos pistoleros" publicado por el semanario El Obrero el 5 de abril de 1936 y en las órdenes de detención firmadas por el alcalde Manuel Rodríguez, fue detenido el 6 de agosto de 1936.

160. GALAN SÁNCHEZ, Salvador
Preso en la cárcel de Altamira.

161. GALAN TORRES, Francisco
Nacido en Elche el 15 de mayo de 1912, de profesión abogado, hijo de Francisco Galán Giner, fue, entre otras cosas, Secretario del Jurado Mixto; el alcalde pidió su destitución por actividades contrarias al régimen. Su nombre figura en el listado de personas "polizontes al servicio de las derechas, las cuales habrían de actuar como dignos pistoleros" del semanario El Obrero de 5 de abril de 1936. Falleció el 23 de marzo de 1999.

162. GALVÁÑ MÁS, Antonio
Nacido en Crevillente en 1904, de familia empresaria, tradición continuada con diversas marcas y localizaciones, fue detenido y encarcelado en la prisión de Altamira sin acusación concreta, pero sus bienes fueron requisados; casado con una hija de Antonio Rodríguez Giménez (vide infra)

163. GARCÍA, Antonio
Gerente de Riegos de Levante, figura en las órdenes de detención firmadas por el alcalde Manuel Rodríguez, fue detenido el 17 de agosto de 1936.

164. GARCÍA, Fernando
Su nombre figura en el listado de personas "polizontes al servicio de las derechas, las cuales habrían de actuar como dignos pistoleros" del semanario El Obrero de 5 de abril de 1936.

165. GARCÍA ÁGUEDA, José
Fue detenido por orden del alcalde Manuel Rodríguez el 31 de agosto de 1939.

166. GARCÍA CAYUELAS, Antonio
Nacido en Elche en 1912; en unos documentos figura como sastre de profesión, en otros como transportista; militante de J.A.P. y Derecha Ilicitana, en el informe del Ayuntamiento figura como fallecido el 9 de abril de 1938, aunque se había recibido comunicación de su muerte con fecha 2 de julio de 1937 en el frente de El Pardo, Madrid.

167. GARCÍA ESQUITINO, Ginés

Nacido en Elche en 1913, de profesión empleado, miembro de Falange Española; aparece en el listado de "polizontes al servicio de las derechas, las cuales habrían de servir cono dignos pistoleros" publicado por el semanario El Obrero el 5 de abril de 1936. Fue detenido y encerrado en la prisión de Altamira; se incorporó al Batallón Elche en febrero de 1937; fue fusilado en el frente de Carabanchel (Madrid) el 10 de julio en represalia por haberse pasado unos compañeros a filas nacionales. Enterrado en Elche el 9 de octubre de 1939, en su acta de defunción figura que "murió por heridas de arma de fuego, asesinado durante la dominación roja".

168. GARCÍA FERRÁNDEZ, José

Nacido en Elche en 1909, hijo de Diego y María, de profesión ingeniero, de la empresa Ferrández y Cía., fue miembro de Derecha Ilicitana; figura en el listado de órdenes de detención firmado por el alcalde Manuel Rodríguez asesinado ("paseo") en Madrid, barrio de La China, el 27 de agosto de 1936, fue enterrado en Elche el 9 de octubre de 1939, por mandato judicial.

169. GARCÍA FERRÁNDEZ, María

Nacida en Elche en 1891, hija de Rafael y Clara; farmacéutica, fue concejal durante la Dictadura de Primo de Rivera, en la comisión de Beneficencia y Sanidad; miembro de Derecha Ilicitana, desde 1932 fue dirigente de Acción Cívica de la Mujer; habiéndose trasladado a Madrid, fue reconocida allí por un destacado por un cenetista de Elche, y fue asesinada ("paseo") el 8 de septiembre de 1936; fue enterrada en Elche el 9 de octubre de 1939.

170. GARCÍA GARCÍA, Rosario

Nacida en 1881, de profesión matrona, empleada municipal desde diciembre de 1933, miembro de Acción Cívica de la Mujer, fue detenida durante varias horas y su casa saqueada; jubilada en 1949, falleció en enero de 1970.

171. GARCÍA JUAN, Lorenzo

Su nombre figura en el listado de personas "polizontes al servicio de las derechas, las cuales habrían de actuar como dignos pistoleros" del semanario El Obrero de 5 de abril de 1936.

172. GARCÍA MIRALLES, Jaime

Nacido en Elche en 1916, de profesión agricultor; durante la G.C.E.

combatió en el ejército republicano, 79ª Brigada Mixta, 47ª División; murió en el frente de Castellón el 16 de junio de 1938.

173. GARCÍA MORA, Joaquín

Nacido en Elche en 1913, de profesión panadero; miembro de la J.A.P., fue asesinado ("paseo") en la carretera de Aspe el 24 de agosto de 1936. En el libro de enterramientos figura "dos heridas producidas por arma de fuego".

174. GARCÍA NAVARRO, Manuel

Preso en la cárcel de Altamira.

175. GARCÍA PÉREZ, Antonio.

Nacido en Novelda el 6 de enero de 1913, hijo de Antonio e Iluminada, afiliado a Falange desde diciembre de 1935; fue perseguido y apaleado por los rojos.

176. GARCÍA RICHART, Juan

Alias "Juanito el Corretger", nacido en 1903, empleado municipal, cobrador de arbitrios; militó en el Partido Socialista, U.G.T. y Partido Radical; fue cesado el 20 de febrero de 1936; durante la G.C.E. desertó del ejército republicano y fue encarcelado en la prisión de Altamira.

177. GARCÍA RIPOLL, José

Preso en la cárcel de Altamira.

178. GARCÍA ROCAMORA, Pascual

Nacido en Elche en 1902, hijo de Salvador y Valentina, de profesión carpintero, miembro de Derecha Ilicitana; casado con Vicenta Más Esteban; murió en el frente de Segorbe el 9 de febrero de 1939, al intentar pasarse a filas nacionales. Fue enterrado en Elche el 25 de septiembre de 1939.

179. GARCÍA SÁNCHEZ, Tomás

Nacido en Elche en 1885, era guardia municipal, afiliado al Partido Radical y a U.G.T.; detenido el 21 de julio, fue cesado en su puesto el 21 de agosto de 1936, y encerrado en la prisión de Altamira durante 18 meses.

180. GARCÍA TORRES, Antonio

Nacido en Elche en 1906, de profesión empleado, murió en el frente de Levante el 24 de junio de 1938.

181. GARRIGÓS ALBEROLA, Manuel

Nacido en Elche el 4 de mayo de 1899, de profesión alpargatero, miembro de Derecha Ilicitana; fue asesinado ("paseo") en la carretera de Santa Pola el 27 de agosto de 1936; en el libro de enterramientos figura "herida penetrante por arma de fuego en región craneal".

182. GILABERT VALERO, Monserrate

Nacido en Elche en 1900, de profesión comerciante, Imprenta Moderna; miembro de Derecha Ilicitana, su nombre aparece en el listado de "elementos enemigos de la República que en la actualidad, 2 de octubre de 1936, todavía están en libertad"; fue detenido y encerrado en la prisión flotante "Rita Sister", donde se suicidó el 13 de mayo de 1938.

183. GINER REGUEZ, María

Detenida por orden del alcalde Manuel Rodríguez el 8 de agosto de 1936.

184. GOMARIZ ESTEVE, Antonio Jesús

Nacido en Fortuna (Murcia) el 15 de junio de 1917, domicilio en Elche, calle Padre Lorenzo, 9; se alistó a F.E.T. en agosto de 1934; el 3 de agosto de 1939 fue detenido, posiblemente en Fortuna, procesado por el Tribunal Popular de Murcia y encarcelado en la Prisión Provincial, pasando al Hospital en noviembre de dicho año; según la Causa General de Valencia (tomo 78), fue ingresado en la Prisión Celular el 3 de mayo de 1938 como transeúnte. Se incorporó a la Division Azul, donde cayó en diciembre de 194.

185. GÓMEZ, Francisco

Relojería; su nombre aparece en el listado de "elementos enemigos de la República que en la actualidad, 2 de octubre de 1936, todavía están en libertad".

186. GÓMEZ MOMPEÁN, José

Nacido en Elche en 1890, de profesión agricultor, afiliado al Partido Agrario. Su nombre figura en el listado del Frente Popular, grupo tercero; fue asesinado ("paseo") en la carretera de Novelda a Crevillente el 16 de octubre de 1936.

187. GOMIS OLIVER, Jaime

Su nombre aparece en el listado de "elementos enemigos de la República que en la actualidad, 2 de octubre de 1936, todavía están en libertad".

188. GOMIS PASCUAL, Isidro
Preso en la cárcel de Altamira.

189. GOMIS VICENTE, Antonio
Alias "Carnases", nacido en Elche en 1897, de profesión, contratista de obras; miembro de Derecha Ilicitana, fue asesinado ("paseo") en Bacarot el 19 de octubre de 1936; enterrado en Elche el 13 de julio de 1939.

190. GONZALVEZ, José
Alias "Fiahuero", aparece en el listado de "polizontes al servicio de las derechas, las cuales habrían de servir cono dignos pistoleros" publicado por el semanario El Obrero el 5 de abril de 1936.

191. GONZÁLVEZ, Juan
Alias "Fiahuero", aparece en el listado de "polizontes al servicio de las derechas, las cuales habrían de servir cono dignos pistoleros" publicado por el semanario El Obrero el 5 de abril de 1936.

192. GONZÁLVEZ, Pedro
Su nombre figura en el listado de personas "polizontes al servicio de las derechas, las cuales habrían de actuar como dignos pistoleros" del semanario El Obrero de 5 de abril de 1936.

193. GONZÁLVEZ CAMPELLO, José
Nacido en Elche en 1917, hijo de Joaquín y Teresa; afiliado a F.E.T. permaneció preso en la cárcel de Altamira y en la de Guadalajara casi toda la guerra.

194. GONZÁLVEZ GARCÍA, Matías
Imprenta. Su nombre aparece en el listado de "elementos enemigos de la República que en la actualidad, 2 de octubre de 1936, todavía están en libertad. En 1938 era secretario de la Juventud de Unión Republicana; falleció el 13 de enero de 1993.

195. GONZÁLVEZ IRLES, Ramón
Preso en la cárcel de Altamira.

196. GONZÁLVEZ IRLES, Vicente
Alias "Fiahuero", su nombre figura en el listado de personas "polizontes

al servicio de las derechas, las cuales habrían de actuar como dignos pistoleros" del semanario El Obrero de 5 de abril de 1936, y en el de "elementos enemigos de la República que en la actualidad, 2 de octubre de 1936, todavía están en libertad". Preso en la cárcel de Altamira.

197. GONZÁLVEZ SELVA, José

Nacido en Elche en 1914, de profesión zapatero-cortador. Según el informe de la Causa General, murió el 13 de octubre de 1937 en el frente de Teruel; enterrado en Elche el 22 de marzo de 1941, figura como muerto el 13 de enero de 1938, asesinado por los marxistas.

198. GONZÁLVEZ SELVA, Juan

Nacido en Elche en 1920, de profesión empleado-jornalero; según el informe de la Causa General, murió en el frente de Gandesa, sin precisar causa ni fecha; enterrado en Elche el 22 de marzo de 1941, figura como caído el 19 de agosto de 1938, "asesinado por los marxistas en el frente de Gandesa".

199. GONZÁLVEZ VALLS, Clemente

En el mencionado libro de Miguel Ors figura como GONZALVEZ, al igual que en nomenclátor del callejero de Elche; en la página de la mencionada Cátedra figura como GOSALVEZ. Nacido en San Juan en 1876, médico de profesión, era cuñado del político Joaquín Chapaprieta; militante del Partido Republicano Independiente hasta 1935; fue detenido por orden del alcalde Manuel Rodríguez en Guardamar de Segura, llevado al Cuartel de El Pinet y luego a la cárcel de Altamira; fue asesinado ("paseo") el 29 de agosto de 1936, en la carretera de Alicante a Torrevieja. En el libro de enterramientos figura "heridas producidas por arma de fuego".

200. GRANADOS ALBARRANCH, Trinitario

Su nombre figura en el listado del Frente Popular, grupo tercero. Preso en la cárcel de Altamira.

201. GRAS MACIÁ, Antonio

Nacido en Elche el 21 de mayo de 1919, miembro de Falange Española, fue un activo impulsor del Alzamiento. Preso en la cárcel de Altamira; condenado a muerte en busca y captura por el Tribunal Popular de Alicante; concejal en la posguerra. Falleció el 18 de septiembre de 2007.

202. GRAU GADEA. Joaquín Marcos

Concejal durante la Dictadura de Primo de Rivera entre febrero de 1929 y febrero de 1930, fue detenido por orden del alcalde Manuel Rodríguez.

203. GRAU NIÑOLES, José

Nacido en Elche en 1892, hijo de Joaquín Marcos Grau Gadea y Rosa Niñoles, de profesión comerciante de curtidos; fue presidente del Elche C.F. en 1925; miembro de Derecha Ilicitana, fue detenido por orden del alcalde Manuel Rodríguez el 12 de agosto y asesinado ("paseo") en El Campello el 19 de septiembre de 1936; en el libro de enterramientos figura "muerto en el término de San Juan-Alicante".

204. GUILLÉN AMORÓS, Matías

Industrial, figura en el listado de "polizontes al servicio de las derechas, las cuales habrían de servir cono dignos pistoleros" publicado por el semanario El Obrero el 5 de abril de 1936, fue detenido por orden del alcalde Manuel Rodríguez el alcalde Manuel Rodríguez el 8 de agosto de 1936. Afiliado a Falange, fue concejal entre 1955 y 1961.

205. GUIRAU RUIZ, Sebastián

Nacido en Elche en 1904, de profesión contable, del Hotel Comercio, era miembro de Derecha Ilicitana; su nombre aparece en el listado de "elementos enemigos de la República que en la actualidad, 2 de octubre de 1936, todavía están en libertad"; estuvo encarcelado durante la G.C.E.; después se afilió a F.E.T.-J.O.N.S. y fue concejal del ayuntamiento, crítico con el sistema imperante. Falleció el 14 de mayo de 1967.

206. GUTIÉRREZ MARTÍNEZ, Roberto

Fue detenido por orden del alcalde Manuel Rodríguez y figura en el listado del Frente Popular, grupo tercero, el 21 de julio de 1936.

207. HERNÁNDEZ, Pascual

Alias "Gordico", aparece en el listado de "polizontes al servicio de las derechas, las cuales habrían de servir cono dignos pistoleros" publicado por el semanario El Obrero el 5 de abril de 1936.

208. HERNÁNDEZ SELVA, Emilio

Nacido en Elche en 1908, de profesión empleado; miembro de Derecha Ilicitana, fue detenido el 18 de septiembre de 1936, encerrado en la cárcel de Altamira; en febrero de 1937 se incorporó al Batallón Elche; fue asesinado, sin más concreción, en el frente de Belchite, el 28 de agosto de 1398; en el acta de defunción consta como muerto por "heridas recibidas en acción de guerra". Fue enterrado en Elche el 7 de abril de 1940.

209. HERNÁNDEZ VERDU, José

Juzgado por el Tribunal Popular de Alicante, fue condenado a 12 años y un día de prisión; al repetir el juicio, fue condenado a 20 años de prisión. Preso en la cárcel de Altamira.

210. HERRÁNZ SANZ, Severino

Nacido en Campillo (Guadalajara) en 1905, licenciado en derecho, fue secretario del ayuntamiento de Santa Pola y después del de Elche; fue detenido en abril de 1938 por colaborar con el Socorro Blanco y puesto a disposición del Tribunal por Alta Traición y Espionaje, preso en la cárcel de Altamira; afiliado a F.E.T.-J.O.N.S, volvió a ocupar su cargo después de la guerra. Falleció el 16 de julio de 1967.

211. HERVÁS SAIZ, Julio

Nacido en Madrid en 1919, de profesión empleado, sin militancia conocida; según el informe de la Causa General en el Ayuntamiento de Elche figura como asesinado en el frente de Teruel-Castellón al intentar pasarse a filas nacionales el 10 de julio de 1937; enterrado en Elche el 12 de febrero de 1940, en el acta de defunción figura fallecido el 18 de julio de 1938 "por acción de un obús que le fracturó el cráneo".

212. IBARRA CANALS, Rafael

Nacido en Elche en 1878, su nombre figuraba en el listado del Frente Popular, grupo segundo. Preso en la cárcel de Altamira; juzgado por el Tribunal Popular de Alicante, condenado a 12 años y un día, al repetir el juicio fue condenado a 20 años de prisión.

213. IBARRA MATEU, Andrés

Nacido en Elche el 28 de enero de 1919, hijo de Francisco y María, agricultor; fue enviado a la guerra con 18 años; su familia no recibió nunca noticias sobre su paradero. Según el informe de la Causa General del Ayuntamiento de Elche, fue asesinado en el frente del Ebro, sin concretar fecha.

214. JAÉN ANTÓN, José

El Sacristán de San Juan. Aparece en el listado de "polizontes al servicio de las derechas, las cuales habrían de servir cono dignos pistoleros" publicado por el semanario El Obrero el 5 de abril de 1936.

215. JAÉN SERRANO, Antonio

"Yerno del Palut", nacido en Elche en 1883, aparece en el listado de "polizontes al servicio de las derechas, las cuales habrían de servir cono dignos pistoleros" publicado por el semanario El Obrero el 5 de abril de 1936, y en el de personas desafectas a la República de abril de 1937. En 1935 era presidente de la Comunidad de Labradores; casado con Matilde Vicente, falleció el 9 de mayo de 1939.

216. JAVALOYES, Alfredo

No hay datos fiables; fue detenido por orden del alcalde Manuel Rodríguez el 21 de agosto de 1936. Podría tratarse el famoso músico ilicitano Alfredo Javaloyes López, que era entonces Mestre de Capella del Misteri.

217. JAVALOYES ALEMÁN, Rafael

Nacido en Elche en 1918, hijo de José y Rosaura, de profesión amanuense/empleado; miembro de Falange, fue detenido y encerrado en la prisión de Altamira; se incorporó al Batallón Elche en febrero de 1937; fue fusilado en el frente de Carabanchel (Madrid) el 10 de julio en represalia por haberse pasado unos compañeros a filas nacionales. Enterrado en Elche el 9 de octubre de 1939. Fue enterrado en Elche el 9 de octubre de 1939, en su acta de defunción figura que "murió por heridas de arma de fuego asesinado durante la dominación roja".

218. JAVALOYES ORTS, José

Nacido en Elche en 1895, de profesión zapatero; miembro de Derecha Ilicitana; su nombre figuraba en el listado del Frente Popular, grupo segundo. Fue juzgado por el Tribunal Popular de Alicante y condenado a 12 años y un día de prisión, al repetir el juicio fue condenado a muerte y ejecutado el 4 de octubre de 1936.

219. JIMÉNEZ GARCÍA, Francisco

Preso en la cárcel de Altamira.

220. LAORDEN GARCÍA, Félix

Nacido en Ávila en 1891, era Capitán de Intendencia, retirado por la Ley Azaña, trabajó como contable en la fábrica de Juan Quiles Pastor. Su nombre figuraba en el listado del Frente Popular, grupo segundo. Detenido por orden del alcalde el 22 de julio, fue asesinado ("paseo") en la carretera Elda-Petrel el 5 de noviembre de 1936.

221. LATOUR, José

Este nombre, sin segundo apellido, figura en las órdenes de detención firmadas por el alcalde Manuel Rodríguez; podría tratarse de José Latour Sánchez, que fue concejal durante la Dictadura de Primo de Rivera, o de José Latour Brotons, nacido hacia 1912, abogado; detenido el 6 de agosto de 1936.

222. LÓPEZ PERAL, José

Figura en las órdenes de detención firmadas por el alcalde Manuel Rodríguez; fue detenido el 9 de agosto de 1936.

223. LÓPEZ SANTO, Manuel

Alias "El Tuerto de Molinet", nacido en Elche en 1904, de profesión comerciante, miembro de Falange Española; su nombre figura en el listado de personas "polizontes al servicio de las derechas, las cuales habrían de actuar como dignos pistoleros" del semanario El Obrero de 5 de abril de 1936. Asesinado ("paseo") en la carretera de Elche a Alicante el 1 de noviembre de 1936. En el libro de enterramientos figura "hemorragia cerebral producida por disparo de arma de fuego".

224. LÓPEZ SANTO, Salvador

Alias "Tort del Molinet", nacido en Elche en 1907; de profesión empleado, militante de Derecha Ilicitana. Aparece en el listado de personas "polizontes al servicio de las derechas, las cuales habrían de servir cono dignos pistoleros" publicado por el semanario El Obrero el 5 de abril de 1936. Detenido y encarcelado en la prisión de Altamira, se incorporó al Batallón Elche; fue fusilado el 10 de julio de 1937 en represalia por haberse pasado a filas nacionales otros compañeros.

225. LOZANO RIZO, Carlos

Nacido en Elche el 14 de mayo de 1915, era maestro y abogado; durante la República fue presidente de la Juventud Católica; fue detenido por orden del alcalde Manuel Rodríguez el 6 de agosto de 1936 y encerrado en la prisión de Altamira; se incorporó forzoso a la 42ª Brigada Mixta del ejército republicano, en el frente de Madrid, siendo protegido por el capitán socialista

Manuel Arabid Cantós. Después de la G.C.E. fue directivo del Colegio de Abogados y concejal del ayuntamiento. Falleció el 27 de abril de 2008.

226. LUCERGA SÁNCHEZ, Joaquín

Nacido en Elche en 1901, médico y empleado municipal, casado con una hija de Julio María López Orozco, fue militante del Partido Republicano Radical Socialista, de la Unión Repúblicana, de la U.G.T. y de Derecha Ilicitana; en 1937 le fue requisada su casa; el 6 de abril de 1938 fue detenido por haber colaborado con el Socorro Blanco, siendo encerrado en las prisiones de Altamira, Provincial de Alicante, Provincial de Valencia, barco Rita Sister. Falleció el 15 de septiembre de 1990.

227. MACIÁ, Lorenzo

Alias "el hijo del Lorensico". Su nombre figura en el listado de personas "polizontes al servicio de las derechas, las cuales habrían de actuar como dignos pistoleros" del semanario El Obrero de 5 de abril de 1936.

228. MACIÁ CECILIA, Manuel

Nacido en Elche en 1920, empleado municipal, miembro de la J.A.P. fue uno de los impulsores de Falange antes de la G.C.E. Su nombre figura en el listado del Frente Popular, grupo tercero, al parecer fue "apaleado por los marxistas". Detenido el 15 de agosto de 1936, estuvo encarcelado en la prisión de Altamira hasta finales de 1938.

229. MACIÁ ESCLAPEZ, Juan

Nacido en Elche en 1907, de profesión agricultor, era miembro de Derecha Ilicitana; combatió con el ejército republicano, 28ª Brigada Mixta. Murió en el frente de Teruel el 3 de julio de 1937.

230. MACIÁ JAEN, Manuel

Preso en la cárcel de Altamira.

231. MACIÁ JUAN, Manuel

Nacido en Elche en 1920, de profesión agricultor (o estudiante), miembro de Falange, combatió con el ejército republicano, 118ª Brigada Mixta; según el informe de la Causa General del Ayuntamiento de Elche, fue fusilado a intentar pasarse a filas nacionales en el frente de Teruel el 18 de julio de 1938. Fue enterrado en Elche el 11 de febrero de 1940.

232. MACIÁ MARTÍNEZ, Sebastián

En 1914 participó con Rafael Ramos Folqués y Juan Sansano Ibarra en la constitución de la Juventud Reformista Ilicitana; fue alcalde durante la Dictadura de Primo de Rivera desde marzo de 1926 hasta octubre de 1928, afiliado a la Unión Patriótica. Parece ser que durante la República fue miembro de Derecha Ilicitana; fue detenido por orden del alcalde Manuel Rodríguez el 11 de agosto de 1936; su nombre aparece en la relación de personas desafectas a la República de abril de 1937. Su fábrica, "Viuda de Maciá, Sansano y Gonzálvez" fue transformada en fábrica de armas y en ella se construyó un refugio durante la G.C.E. Falleció el 19 de septiembre de 1954.

233. MACIÁ MOJICA, Pascual

Nacido en Elche en 1893, empresario, miembro de Derecha Ilicitana; perteneció al Somatén durante el periodo de Primo de Rivera. Encarcelado el 10 de septiembre, fue asesinado ("paseo") en El Campello el 30 de septiembre de 1936.

234. MACIÁ ORTS, José

Nacido en 1905, de profesión zapatero, fue miembro de Derecha Ilicitana. Su nombre figura en el listado del Frente Popular, grupo tercero. Fue detenido el 21 de julio de 1936 por orden del alcalde Manuel Rodríguez. Preso en la cárcel de Altamira. Falleció el 22 de junio de 1940.

235. MACIÁ PASCUAL, Ginés

Nacido en Elche en 1920, hijo de Antonio y Teresa, de profesión agricultor; según el informe de la Causa General del Ayuntamiento de Elche, fue fusilado a intentar pasarse a filas nacionales en el frente de Teruel el 25 de junio de 1938. Enterrado en Elche el 17 de octubre de 1940.

236. MACIÁ SÁNCHEZ, Blas

Su nombre figura en el listado de personas "polizontes al servicio de las derechas, las cuales habrían de actuar como dignos pistoleros" del semanario El Obrero de 5 de abril de 1936.

237. MACIÁ SÁNCHEZ, José

Su nombre figura en el listado de personas "polizontes al servicio de las derechas, las cuales habrían de actuar como dignos pistoleros" del semanario El Obrero de 5 de abril de 1936.

238. MACIÁ SÁNCHEZ, Lorenzo

Nacido en Elche en 1944, de profesión, contable. Fue miembro fundador de la Juventud Católica en 1934; encargado de divulgar la propaganda de Falange Española en las elecciones de febrero de 1936; recogió dinero para los preparativos del Alzamiento y trasladó pistolas a Santa Pola, ejerciendo actividad clandestina en esta población y en Guardamar; al intentar pasarse a zona nacional, fue detenido y encarcelado cinco meses en la prisión Provincial de Alicante, y luego en un campo de concentración. Fue concejal desde octubre de 1940 hasta diciembre de 1942, con Antonio Más Esteve como alcalde.

239. MAGRO, Guillermo

Fue detenido por orden del alcalde Manuel Rodríguez el 8 de agosto de 1936.

240. MANCHÓN JAÉN, José

Propietario del Huerto de Manchón, fue concejal en 1924, en el periodo de Primo de Rivera; su nombre aparece en el listado de "elementos enemigos de la República que en la actualidad, 2 de octubre de 1936, todavía están en libertad".

241. MANZANERA PÉREZ, Antonio

Gerente de Riegos de Levante, su nombre figura en el listado del Frente Popular, grupo primero y en la relación de personas desafectas a la República de abril de 1937. Juzgado por el Tribunal Popular de Alicante, fue retirada la acusación. Preso en la cárcel de Altamira.

242. MARCO, Jaime M

"El de la Catalana". Aparece en el listado de "polizontes al servicio de las derechas, las cuales habrían de servir cono dignos pistoleros" publicado por el semanario El Obrero el 5 de abril de 1936.

243. MARTÍNEZ

Representante de curtidos; su nombre aparece en el listado de "elementos enemigos de la República que en la actualidad, 2 de octubre de 1936, todavía están en libertad"

244. MARTÍNEZ, Carmen

Fue detenida por orden del alcalde Manuel Rodríguez; el 22 de julio de 1936.

245. MARTÍNEZ, Eduardo

Fue detenido por orden del alcalde Manuel Rodríguez; el 8 de agosto de 1936.

246. MARTÍNEZ GARCÍA, Antonio

Nacido en Elche en 1912, de profesión conserje, era miembro de Falange; encarcelado en la Prisión Provincial de Alicante, fue uno de los 49 presos "sacados" y fusilados en represalia por el bombardeo sufrido por la ciudad de Alicante el 29 de noviembre de 1936.

247. MARTÍNEZ MACIÁ, Joaquín

Nacido en Guardamar de Segura en 1906, de profesión herrero; militante del Partido Agrario. Su nombre figura en el listado del Frente Popular, grupo tercero. Detenido y encarcelado en la prisión de Altamira, se incorporó al Batallón Elche en febrero de 1937; fusilado el 9 de julio de 1937 en represalia por haberse pasado unos compañeros a filas nacionales. Enterrado en Elche el 9 de octubre de 1939, en su acta de defunción figura que "murió por heridas de arma de fuego durante la dominación roja".

248. MARTÍNEZ MARCO, Ricardo

Nacido en Elche el 7 de febrero de 1915, hijo de Juan e Isabel, encargado de una fábrica de calzado; aparece en el listado de "polizontes al servicio de las derechas, las cuales habrían de servir cono dignos pistoleros" publicado por el semanario El Obrero el 5 de abril de 1936. El 18 de febrero de 1937 ingresó en la 42 Brigada Mixta. Falleció el 3 de diciembre de 1977.

249. MARTÍNEZ MOGICA, Ambrosio

Nacido en Elche el 13 de junio de 1895, hijo de Antonio y María, fue cabo de la guardia municipal; miembro del Partido Radical, fue interventor en las elecciones de 1933; su nombre figuraba en el listado del Frente Popular, grupo segundo; destituido el 20 de febrero de 1936. Preso en la cárcel de Altamira, fue detenido el 9 de agosto, juzgado por el Tribunal Popular de Alicante, fue condenado a 12 años y un día, al repetir el juicio resultó absuelto; se enroló voluntario en el Batallón Elche el 30 de octubre de 1936. Falleció el 2 de abril de 1952.

250. MARTÍNEZ MONTESINOS, Pedro

Nacido en El Espinardo (Murcia) el 21 de enero de 1897, hijo de José y Francisca, familia de clase media eminentemente religiosa, fue miembro de la Orden Tercera Franciscana, de la Cofradía del Santísimo Sacramento, del Apostolado de la Oración y de la Adoración Nocturna. En marzo de 1935 fue destinado como jefe al Centro de la Compañía Telefónica Nacional de España; fue detenido por orden del alcalde Manuel Rodríguez; cesado el 21 de julio, fue asaltado el centro de la Telefónica por unos milicianos, que, tras interrogarle, decidieron fusilarlo, aunque optaron por dejarlo en prisión atenuada, y después, encerrarlo en la cárcel de Altamira. El 21 de noviembre fue trasladado ("paseo") con otros presos, deteniéndose el vehículo en el kilómetro 11 de la carretera de Aspe, momento que algunos aprovecharon para escapar; uno de ellos fue encontrado y fusilado en el acto; otro logró escapar. Pedro Martínez ayudó a otro compañero, que había caído al bajar del coche (el farmacéutico Coquillat), y ambos fueron ejecutados en el acto. En el libro de enterramientos figura: "hemorragia cerebral traumática". Sus restos fueron trasladados al cementerio de Murcia en 1939: en 2005 se inició proceso de beatificación.

251. MARTÍNEZ MORA, Joaquín

Fue detenido por orden del alcalde Manuel Rodríguez el 23 de agosto de 1936.

252. MARTÍNEZ QUESADA, Francisco

Nacido en Elche en 1902, de profesión aparejador, empleado municipal, había sido marino mercante (telegrafista); durante el periodo de Primo de Rivera militó en la Unión Patriótica y después en Falange Española; detenido el 6 de abril de 1938 por haber colaborado con Socorro Blanco, fue encarcelado en la prisión de Altamira y en el barco prisión Rita Sister, hasta octubre de ese año. Falleció el 28 de septiembre de 1948.

253. MARTÍNEZ SÁNCHEZ, Diego

Nacido en 1902, de profesión comerciante; combatió con el ejército republicano, 835 Batallón, 209ª Brigada Mixta; según el informe de la Causa General del Ayuntamiento de Elche, fue asesinado en el frente de Levante el 12 de agosto de 1938.

254.. MARTÍNEZ TORRES, Jaime

Nacido en Elche en 1894, de profesión empleado, fue concejal entre abril de 1924 y abril de 1926 durante el periodo de Primo de Rivera; miembro de Derecha Ilicitana, fue asesinado ("paseo") el 3 de octubre de 1936.

255. MARUENDA, Lola
Presa en la cárcel de Altamira.

256. MÁS, Pedro
Alias "Cachufa", su nombre aparece en el listado de "elementos enemigos de la República que en la actualidad, 2 de octubre de 1936, todavía están en libertad".

257. MÁS AZNAR, Juan
Nacido en Elche el 19 de marzo de 1894, empresario, miembro de Derecha Ilicitana; el 22 de octubre de 1937 fue condenado por el Tribunal de Urgencia de Alicante a 4 años, 2 meses y 29 días de prisión, más una multa de 20.000 pts. Preso en la cárcel de Altamira. Concejal en la posguerra, falleció el 28 de septiembre de 1970.

258. MÁS AZNAR, Pedro
Nacido en Elche en 1889, empresario, miembro de Derecha Ilicitana; fue asesinado ("paseo") en la carretera de Elche a Aspe el 19 de octubre de 1936. En el libro de enterramientos figura: "hallado muerto por disparo de arma de fuego".

259. MÁS BLASCO, José
Alias "Cachufa", aparece en el listado de "polizontes al servicio de las derechas, las cuales habrían de servir cono dignos pistoleros" publicado por el semanario El Obrero el 5 de abril de 1936.

260. MÁS ESTEVE, Antonio
Nacido en Elche el 22 de marzo de 1910, empresario, miembro de la Comunión Tradicionalista, fue fundador y presidente de Derecha Ilicitana, afiliándose posteriormente a Falange Española; interventor de las derechas en las elecciones de febrero de 1936, su nombre figura en el listado del Frente Popular, grupo tercero; detenido, pasó toda la G.C.E. encarcelado; tras la liberación, fue alcalde y concejal en varias legislaturas; falleció el 8 de noviembre de 1981.

261. MÁS ESTEVE, Francisco
Su nombre figura en el listado de personas "polizontes al servicio de las derechas, las cuales habrían de actuar como dignos pistoleros" del semanario El Obrero de 5 de abril de 1936.

262. MÁS ESTEVE, José

Nacido en Elche en 1909, hijo de Francisco y Margarita, de profesión empresario, miembro de Derecha Ilicitana, aparece en el listado de "polizontes al servicio de las derechas, las cuales habrían de servir cono dignos pistoleros" publicado por el semanario El Obrero el 5 de abril de 1936. Detenido y encarcelado en la prisión de Altamira, se incorporó al Batallón Elche en febrero de 1937; fusilado el 9 de julio de 1937 en represalia por haberse pasado unos compañeros a filas nacionales. Enterrado en Elche el 9 de octubre de 1939.

263. MILLER GINER, Francisco

Nacido el 19 de agosto de 1879, de profesión maestro, fue concejal durante el periodo de Primo de Rivera; miembro de Derecha Ilicitana, Su nombre figuraba en el listado del Frente Popular, grupo segundo. Fue juzgado por el Tribunal Popular de Alicante, condenado a 20 años de prisión, al repetir el juicio fue condenado a muerte y ejecutado el 4 de octubre de 1936; sus restos descansan en el cementerio municipal de Elche.

264. MILLER GINER, Alfredo

Nacido en Elche el 16 de enero de 1921, hijo de Francisco y Carmen; durante la guerra estuvo encarcelado en la Prision Provincial de Alicante y en Gandia. Participó en la División Azul.

265. MIRALLES BONETE, Francisco

El hijo de vaquero, su nombre figura en el listado de personas "polizontes al servicio de las derechas, las cuales habrían de actuar como dignos pistoleros" del semanario El Obrero de 5 de abril de 1936.

266. MIRALLES JORGE, Miguel

Nacido en 1879, empresario, miembro de Derecha Ilicitana, su nombre figura en el listado del Frente Popular, grupo primero; fue asesinado ("paseo") en la carretera de Elche a Alicante el 29 de septiembre de 1936.

267. MIRALLES MANCHÓN, Teresa

Presa en la cárcel de Altamira.

268. MIRALLES MARCO, Francisco

Alias "El vaquero", su nombre figura en el listado de personas "polizontes al servicio de las derechas, las cuales habrían de actuar como dignos pistoleros" del semanario El Obrero de 5 de abril de 1936.

269. MIRALLES TORRES, José
Nacido en 1913, agricultor; según el informe de la Causa General del Ayuntamiento de Elche, fue asesinado en el frente de Teruel el 19 de enero de 1938.

270. MOLLÁ, Francisco
Cuñado de Coquillat el de la FarMaciá; su nombre aparece en el listado de "elementos enemigos de la República que en la actualidad, 2 de octubre de 1936, todavía están en libertad".

271. MORA FERRÁNDEZ, Antonio
Nacido en Elche el 16 de abril de 1913, empleado de banca, miembro de la J.A.P.; detenido y encarcelado en la prisión de Altamira, se incorporó al Batallón Elche en febrero de 1937; fusilado el 9 de julio de 1937 en represalia por haberse pasado unos compañeros a filas nacionales.

272. MORA PASTOR, Gaspar
"Alias Gasparín". Su nombre figura en el listado de personas "polizontes al servicio de las derechas, las cuales habrían de actuar como dignos pistoleros" del semanario El Obrero de 5 de abril de 1936.

273. MORA SÁNCHEZ, Francisco
Preso en la cárce2721 de Altamira.

274. MORA SÁNCHEZ, José
Su nombre figuraba en el listado del Frente Popular, grupo segundo; juzgado por el Tribunal Popular de Alicante, fue condenado a 12 años y un día de prisión, al repetir el juicio fue condenado a 20 años de prisión, estuvo preso en la cárcel de Altamira.

275. MORA SÁNCHEZ, Santiago
Preso en la cárcel de Altamira.

276. MORANTE FUENTES, José
Detenido el 14 de julio, fue puesto en libertad el 23; aparece en el listado de "polizontes al servicio de las derechas, las cuales habrían de servir cono dignos pistoleros" publicado por el semanario El Obrero el 5 de abril de 1936. Preso en la cárcel de Altamira.

277. MORENA RODRÍGUEZ, Juan Manuel de la

Nacido en 1872, de profesión agente comercial, miembro del Partido Radical, fue asesinado ("paseo") en la carretera de Alicante el 29 de septiembre de 1936.

278. MORENO SASTRE, Pedro

Nacido en 1884, de profesión empleado, miembro de Derecha Ilicitana, fue asesinado ("paseo") en la carretera de Elche a Aspe el 23 de agosto de 1936. En el libro de enterramientos figura: "disparos de arma de fuego".

279. MOYA ALBALADEJO, Antonio

Nacido en Elche en 1905, empleado, miembro de Derecha Ilicitana, fue asesinado ("paseo") en El Altet el 22 de agosto de 1936.

280. NAVARRO CARACENA, Enrique

Nacido en Elche el 5 de enero de 1899, hijo de Francisco y Pepica, de profesión barbero, militante de Derecha Ilicitana (según el informe de la Causa General del Ayuntamiento), su nombre figuraba en el listado del Frente Popular, grupo segundo; fue juzgado por el Tribunal Popular de Alicante y condenado a 20 años de prisión; al repetir el juicio fue condenado a muerte y ejecutado el 4 de octubre de 1936.

281. NAVARRO CARACENA, Ricardo

Alias "El Rave", nacido en Elche el 31 de enero de 1892, hijo de Francisco y Pepica, de profesión zapatero, militante de Derecha Ilicitana, aparece en el listado de "polizontes al servicio de las derechas, las cuales habrían de servir cono dignos pistoleros" publicado por el semanario El Obrero el 5 de abril de 1936 y en el del Frente Popular, grupo segundo. Fue juzgado por el Tribunal Popular de Alicante y condenado a 20 años de prisión; al repetir el juicio fue condenado a muerte y ejecutado el 4 de octubre de 1936.

282. NAVARRO DIAZ, Luisa

Presa en la cárcel de Altamira.

283. NAVARRO MACIÁ, Vicente

Industrial, formó parte como teniente de alcalde en la gestora municipal formada al disolverse el ayuntamiento por orden gubernativa en octubre de 1934; estuvo preso en la cárcel de Altamira.

284. NAVARRO ORTS, José

Muerto a intentar pasarse a filas nacionales en el frente de Talavera de la Reina (Toledo) el 7 de diciembre de 1938; enterrado en Elche el 31 de marzo de 1940.

285. NAVARRO SABUCO, Jaime

Nacido en 1908, de profesión agricultor, miembro de Derecha Ilicitana, según el informe de la Causa General del Ayuntamiento de Elche, fue asesinado en el frente de Teruel el 23 de julio de 1938.

286. NIÑOLES GARCÍA, Manuel

Nacido en 1906; muerto al intentar pasarse a filas nacionales en el frente de Córdoba, el 13 de enero de 1939.

287. NIÑOLES MARTÍNEZ, Víctor

Nacido en 1873, fue jefe de la Guardia Municipal durante la Gestora nombrada al disolverse el Ayuntamiento por orden gubernativa durante el gobierno Lerroux; su nombre figura en el listado del Frente Popular, grupo primero; asesinado ("paseo") en la carretera de Elche a Alicante el 26 de septiembre de 1936.

288. NOGUERA, Manuel

Su nombre figura en el listado de personas "polizontes al servicio de las derechas, las cuales habrían de actuar como dignos pistoleros" del semanario El Obrero de 5 de abril de 1936.

289. OCA PUERTO, Ramón

Médico de la Beneficencia Municipal; fue procesado el 20 de agosto de 1937 por el Juzgado de 1ª Instancia de Elche. Preso en la cárcel de Altamira, se incorporó a filas en septiembre de 1938.

290. OLIVER FUENTES, Jaime

Su nombre figura en el listado del Frente Popular, grupo tercero.

291. OLIVER FUENTES, Rosa

Presa en la cárcel de Altamira.

292. ORS FORASTER, Miguel

Nacido en Mahón (Menorca) el 21 de noviembre de 1872, fue

profesor mercantil y director de la Compañía Telefónica en varias ciudades, la última, Elche; fue cesado en este cargo al llegar la República, trabajando desde entonces en el Banco Central. Sus dos hijos fueron perseguidos por los milicianos, y él sufrió prisión atenuada. Falleció en Elche el 4 de diciembre de 1946.

293. ORS LLORET, Adolfo

Nacido en Alicante el 16 de febrero de 1916, hijo de Miguel y Carmen; permaneció escondido prácticamente toda la duración de la G.C.E., buscado por militantes comunistas; miembro de F.E.T.-J.O.N.S., fue concejal y ocupó diversos cargos municipales; se incorporó a la División Azul. Falleció el 3 de julio de 1973.

294. ORS LLORET, Miguel

Nacido en El Grao (Valencia) el 25 de marzo de 1913, hijo de Miguel y Carmen, fue miembro de la J.A.P. y de F.E.T.-J.ON.S. Fue detenido por orden del alcalde Manuel Rodríguez el 14 de agosto de 1936 y encerrado en la cárcel de Altamira, hasta febrero de 1937, que se incorporó forzoso al Batallón Elche; permaneció la mayor parte de la guerra en hospitales, primero en Madrid y luego en Archena (Murcia), por una lesión en la rodilla. Concejal, ocupó diversos cargos en la Falange ilicitana. Se incorporó a la División Azul. Falleció el 4 de mayo de 1950.

295. ORTS MARTÍNEZ, Juan José

Nacido en Elche en 1896; médico de Beneficencia, fue concejal durante el periodo de Primo de Rivera, en 1924; durante la República se afilió a Derecha Ilicitana, fue cesado el 21 de agosto de 1936; durante la guerra se afilió a Unión Republicana y después, a Falange. Su nombre aparece en el listado de "elementos enemigos de la República que en la actualidad, 2 de octubre de 1936, todavía están en libertad".

296. ORTS SÁNCHEZ, Blas

Nacido en Elche en 1896, empresario; miembro de Derecha Ilicitana, su nombre figuraba en el listado del Frente Popular, grupo segundo; fue juzgado por el Tribunal Popular de Alicante y condenado a 20 años de prisión; al repetir el juicio fue condenado a muerte y ejecutado el 4 de octubre de 1936.

297. ORTS SERRANO, Juan Bautista

Hijo del tío Palera, su nombre aparece en el listado de "elementos enemigos de la República que en la actualidad, 2 de octubre de 1936, todavía están en libertad".

298. PARREÑO CAMPELLO, Ricardo

Concejal durante el periodo de Primo de Rivera. Preso en la cárcel de Altamira.

299. PARREÑO ESCLAPEZ, Vicente

Alias "Barrina", nacido en Elche el 5 de agosto de 1902, guardia municipal; con antecedentes izquierdistas, en la República se afiló a U.G.T. y a Derecha Ilicitana, según informes fue "apaleado por las turbas marxistas"; detenido el 21 de julio de 1936, preso en la cárcel de Altamira, fue puesto en libertad condicional y detenido nuevamente.

300. PARREÑO GARCÍA, Asunción

Nacida en Elche en 1905, hija de José María y Carmen, de profesión sus labores y tendencia tradicionalista, se refugió en Madrid al inicio de la G.C.E., pero fue localizada por un cenetista, quien la asesinó ("paseo"), junto a María García Ferrández, el 9 de septiembre de 1936; enterrada en Elche el 9 de octubre de 1939, figura "muerta por heridas de arma de fuego".

301. PARREÑO HERNÁNDEZ, Ricardo

Preso en la cárcel de Altamira.

302. PARREÑO QUIRANT, Gaspar

Su nombre aparece en el listado de "elementos enemigos de la República que en la actualidad, 2 de octubre de 1936, todavía están en libertad".

303. PASCUAL AGULLÓ, María

Su nombre aparece en la relación de personas desafectas a la República de abril de 1937.

304. PASCUAL CANAL, Francisco

Preso en la cárcel de Altamira.

305. PASCUAL CID, Antonio

Nacido en Madrid en 7 de mayo de 1921, luchó en el ejercito republicano. Participó en la División Azul.

306. PASCUAL OLIVER, Diego

Nacido en Elche en 1883, director de banca; miembro del Partido Carlista, con el cual concurrió a diversas elecciones, siendo elegido concejal en 1920; durante el periodo de Primo de Rivera fue director del Banco Español de Crédito en Elche; fue asesinado ("paseo") en El Campello el 29 de septiembre de 1936.

307. PASCUAL QUILES, Antonio

Nacido en Elche en 1873, era militar en la reserva; en 1923, con Primo de Rivera, formó parte del Somatén. Figura en el listado del Frente Popular, grupo segundo; detenido por orden del alcalde Manuel Rodríguez el 3 de agosto de 1936, fue juzgado por el Tribunal Popular de Alicante y condenado a 20 años de prisión, al repetir el juicio fue condenado a muerte y fusilado el 4 de octubre de 1936.

308. PASCUAL SOLER, José

Nacido en Elche el 28 de enero de 1897, hijo de Juan y Ángela, de profesión hilador de cáñamo, católico y simpatizante de las derechas. Su nombre figura en el listado del Frente Popular, grupo tercero. Denunciado por un vecino, fue detenido y encarcelado en la prisión de Altamira, donde se produjo una herida punzante en un pie; trasladado al Hospital Militar de Alicante, falleció, probablemente por tétanos, el 7 de septiembre de 1937.

309. PASTOR MÁS, María

Su nombre aparece en la relación de personas desafectas a la República de abril de 1937.

310. PASTOR PÉREZ, Jeremías

Nacido en Alcoy en 1870, era abogado y secretario judicial, cesado por el Frente Popular en agosto de 1936; miembro de la Unión Patriótica durante el gobierno de Primo de Rivera; su nombre se asocia al primer campo de futbol de la ciudad; figura en el listado del Frente Popular, grupo primero. Asesinado ("paseo") en El Campello el 26 de septiembre de 1936.

311. PASTOR SEMPERE, Mario

Nacido en Elche en 1915, de profesión dependiente, miembro de Falange Española, fue detenido y encarcelado en la prisión de Altamira, se incorporó al Batallón Elche en febrero de 1937; fusilado el 9 de julio de 1937 en represalia por haberse pasado unos compañeros a filas nacionales. Enterrado en Elche el 9 de octubre de 1939, en el acta de defunción figura "muerto por herida de arma de fuego".

312. PASTOR TELLO, José
Preso en la cárcel de Altamira.

313. PAZ FERRÁNDEZ, Rosa
Presa en la cárcel de Altamira.

314. PENALVA ESCOBAR, Genoveva
Presa en la cárcel de Altamira.

315. PEREDA SALVADOR, José.
Preso en la cárcel de Altamira.

316. PÉREZ, José
Fue detenido por orden del alcalde Manuel Rodríguez el 8 de agosto de 1936.

317. PÉREZ, Rafael
De la tienda de comestibles. Su nombre aparece en el listado de "elementos enemigos de la República que en la actualidad, 2 de octubre de 1936, todavía están en libertad".

318. PÉREZ BELLOD, Vicente
Nacido en Elche en 1906, de profesión zapatero, era miembro de la J.A.P.; detenido y encarcelado en la prisión de Altamira, se incorporó al Batallón Elche en febrero de 1937; fusilado el 9 de julio de 1937 en represalia por haberse pasado unos compañeros a filas nacionales.

319. PÉREZ CAMPELLO, José
Preso en la cárcel de Altamira.

320. PÉREZ MARTÍNEZ
Preso en la cárcel de Altamira.

321. PÉREZ MARTÍNEZ, Juan
Preso en la cárcel de Altamira.

322. PÉREZ RUIZ, Manuel

Nacido en 1877, guardia civil retirado, fue miembro de Derecha Ilicitana; encarcelado en la Prisión Provincial de Alicante, fue uno de los 49 presos "sacados" y fusilados en represalia por el bombardeo sufrido por la ciudad de Alicante el 29 de noviembre de 1936.

323. PÉREZ SEMPERE, Rafael

Fue detenido por orden del alcalde Manuel Rodríguez el 25 de agosto de 1936.

324. PÉREZ VIVES, Maríano

Nacido en Elche en 1917, de profesión comerciante, luchó en la G.C.E. con el bando Republicano; según el informe de la Causa General del Ayuntamiento, fue fusilado en el frente de Alcalá de Henares el 16 de enero de 1939, al intentar pasarse a filas nacionales.

325. PETSCHEN Y KUTZ, Juan

Nacido en Curicó (Chile) el 8 de febrero de 1900, Doctor en Medicina por la Universidad Complutense en 1925, ejerció en Piedrabuena Buena (Ciudad Real), donde fue también cabo del Somatén. En Elche se casó con la farmacéutica Concepción Verdaguer Cortés, matrimonio canónico en diciembre de 1935 en Santa María y civil en mayo de 1936; fue interventor por la candidatura de derechas en las elecciones de febrero de 1936. Fue detenido por orden del alcalde Manuel Rodríguez el 6 de agosto de 1936 y encarcelado hasta el mes de octubre, que consiguió pasar a zona nacional por medio de la embajada Suiza; con su esposa salió de Alicante por vía marítima hacia Marsella; se enroló en una bandera del requeté y llegó a teniente médico, sirviendo en el Hospital Militar de Tolosa; afiliado a F.E.T.-J.O.N.S, ejerció diversos cargos en Elche, concejal entre octubre de 1940 y marzo de 1943, médico de A.P.D. Falleció el 14 de septiembre de 1976.

326. PIÑOL BRU, Pablo

Su nombre aparece en la relación de personas desafectas a la República de abril de 1937.

327. PIRÉ GARCÍA, Enrique

Nacido hacia 1903, de profesión industrial, vecino de la Baya Baja. Fue asesinado (paseo) en El Campello el 20 de septiembre de 1936.

328. PIZANA, Margarita
Fue detenida por orden del alcalde Manuel Rodríguez el 22 de julio de 1936.

329. PIZANA ALMARCHA, Honorato
Nacido en 1871, era empleado municipal y miembro de Derecha Ilicitana; su nombre figura en el listado del Frente Popular, grupo tercero; estuvo encarcelado unos meses durante la G.C.E. en la cárcel de Altamira.

330. PIZANA ALMARCHA, Matías
Nacido en 1871, era empleado municipal y miembro de Derecha Ilicitana; su nombre figura en el listado del Frente Popular, grupo tercero; estuvo encarcelado seis meses durante la G.C.E. en la cárcel de Altamira.

331. POMARES JAVALOYES, Jaime
Nacido en Elche en 1885, empresario; fue concejal durante el periodo de Primo de Rivera, se afilió posteriormente a Derecha Ilicitana; su nombre figuraba en el listado del Frente Popular, grupo segundo y en la relación de personas desafectas a la República de abril de 1937; juzgado por el Tribunal Popular de Alicante, fue condenado a 20 años de prisión, al repetir el juicio fue condenado a muerte y ejecutado el 4 de octubre de 1936.

332. POMARES LÓPEZ, Vicente
Su nombre figura en el listado de personas "polizontes al servicio de las derechas, las cuales habrían de actuar como dignos pistoleros" del semanario El Obrero de 5 de abril de 1936.

333. POMARES MACIÁ, Esteban
Nacido en 1905; muerto al intentar pasarse a filas nacionales en el frente de Teruel el 19 de diciembre de 1937.

334. POMARES SEMPERE, Juan
Su nombre figura en el listado de personas "polizontes al servicio de las derechas, las cuales habrían de actuar como dignos pistoleros" del semanario El Obrero de 5 de abril de 1936. Preso en la cárcel de Altamira.

335. PORTA REQUESENS, Espiridión
Alias "El Tuerto Albañil", nacido en 1875, de profesión maestro de obras, miembro de Derecha Ilicitana; su nombre figuraba en listado del se-

manario El Obrero de abril de 1936; fue asesinado ("paseo") en la carretera de Novelda el 21 de noviembre de 1936.

336. PORTA ROVIRA, José

Hijo del Tuerto el Catalán, su nombre figura en el listado de personas "polizontes al servicio de las derechas, las cuales habrían de actuar como dignos pistoleros" del semanario El Obrero de 5 de abril de 1936.

337. QUILES BOIX, Lorenzo

Elche, 10 de agosto de 1898, industrial de cerámica; logró sobrevivir a un "paseo" saltando del coche en que era trasladado con otros presos, y logrando huir; pasó el resto de la G.C.E. en Barcelona.

338. QUILES MORA, Andrés

Nacido en Elche el 30 de agosto de 1890, de profesión alpargatero, miembro de Falange Española, fue detenido el 5 de agosto de 1937, pasó por las cárceles de Calendura, Altamira y Provincial de Alicante; liberado el 25 de noviembre de 1938; en la posguerra fue conserje de teatro.

339. QUILES PASCUAL, Gaspar

Nacido en Elche en 1894, de profesión industrial, miembro de Derecha Ilicitana; su nombre, sin el segundo apellido, aparece en el listado de "elementos enemigos de la República que en la actualidad, 2 de octubre de 1936, todavía están en libertad". Fue asesinado ("paseo") en la carretera de Aspe el 18 de octubre de 1936; en el libro de enterramientos figura como causa de la muerte "hallado muerto por disparo de arma de fuego".

340. QUILES ZARAGOZA, Francisco

Su nombre figura en el listado del Frente Popular, grupo tercero.

341. RAMÍREZ ALONSO, Manuel

Figura en el listado del Frente Popular, grupo tercero; fue detenido por orden del alcalde Manuel Rodríguez el 7 de agosto de 1936.

342. RAMÓN GARCÍA, Rafael

Nacido en 1896, sacerdote; en la mencionada relacion de Ors Montenegro, figura como asesinado ("paseo") el 20 de noviembre de 1936 en la Garganta de Crevillente. Según otras fuentes (Maciá Riquelme), era natural de Callosa de Segura, y fue trasladado y ejecutado en el mencionado paraje por milicianos callosinos.

343. RAMOS FOLQUÉS, Alejandro
Nacido en Elche el 5 de julio de 1906, de profesión historiador (familia vinculada al yacimiento arqueológico La Alcudia), militó en Unión Republicana, U.G.T. y por último, F.E.T.-J.O.N.S.; pese a haber sido encargado por el alcalde de la organización del Museo de Elche, fue encarcelado en el barco Rita Sister desde abril hasta diciembre de 1938, acusado de colaboración con Socorro Blanco y con Falange. En abril de 1939 fue nombrado archivero municipal. Falleció el 3 de junio de 1984.

344. RIPOLL JAVALOYES, Antonio
Nacido en Elche en 1895, empresario (Ripoll Hermanos), fue alcalde en el periodo de Primo de Rivera (noviembre 1928 a febrero 1929) y concejal monárquico entre 1931 y 1936; detenido en noviembre de 1936, estuvo preso en la cárcel de Altamira. Falleció en julio de 1966.

345. RIPOLL SELVA, Antonio
Nacido el 21 de febrero de 1914, de profesión industrial; miembro de Derecha Ilicitana y Juventud Católica, simpatizante de Falange. Fue detenido por orden del alcalde Manuel Rodríguez el 8 de agosto de 1936; cuando salió en libertad se pasó a zona nacional y se incorporó al ejército, alcanzado la graduación de Alférez Provisional. Después de la G.C.E. fue Jefe de una Bandera de la Milicia local de Falange y Delegado de Excombatientes. Concejal del Ayuntamiento entre octubre de 1940 y mayo de 1944. Falleció el 4 de febrero de 2001.

346. RIPOLL SELVA, Teresa
Su nombre aparece en la relación de personas desafectas a la República de abril de 1937.

347. RIZO GUILABERT, José
Fue detenido por orden del alcalde Manuel Rodríguez el 8 de agosto de 1936.

348. RIZO SANZ, Pascual
Camarero del Hotel Comercio, fue detenido por orden del alcalde Manuel Rodríguez el 7 de agosto de 1936; su hijo Pascual Rizo Pomares fue Párroco de la Iglesia de San Juan y Capellán del Hospital General de Elche.

349. ROCA DE TOGORES, José
Su nombre aparece en la relación de personas desafectas a la República de abril de 1937.

350. ROCA DE TOGORES, Miguel

Su nombre aparece en la relación de personas desafectas a la República de abril de 1937.

351. ROCA DE TOGORES, Piedad

Su nombre aparece en la relación de personas desafectas a la República de abril de 1937.

352. ROCA DE TOGORES Y TÉLLEZ GIRÓN, Inés

Nacida el 4 de octubre de 1872, aparece en la relación de personas desafectas a la República de abril de 1937 como ex marquesa de Luna; hermana de Luis, era la XXV Condesa de Luna; falleció el 13 de mayo de 1943.

353. ROCA DE TOGORES Y TÉLLEZ GIRÓN, Luis

Nacido en Elche el 16 de septiembre de 1865, era Duque de Béjar, Marqués de Peñafiel, Caballero de la Orden de Calatrava, Maestrante de Valencia. Su nombre aparece en la relación de personas desafectas a la República de abril de 1937. Falleció en 1936. Hay otro personaje, de igual nombre, Marqués de Asprillas, que falleció en 1955.

354. RÓDENAS CHILAR, Tomás

Nacido en Elche en 1904, practicante y empleado municipal desde enero de 1930; durante el periodo de Primo de Rivera fue miembro de la Unión Patriótica; afiliado al Partido Radical, fue interventor en las elecciones de 1936; detenido en septiembre de 1936, estuvo preso en la cárcel de Altamira; al ser liberado, trabajó en la fábrica de guerra nº2; en abril de 1938 fue detenido nuevamente por colaborar con el Socorro Blanco. En la posguerra se afilió F.E.T.-J.O.N.S.

355. RODRÍGUEZ GIMÉNEZ, Antonio

Nacido en Elche en 1886, empresario; fue alcalde de Elche entre julio y agosto de 1919 y entre octubre de 1920 y abril de 1922; era concejal cuando se produjo el pronunciamiento de Primo de Rivera en 1923; durante la República se afilió a Derecha Ilicitana, fue concejal monárquico entre 1931 y 1936. Fue detenido por orden del alcalde Manuel Rodríguez; fue detenido el día 9 y asesinado ("paseo") en la carretera de Aspe el 28 de agosto de 1936. En el libro de enterramientos figura "heridas producidas por arma de fuego".

356. RODRÍGUEZ GIMÉNEZ, Francisco

Su nombre aparece en el listado de "elementos enemigos de la República que en la actualidad, 2 de octubre de 1936, todavía están en libertad".

357. RODRÍGUEZ SÁNCHEZ, Bruno

Nacido en Elche el 31 de diciembre de 1916, hijo de Maríano Rodríguez Irles, empresario, de profesión perito mercantil fue militante de la J.A.P. y de Falange Española; figura en el grupo tercero del listado del Frente Popular y en el listado del semanario El Obrero como "hermano del Vicario"; encarcelado al inicio de la G.C.E. se enroló en el Batallón Elche, fue uno de los tres miembros que se pasaron a filas nacionales el 28 de mayo de 1937; resultó herido el 13 de enero de 1939; posteriormente se incorporó a la Legión; en la posguerra fue concejal y teniente de alcalde; falleció en 2003.

358. RODRÍGUEZ TORREGROSA, Francisco.

Preso en la cárcel de Altamira.

359. ROJAS GALIANO, Dolores

Su nombre aparece en la relación de personas desafectas a la República de abril de 1937.

360. ROJAS GALIANO, Rafael

Marqués de Algorfa. Su nombre aparece en la relación de personas desafectas a la República de abril de 1937.

361. ROJAS MORENO, Carlos de

Marqués del Bosch, Conde de Torrellano, Marqués de Beniel, Grande de España, Gentilhombre de S.M., Maestrante de Valencia, Caballero de la Orden de Alcántara. Combatió en la G.C.E. voluntario en los Tercios Navarros, obteniendo la Medalla de la Campaña. Su nombre aparece en la relación de personas desafectas a la República de abril de 1937.Falleció en Madrid el 8 de diciembre de 1941.

362. ROJAS MORENO, José

Hijo del Marques del Bosch, Conde de Casas Rojas, había nacido en Alicante el 18 de julio de 1893; diplomático, fue embajador en Bucarest entre 1941 y 1943. Su nombre aparece en la relación de personas desafectas a la República de abril de 1937. Falleció en Madrid el 2 de marzo de 1973.

363. ROMÁN ESTEVE, Andrés

Fue concejal durante el periodo de Primo de Rivera, entre marzo de 1926 y febrero de 1930. Su nombre figura en el listado del Frente Popular, grupo tercero.

364. ROMÁN ORTS, José

El Blanco. Nacido en Elche hacia 1884, comerciante, su nombre aparece en el listado de "elementos enemigos de la República que en la actualidad, 2 de octubre de 1936, todavía están en libertad".

365. ROMÁN PARREÑO, Fausto

Nacido en Elche en 1912, hijo de Fausto y Magdalena, de profesión empleado, pertenecía a la J.A.P. y a Acción Católica; fue interventor por los partidos de derechas en las elecciones de febrero de 1936. Su nombre figura en el listado de personas "polizontes al servicio de las derechas, las cuales habrían de actuar como dignos pistoleros" del semanario El Obrero de 5 de abril de 1936; movilizado por su quinta (1934) fue destinado a Cartagena; denunciado por un miliciano, fue enviado a la división Lister; fue asesinado en el frente de Teruel, entre el 12 y el 15 de diciembre de 1937; enterrado en Elche el 13 de marzo de 1941.

366. ROMERO ESPLIEGO, Salvador

Preso en la cárcel de Altamira.

367. ROMERO LÓPEZ, José

Nacido probablemente en Elche, en 1911, de profesión zapatero (cortador), fue un destacado dirigente de la J.A.P. Fue detenido por orden del alcalde Manuel Rodríguez el 25 de julio y asesinado ("paseo") en El Campello el 30 de septiembre de 1936.

368. RUIZ ANDREU, Julián

Preso en la cárcel de Altamira.

369. RUIZ BRU, Francisco

Alias "El Platero", había nacido en Elche en 1872; propietario, era miembro de Derecha Ilicitana; fue asesinado ("paseo") en El Campello el 18 de agosto de 1936, junto con Antonio Antón Román.

370. RUIZ CHORRO, Gabriel

Nacido en Elche en 1873, farmacéutico, hizo los estudios en Santiago de Compostela. Fue alcalde durante el periodo de Primo de Rivera, entre marzo de 1925 y abril de 126; militante de la Unión Patriótica, y de Derecha Ilicitana. Su nombre aparece en la relación de personas desafectas a la República de abril de 1937. Fue detenido por orden del alcalde Manuel Rodríguez y asesinado ("paseo") en la Carretera de Crevillente el 24 de agosto de 1936. Su hijo Gabriel Ruiz Magro también fue asesinado cinco días después.

371. RUIZ DE LA ESCALERA SERRANO, Antonia

Nacida en Elche el 17 de julio 1858, era hija de Benito Ruiz de la Escalera y Arturo, contraalmirante de la Armada, y viuda del abogado y concejal de Zaragoza Pedro Olimpio de Cisneros y Guillén; camarera de la Virgen desde 1912. Militante de Acción Cívica de la Mujer, fue detenida por orden del alcalde Manuel Rodríguez el 20 de julio de 1936, porque se decía que "si triunfa el fascio, esta individua hubiera sido la encargada de presidir los tribunales y firmar las sentencias de penas graves". Su nombre aparece en la relación de personas desafectas a la República de abril de 1937.Destacó por sus grandes obras de caridad. Falleció, al parecer de muerte natural (cardiopatía) el 18 de julio de 1939.

372. RUIZ GÓMEZ, Patricio

Alias "El Chaufer", fue detenido en 15 de julio y liberado el día 23; su nombre aparece en el listado de "polizontes al servicio de las derechas, las cuales habrían de servir como dignos pistoleros" publicado por el semanario El Obrero el 5 de abril de 1936, con los apellidos invertidos (Gómez Ruiz). Nacido en Torrevieja en 1891, de profesión marino mercante y chófer, era miembro de Derecha Ilicitana; preso en la cárcel de Altamira, fue asesinado ("paseo") en El Campello el 3 de septiembre de 1936.

373. RUIZ MAGRO, Gabriel

Nacido en Elche en 1918, hijo de Gabriel Ruiz Chorro, estudiante de derecho, miembro de la J.A.P. Su nombre figura en el listado de personas "polizontes al servicio de las derechas, las cuales habrían de actuar como dignos pistoleros" del semanario El Obrero de 5 de abril de 1936, y en el de órdenes de detención firmado por el alcalde Manuel Rodríguez; fue detenido y asesinado ("paseo") el 29 de agosto de 1936, con 18 años.

374. RUIZ MARTÍNEZ, Patricio

Nacido en Torrevieja el 12 de marzo de 1920, hijo de Patricio y Antonia; miembro de Falange Española, fue uno de los impulsores del alzamiento en Elche; detenido al inicio de la guerra, estuvo preso en Orihuela, Alicante, Valencia, penal de San Miguel de los Reyes, Cárcel Modelo de Madrid. Participó en la División Azul. Concejal en la posguerra, falleció el 1 de mayo de 2001.

375. RUIZ ROBLES, Antonio

Alias "Quitet", hacia nacido en Elche el 13 de junio de 1899, de profesión agente comercial, durante la República estuvo afiliado a la C.E.D.A.; encarcelado en Elche, Barcelona y Alicante entre el 29 de junio y el 1 de noviembre de 1937; se afilió a Falange en febrero de 1934; concejal en varias ocasiones, falleció el 9 de febrero de 1985.

376. SAFÓN SANTAMARÍA, Manuel

Nacido en 1901, empleado, fue miembro del Somatén y presidente del primer grupo de Boy-Scouts de Elche, en 1927, durante el periodo de Primo de Rivera; fue uno de los promotores del Alzamiento en Elche. Figura en el listado del Frente Popular, grupo primero, y fue detenido por orden del alcalde Manuel Rodríguez el 10 de agosto Juzgado por el Tribunal Popular de Alicante, fue condenado a muerte y fusilado el 4 de octubre de 1936.

377. SALA HERNÁNDEZ, Emilio

Nacido en Elche en 1900, de profesión zapatero, miembro de Derecha Ilicitana; su nombre figura en el listado del Frente Popular, grupo tercero; detenido y encarcelado en la prisión de Altamira, se incorporó al Batallón Elche en febrero de 1937; fusilado el 9 de julio de 1937 en represalia por haberse pasado unos compañeros a filas nacionales.

378. SALVETTI PARDO, Arturo

"Hermano del médico". Nacido en 1911, Su nombre figura en el listado de personas "polizontes al servicio de las derechas, las cuales habrían de actuar como dignos pistoleros" del semanario El Obrero de 5 de abril de 1936; fue asesinado ("paseo") en la partida de Derramador el 24 de agosto de 1936; en el libro de enterramientos figura como causa de la muerte "múltiples heridas producidas por disparo de arma de fuego".

379. SALVETTI PARDO, Miguel

Nacido en 1907, era médico de la Casa de Socorro desde abril de 1932; durante la República se afilió a Derecha Ilicitana; fue cesado el 21 de agosto de 1936. Durante la G.C.E. estuvo en Madrid como capitán médico y en un

Batallón disciplinario; voluntario en el ejército republicano, Sanidad Militar en la 105ª Brigada, fue detenido en Ciudad Real acusado de fascista. En la posguerra volvió a ejercer en la Casa de Socorro.

380. SÁNCHEZ AZNAR, María

Vicepresidenta de Acción Cívica de la Mujer en 1932. Fue detenido por orden del alcalde Manuel Rodríguez junto a su marido, Carmelo Serrano García y su hija el 22 de julio de 1936, presa en la cárcel de Altamira. Fue nombrada camarera de la Virgen en 1940.

381. SÁNCHEZ CEVA, Rafael

Nacido posiblemente en 1914, de profesión mecánico, era miembro de Falange Española; formando parte de la 97ª División del ejército republicano, fue asesinado en el frente de guerra, no se conoce ni cuando, ni donde ni por qué.

382. SÁNCHEZ GÓMEZ, Julio

Nacido en Elche en 1875, de profesión empleado, fue militante de la Unión Patriótica en tiempos de Primo de Rivera; fue asesinado ("paseo") en la carretera de Campello a Villajoyosa el 26 de septiembre de 1936.

383. SÁNCHEZ GUILABERT, Eloy

Preso en la cárcel de Altamira.

384. SÁNCHEZ IBARRA, Ramón

Preso en la cárcel de Altamira.

385. SÁNCHEZ MECA, Jesús

Ex gerente agrario; su nombre aparece en el listado de "elementos enemigos de la República que en la actualidad, 2 de octubre de 1936, todavía están en libertad". En 1942 tenía una fábrica de troquelar suelas.

386. SÁNCHEZ PASCUAL, Jerónimo

Nacido en Elche el 29 de junio de 1895, de profesión médico, titular de Beneficencia desde 1924, militó en la Unión Patriótica durante el periodo de Primo de Rivera, para afiliarse después (1931) al Partido Republicano Radical Socialista y a la Unión Republicana; el 18 de julio de 1936 fue destituido de su cargo de médico de Riegos de Levante; su nombre aparece en el listado de "elementos enemigos de la República que en la actualidad, 2 de octubre de

1936, todavía están en libertad"; estuvo detenido y al salir en libertad colaboró en el Hospital de Sangre; en enero de 1939 ratificó su adhesión a la República. Falleció el 30 de junio de 1966.

387. SÁNCHEZ POMARES, Antonio

Nacido en Elche el 6 de octubre de 1908, fue maestro y periodista, colaborando en los semanarios La Defensa y el Eco. Cofundador de las Juventudes de Acción Católica, fue secretario general de la C.E.D.A. Figura las órdenes de detención firmadas por el alcalde Manuel Rodríguez, y en el listado de "polizontes al servicio de las derechas, las cuales habrían de servir cono dignos pistoleros" publicado por el semanario El Obrero el 5 de abril de 1936. Fue detenido el 5 de agosto de 1936; se trasladó a Barcelona, donde fue acogido en casa de Antonio Pascual Ferrández, hijo de José Pascual Urbán, destacado profesor y periodista en la época de Primo de Rivera. Falleció en Elche el 11 de abril de 1986.

388. SÁNCHEZ ROJAS IBARRA, Francisco

Su nombre aparece en el listado de "elementos enemigos de la República que en la actualidad, 2 de octubre de 1936, todavía están en libertad".

389. SÁNCHEZ ROJAS IBARRA, Maríano

Su nombre aparece en el listado de "elementos enemigos de la República que en la actualidad, 2 de octubre de 1936, todavía están en libertad

390. SÁNCHEZ SAEZ, José

Nacido en Elche el 8 de enero de 1913, hijo de Nieves y Joséfa; antes del periodo de guerra era de las J.A.P y de las Juventudes de Acción Católica; muy activamente perseguido, se trasladó a Valencia; ingresó en el ejército republicano con su reemplazo, siendo nombrado sargento eventual de oficinas en una comandancia de ingenieros a retaguardia; su hermano León fue asesinado en febrero de 1936 en el frente de Guadalajara: después de la liberación, José se afilió a F.E.T. y fue secretario de las Milicias locales. Se alistó a la División Azul en junio de 1941, ratificó en enero de 1942, y se incorporó con la 4ª compañía del 6º Batallón en Marcha, en marzo de 1942; fue herido en junio de ese año en acción de guerra, por ráfaga de ametralladora en la espalda, que le produjo sección medular completa con paraplejia de extremidades inferiores; se le concedió la Cruz Roja al Mérito Militar; fue repatriado en septiembre de 1942, ingresando en el Hospital de Burgos, después en el Carabanchel de Madrid, y por último, en el de Valencia, donde falleció el 26 de abril de 1943, a consecuencia de septicemia por ulceras sacras infectadas a consecuencia de la paraplejía;

391. SÁNCHEZ SAEZ, León
Nacido en Elche en 1917, empleado, vocal de la Junta Directiva de Derecha Ilicitana en 1937, militante de Falange Española; detenido inicialmente el 16 de julio, fue puesto en libertad el día 23; su nombre figura en el listado del semanario El Obrero de abril de 1936; según la causa general, fue asesinado en el frente de Alcalá de Henares; según la esquela, murió en el Hospital Militar de dicha población el 6 de febrero de 1939.

392. SÁNCHEZ SERNA, León
Preso en la cárcel de Altamira.

393. SÁNCHEZ TORRES, Alfredo
Nacido en Elche el 18 de febrero de 1900, comerciante, miembro de Derecha Ilicitana; su nombre figuraba en el listado del Frente Popular, grupo segundo; fue juzgado por el Tribunal Popular de Alicante, condenado a 12 años y un día de prisión, al repetir el juicio fue condenado a muerte y ejecutado el 4 de octubre de 1936.

394. SANCHIZ, Rafael
Alias "hermano del negrero". Su nombre figura en el listado de personas "polizontes al servicio de las derechas, las cuales habrían de actuar como dignos pistoleros" del semanario El Obrero de 5 de abril de 1936.

395. SANCHIZ MARTÍNEZ, Tomás
Fabricante de suelas de goma, figura en las órdenes de detención firmadas por el alcalde Manuel Rodríguez, fue detenido el 5 de agosto de 1936.

396. SANSANO GALIANA, Francisco
Nacido en Elche el 4 de abril de 1898, guardia municipal; fue miembro de las Juventudes Socialistas y de la U.G.T. hasta 1929; durante la República militó en el Partido Radical; fue ordenanza del Jurado Mixto del trabajo rural, y el alcalde pidió su destitución; su nombre figuraba en el listado del Frente Popular, grupo segundo. Fue juzgado por el Tribunal Popular de Alicante, condenado a 12 años y un día, al repetir el juicio resultó absuelto, si bien permaneció después 15 meses encarcelado. Después de la guerra mostró su entusiasmo por el nuevo régimen. Falleció el 12 de abril de 1975.

397. SANSANO GONZÁLVEZ, Salvador

Nacido en Elche el 27 de noviembre de 1921, hijo de Salvador y Carlota; afiliado al S.E.U. desde 1934, miembro de Falange Española, preso alrededor de diez meses. Falleció el 31 de mayo de 1979.

398. SANSANO IBARRA, Juan

Nacido en Elche en 1892, empresario, fue concejal monárquico desde 1931 hasta julio de 1936. Presidente de Derecha Ilicitana entre 1933 y 1936, fue declarado desafecto a la República. Figura en las órdenes de detención firmadas por el alcalde Manuel Rodríguez, fue detenido el 25 de agosto y asesinado ("paseo") en la carretera de Elche a Alicante, el 23 de septiembre de 1936. En el libro de enterramientos figura "heridas producidas por disparos de arma de fuego corta".

399. SANSANO IBARRA, José Alejandro

Nacido en Elche hacia 1901, de profesión farmacéutico, estuvo preso en la cárcel de Altamira.

400. SANTO GARCÍA, Joaquín

Nacido en Elche en 1883, de profesión médico, miembro del Partido Radical, fue alcalde de la ciudad entre enero de 1935 y febrero de 1936 durante el bienio derechista. Su nombre aparece en la relación de personas desafectas a la República de abril de 1937; al comienzo de la G.C.E. su casa fue asaltada e incendiada; estuvo preso desde finales de 1937 hasta el final de la guerra. Falleció el 4 de febrero de 1957.

401. SEGARRA AGULLÓ, José

Preso en la cárcel de Altamira.

402. SEGARRA RUIZ, Antonio

Nacido en Elche en 1905, de profesión comerciante, miembro de Derecha Ilicitana; al parecer fue asesinado en el frente de guerra el 8 de septiembre de 1938, sin que se conozca donde, como ni por qué.

403. SEGUÍ PÉREZ, Francisco

o Francisco PEREZ SEGUI.- Droguería; fue concejal durante el periodo de Primo de Rivera, en 1930; su nombre aparece en el listado de "elementos enemigos de la República que en la actualidad, 2 de octubre de 1936, todavía están en libertad".

404. SELVA, Diego
Figura en las órdenes de detención firmadas por el alcalde Manuel Rodríguez, fue detenido el 7 de agosto de 1936.

405. SEMPERE CAPUZ, José Antonio
Preso en la cárcel de Altamira.

406. SEMPERE CASTAÑO, Lorenzo
Nacido en Elche en 1896, durante la G.C.E. fue condenado por el Tribunal Popular de Murcia. Estuvo preso en la cárcel de Altamira.

407. SEMPERE MOJICA (MOXICA), Pascual
Nacido en Elche en 1864, de profesión comerciante, sin militancia política conocida, su nombre figura en el listado del Frente Popular, grupo tercero; fue declarado desafecto a la República y asesinado (con 71 años) ("paseo") en la carretera de Novelda a Elda el 21 de noviembre de 1936; en el acta de defunción, figura "herida por arma de fuego".

408. SEMPERE SOLER, José
Preso en la cárcel de Altamira.

409. SERRA Y ALONSO DEL REAL, José María
Ingeniero de Caminos, figura en las órdenes de detención firmadas por el alcalde Manuel Rodríguez, fue detenido el 17 de agosto de 1936.

410. SERRANO AMBIT, José
Alias "El Pusa". Nacido probablemente en Elche en 1900, de profesión zapatero-alpargatero, sin militancia política conocida; fue asesinado ("paseo") en el Barranco de San Antonio el 23 de octubre de 1936; en el libro de enterramientos figura como causa de la muerte "dos heridas en la cabeza"; no se descartó que fuera un asesinato de causa común.

411. SERRANO GARCÍA, Carmelo
Nacido en Canals (Valencia) en 1873, Médico forense y de Beneficencia Municipal de Elche desde 1912. Casado con María Sánchez Aznar, también detenida, fue militante de Derecha Ilicitana; declarado desafecto a la República, fue cesado como funcionario el 21 de agosto; Figura en las órdenes de detención firmadas por el alcalde Manuel Rodríguez, su nombre figura en el listado del Frente Popular, grupo primero fue detenido el 13 de agosto y en-

cerrado en la cárcel de Altamira, fue asesinado ("paseo") en "la Chica Guapa", partida de Vallongas el 26 de septiembre de 1936; el acta de defunción del Registro Civil detalla no conocer su fecha y lugar de nacimiento, su estado civil, señala que fue hallado muerto y anota como causa del deceso "hemorragia interna traumática".

412. SERRANO GONZÁLVEZ, Miguel
Nacido en 1904, fue guardia municipal; durante la República militó en el Partido Agrario y en Derecha Ilicitana; fue cesado el 20 de febrero de 1936; se trasladó a Murcia, y fue encarcelado en Lorca desde el 14 de mayo de 1938 hasta el final de la guerra.

413. SERRANO RODRÍGUEZ, Luis
Empleado municipal, vigilante de arbitrios, era miembro del Partido Radical; fue cesado por el Frente Popular el 21 de agosto de 1936; fue detenido por orden del alcalde Manuel Rodríguez el 22 de julio de 1936, pasó a prisión atenuada en febrero de 1937 y obtuvo la libertad en marzo del mismo año. Falleció el 24 de enero de 1940.

414. SERRANO SÁNCHEZ, Carmelo
Nacido en Elche en 1913, empleado municipal; durante la guerra fue Tradicionalista, directivo de la J.A.P y colaborador con Falange Española; detenido el 16 de junio de 1938, fue condenado a muerte, pero se le conmutó la pena; se incorporó al Ejército Republicano el 4 de enero de 1939, y se pasó a filas nacionales al día siguiente.

415. SERRANO SÁNCHEZ, Joaquín
Médico, estuvo preso en la cárcel de Altamira.

416. SERRANO SÁNCHEZ, María
Nacida en Elche el 21 de enero de 1916; detenida junto a su madre, María Sánchez Aznar, el 6 de abril de 1937, estuvo encerrada con ella en el seminario de Alacuás (Valencia), incomunicada durante dos meses junto con una reclusa lesbiana y enferma venérea, y en el convento de Maravillas de Cehegin (Murcia); falleció el 12 de septiembre de 2008.

417. SOGORB, Salvador
Preso en la cárcel de Altamira.

418. SOLER

Maestro, ex director Graduadas; su nombre aparece en el listado de "elementos enemigos de la República que en la actualidad, 2 de octubre de 1936, todavía están en libertad".

419. SOLER AGULLÓ, José María

Nacido en Elche en 1881, de profesión comerciante, fue director del Coro Clavé en 1912; miembro de Derecha Ilicitana, su nombre figura en el listado del Frente Popular, grupo primero; estuvo preso en la cárcel de Altamira, fue asesinado ("paseo") en la carretera de Elche a Alicante el 19 de septiembre de 1936.

420. SOLER OLMOS, Mariano

Nacido en Elche en 1911, fue guardia municipal, miembro del Partido Agrario. Su nombre figura en el listado del Frente Popular, grupo tercero. Asesinado ("paseo") el 5 de noviembre de 1936, no se sabe dónde, ni cómo ni por qué.

421. SOLER RIZO, José

Nacido en Elche en 1873, de profesión amanuense, era miembro de la Derecha Ilicitana; fue detenido por orden del alcalde Manuel Rodríguez el 21 de julio, al parecer por haber sido interventor de las derechas en las elecciones de febrero de 1936.

422. SOLER ROMÁN, Leandro

Nacido en Elche en 1910, empleado, miembro de la J.A.P. y de F.E.T.; figura en las órdenes de detención firmadas por el alcalde Manuel Rodríguez, y en listado del del Frente Popular, grupo primero fue detenido el 5 de agosto, juzgado por el Tribunal Popular de Alicante, condenado a muerte y ejecutado el 4 de octubre de 1936.

423. SOLER ROMÁN, Pascual

Nacido en Elche en 1916, de profesión dependiente, miembro de F.E.T.-J.O.N.S.; según el informe de la Causa General, fue asesinado en el frente de guerra de Levante el 30 de enero de 1939, lo cual no concuerda con el lugar señalado de fallecimiento, el Hospital Militar de Gandía.

424. SOLÍS GONZÁLEZ, Gerardo

Figura en el listado del Frente Popular, grupo primero y en las órdenes de detención firmadas por el alcalde Manuel Rodríguez; fue detenido el 11 de agosto de 1936.

425. SORIA GABALDÓN, Antonio

Nacido en Aspe en 1873, sacerdote, estudió en el Seminario de Orihuela y se licenció en Teología Sagrada en Valencia; cura de la Parroquia de San Juan, elevado nivel cultural, formó parte de la Junta Protectora de la Festa; su nombre figura en el listado del Frente Popular, grupo primero; fue asesinado ("paseo") en la partida de Vallongas el 25 de septiembre de 1936.

426. SURRA DE GARAY, Pablo

Nacido en Madrid, Carabanchel Bajo, en 1916, de profesión empleado, miembro de la J.A.P.; según la Causa General, fue asesinado en el frente de Guadalajara (Alcalá de Henares) al intentar pasarse a filas enemigas el 11 de enero de 1938. Fue enterrado en Elche el 12 de marzo de 1941; en su acta de defunción figura que fue asesinado por los marxistas al intentas pasar a filas nacionales.

427. TARÍ AGULLÓ, Vicente

Preso en la cárcel de Altamira.

428. TARÍ NAVARRO, Andrés

Nacido en Elche en 1901, perito mercantil, abogado, empleado municipal y profesor de instituto; durante la República fue seguidor de Chapaprieta, afiliado a la U.G.T. y a Unión Republicana; por colaborar con Socorro Blanco fue detenido y encerrado en el barco Rita Síster; falleció el 8 de mayo de 1968.

429. TORMO PÉREZ, José

Alias "Caragolet de casa Ferrández", nacido en Elche en 1902, de profesión comerciante, miembro de F.E.T.-J.O.N.S., el 20 de febrero de 1936 recibió "formidable paliza en enfrentamientos callejeros"; su nombre figura en el listado de personas "polizontes al servicio de las derechas, las cuales habrían de actuar como dignos pistoleros" del semanario El Obrero de 5 de abril de 1936. Fue concejal entre abril 1939 y octubre 1940.

430. TORMO PÉREZ, Alfredo

Alias "Caragolet", nacido en Elche en 1902, de profesión oficinista, su nombre figura en el listado de personas "polizontes al servicio de las derechas, las cuales habrían de actuar como dignos pistoleros" del semanario El Obrero de 5 de abril de 1936. Fue detenido y encarcelado en la prisión de Altamira. Falleció el 5 de noviembre de 1996.

431. TORREGROSA, Isabel
Figura en las órdenes de detención firmadas por el alcalde Manuel Rodríguez, fue detenida el 22 de julio de 1936.

432. TORREGROSA BOIX, Gervasio
Nacido en Elche en 1916, hijo de Gervasio y Ángela, estudiante, miembro de Derecha Ilicitana; según su esquela(1943) murió "vilmente asesinado por los mandos de la 10ª Brigada del criminal "Campesino" en el frente de Guadalajara, por Sacecorbo, en los días 11 a 14 de enero de 1938".

433. TORREGROSA PARREÑO, Francisco
Nacido en Elche en 1901, empresario, director de Eléctrica Ilicitana. Su nombre aparece en el listado de "elementos enemigos de la República que en la actualidad, 2 de octubre de 1936, todavía están en libertad".

434. TORREGROSA PARREÑO, Gervasio
El hijo de Casto. Su nombre figura en el listado de personas "polizontes al servicio de las derechas, las cuales habrían de actuar como dignos pistoleros" del semanario El Obrero de 5 de abril de 1936. Preso en la cárcel de Altamira.

435. TORREGROSA SANSANO, Milagros
Nacida en Elche hacia 1893, estaba casada con Pascual Maciá Mojica (asesinado); detenido por orden del alcalde Manuel Rodríguez el 8 de agosto de 1936, presa en la Iglesia de San José. Falleció el 3 de enero de 1949.

436. TORRES GIMÉNEZ, Manuel
Preso en la cárcel de Altamira.

437. TORRES SERRANO, Vicente
Nacido en Elche en 1878, químico, fue profesor en el Colegio Nuestra Señora de la Asunción; en 1923 se alistó al Somatén; miembro de Derecha Ilicitana, detenido por orden del alcalde Manuel Rodríguez el 11 de agosto y asesinado ("paseo") el 18 de octubre de 1936.

438. TREMIÑO BROTONS, Manuel
Nacido en Orán en 1901, era secretario del Jurado Mixto del trabajo rural, el alcalde pidió su destitución por realizar actividades contrarias al régimen. Fue acusado de haber organizado en Elche el partido de Joaquín Cha-

paprieta; después de la guerra fue procesado por pertenecer a la Masonería. Falleció el 8 de julio de 1964.

439. TRIVES PÉREZ, José
Su nombre figura en el listado del Frente Popular, grupo tercero.

440. URBÁN, Manuel
Su nombre aparece las órdenes de detención firmadas por el alcalde Manuel Rodríguez.

441. VALERO AGULLÓ, Jerónimo
Preso en la cárcel de Altamira.

442. VALERO GONZÁLVEZ, José
Detenido por orden del alcalde Manuel Rodríguez

443. VALERO GONZÁLVEZ, Vicente
Detenido por orden del alcalde Manuel Rodríguez

444. VALERO RIZO, Jaime
Nacido en Elche el 7 de abril de 1920, hijo de Jaime y María. Preso en la cárcel de Altamira.

445. VALERO SERRANO, José
Preso en la cárcel de Altamira.

446. VALERO SERRANO, Ramón Ángel
Nacido en Elche hacia 1852, sacristán, preso en la cárcel de Altamira.

447. VERDETE GARCÍA, José
Preso en la cárcel de Altamira.

448. VERDÚ, Vicente
Director del Banco Internacional, su nombre aparece en el listado de "elementos enemigos de la República que en la actualidad, 2 de octubre de 1936, todavía están en libertad".

449. VICENTE MACIÁ, Gertrudis
Presa en la cárcel de Altamira.

450. VICENTE PASTOR, Francisco
Preso en la cárcel de Altamira.

451. VICENTE PASTOR, Manuel
Nacido en Orihuela en 1900, zapatero ("Manolín el sabateret"), militante de Derecha Ilicitana, detenido por orden del alcalde Manuel Rodríguez,

figura en el listado del Frente Popular, grupo segundo; fue detenido al presentarse ante la policía el 22 de julio (unos milicianos habían ido a buscarle a su casa, y al no encontrarle, amenazaron con llevarse a su madre, anciana y ciega); juzgado en el Tribunal Popular de Alicante fue condenado a 12 años de prisión, al repetir el juicio fue condenado a muerte y ejecutado el 4 de octubre de 1936; sus restos, junto a los de su esposa Magdalena Linares Pastor están depositados en una urna situada en el crucero de la basílica de Santa María, habiéndose iniciado su proceso de beatificación.

452. VICENTE SERRANO, Leopoldo

Nacido en Elche en 1901, empresario, miembro de Derecha Ilicitana; fue detenido y encerrado en la prisión de Altamira; se incorporó al Batallón Elche en febrero de 1937; fue fusilado en el frente de Carabanchel (Madrid) el 10 de julio en represalia por haberse pasado unos compañeros a filas nacionales. Enterrado en Elche el 9 de octubre de 1939.

453. VICENTE SERRANO, Matilde

Detenida por orden del alcalde Manuel Rodríguez, era esposa de Antonio Jaén Serrano.

454. VICENTE SERRANO, Ramón

Nacido en Elche en 1894, empresario, miembro de Derecha Ilicitana; asesinado ("paseo") en la carretera de Petrel a Sax el 9 de septiembre de 1936.

455. VIDAL AYMERICH, Emilio

Su nombre figura en el listado del Frente Popular, grupo segundo. Preso en la cárcel de Altamira. Juzgado por el Tribunal Popular de Alicante, resultó absuelto.

456. VIDAL FENOLL, Eliodoro

Nacido en Elche en 1902, empresario de tradición familiar; fue detenido por acudir a un mitin de Gil Robles en Valencia, encarcelado en Altamira y campo de Trabajo de Albatera. Falleció el 28 de junio de 1984.

457. VIVES LLEDÓ, Francisco

Nacido hacia 1989, en el censo de 1934 consta como sacristán; su nombre figura en el listado del Frente Popular, grupo tercero. Preso en la cárcel de Altamira.

BIBLIOGRAFÍA

ABAD GALLEGO, Xoan Carlos.- *Vigueses en "pie de guerra" contra Stalin*. La aportación de Vigo y su comarca a la Division Azul. Boletin del Instituto de Estudios Vigueses, 11:9-91, 2005.

ACTAS MUNICIPALES Ayuntamiento de Elche, A.H.M.E, Legajo a-247.

AFANASIEV, Yuri N.- *La otra guerra: historia y memoria soviética ante la "Gran Guerra Patria"*. Ayer, 22:24-44, 1996.

ALVAREZ BOLADO, Alfonso.- *Para ganar la guerra, para ganar la paz: Iglesia y Guerra Civil, 1936-1939*. Publicaciones de la Universidad Pontificia de Comillas, 1995.

ALVAREZ GARCÍA-BERNARDO, Jorge.- *Breve Historia de la División Azul*. Fundación División Azul, 2017.

APARICIO CABRERA, Abraham.- *Historia económica mundial, 1870-1950*. Economía informa, 382:99-115, 2013.

ARCONADA MANTECA, Miguel.- *Palencia y la División Azul*. Trabajo de Investigación Fin de Curso de Bachillerato Internacional, 2016 (op. cit.)

ATENCIO, Jorge E.- *La teoría del "espacio vital"*. Revista de la Escuela Superior de Guerra, 29(295):273-287, 1951.

AZORIN ORTIZ, Abelardo.-
Diario de la campaña rusa. BlauDivisión 730 y siguientes, 2020.

BERKOWITZ, Alan.- *La División Azul ante el Holocausto*. Ed. Fajardo el Bravo, 2019.

BERGSTRÖM, Christer.- *Operación Barbarroja. La invasión alemana de la Unión Soviética*. Pasado&Presente, 2016. (op. cit. Caballero, 2019)

BIESCAS FERRER, José Antonio. TUÑON DE LARA, Manuel.- *Guerra Mundial y Política Exterior. La División Azul. España bajo la dictadura franquista (1939-1975)*.

En: Tuñón de Lara, M. (Dir.): Historia de España, Vol. X. Ed. Labor, 1980.

BRAVO MARTÍNEZ, Francisco.- *Historia de la Falange Española de las J.O.N.S.* Ediciones Fe, 1940.

CABALLERO JURADO, Carlos.-

    a. *Españoles contra Stalin.* Susaeta, 2016-

    b. *División Azul. Estructura de una fuerza de combate.* Galland Books, 2009.

    c. *La campaña de Rusia., 1941-1945. Nuevas perspectivas.* Galland Books, 2017.

    d. Junio de 1941. *Orígenes de la División Azul en la prensa falangista.*
Ed. Barbarroja, 2018.

    e. *Atlas Ilustrado de la División Azul.* Susaeta, 2009.

    f. *División Azul. La gran Historia.* Defensa, 37, 1981

    g. *La División Azul y los voluntarios europeos contra el comunismo, 1941-1943.*
Galland Books, 2017.

    i. *La campaña de Rusia, 1941-1945. Nuevas perspectivas.* Galland Books, 2017.

    j. *La División Azul. De 1941 a la actualidad.* La Esfera de los libros, 2019.

    k. *La violencia política frentepopulista y los orígenes de la Dvisión Azul.* En: Bullón de Mendoza, Alfonso y Togores, Luis (Eds): *La otra memoria. III. Congreso Internacional sobre la República y la Guerra Civil. Universidad CEU San Pablo.*
Ed. Actas, 2011. l. Junio de 1941. *Orígenes de la División Azul en la prensa falangista.*
Ed. Barbarroja, 2018.

CACERES GARCÍA DE VIEDMA, José Luis.- *Diario de Campaña de un médico de batallón.* La Biblioteca del Guripa, 2017.

CÉSPEDES BARROSO, David. División Azul. Ciudad Real y su provincia. SND, 20923

CHURCHILL, Winston S.- *La Segunda Guerra Mundial. Alemania ataca a Rusia.* vol. 5, Plaza&Janés, 1965.

DAVIES, Norman.- *Europa en guerra, 1939-1945. ¿Quién ganó realmente la II² Guerra Mundial?.* Planeta, 2008.

Diario ARRIBA, *30 octubre 1940.*

DIAZ DE VILLEGAS, José.-

    a. *La División Azul en línea. Acervo,* 2003.

    b. *Una campaña fulminante.* Ejército, 1:35-42, 1940.

DOUSSINAGUE, José M. *España tenía razón.* Espasa Calpe, 1949.

EDELE, Mark. - *Stalin´s defectors: How Red Army soldiers became Hitler´s collaborators,* 1941-1945. Oxford University Press, 2017

ESPINOSA DE LOS MONTEROS Y BERMEJILLO, Hernando, Juan, Gonzalo e Ignacio.- *España en Hendaya. Desmitificación de la famosa entrevista Franco-Hitler, 23 de octubre de 1940.* CIRSA, 1981.

ESPINOSA POVEDA, Arturo.- *Artillero 2º en la Gloriosa División Azul (4 julio 1941-18 abril 1943)*. Fundacion División Azul, 1992.

ESTEBAN INFANTES MARTIN, Emilio.- *La División Azul. Donde Asia empieza.* AHR, 1956.

ESTEVEZ PAYERAS, José Manuel.- *Solo muere el olvidado. El Batallón IIº/ 262 en la campaña de Rusia. 1942-1943.* Actas, 2021.

FERNANDEZ LOPEZ, José Angel.- *La aventura rusa. Voluntarios mirandeses en la División Azul.* Ed. el autor, 2016.

FERRER MIRASOL, Pascual.- *Hijarenses en la División Azul. Ruijar,* Miscelánea del Centro de Estudios Hijaranos-Bajo Martin, IV, 2003.

FUGATE, Bryan. - *Operation Barbarrossa. Strategy and tactics on the Eastern Front, 1941.* Random House Publishing Group, 1984.

GARCÍA GALLUD, Enrique.- *Tiempos de milicia en Possad. Memorias de mi campaña en Rusia.* La Biblioteca del Guripa, 2016.

GARCÍA PINILLA, Ángel.- *La División Azul en sus héroes.* Agora, 2012.

GARCÍA-VALIÑO Y MARCEN, Rafael.- *La Campaña de Rusia. En: Historia de la Segunda Guerra Mundial,* Tomo VI. Ed. Idea, 1958.

GAY, Josep Víctor.- *Els gironins de la División Azul. Revista de Girona,* 215:39-47, 2002.

GIL MARTIN, Ángel Eustaquio.- *División Azul: proyección de la Falange.* BlauDivisión 128, abril 1970.

GLANTZ, David.- *La Batalla de Leningrado. 900 días asediados por la Wehrmacht.* Desperta Ferro Ed., 2018.

35. GONZALEZ, Oscar; SAGARRA, Pablo.- *Lago Ilmen, 1942. La División Azul en la defensa de Staraya Russa.* Ares, extra nº 6.

GONZALEZ GRAS, José.- *Diario de un Sanitario Alicantino.* BlauDivisión 2021.

GRAGERA DIAZ, Francisco; INFANTES REYES, Daniel.- *Rumbo a Rusia. Los voluntarios extremeños de la División Azul.* Raíces, 2010.

GUTIERREZ ESPADA, Cesáreo.- *Los tratados de no agresión y amistad y otros acuerdos secretos (1939-1941) entre Alemania y la Unión Soviética.* Anales de Derecho, 12:501-510, 1994.

HARTMANN, Christian.- *Operación Barbarroja. La guerra alemana en el este, 1941-1945.* La Esfera de los Libros, 2018.

HASTINGS, Max.- *Armagedon. La derrota de Alemania, 1944-1945.* Critica, 2005.

HAUSHOFER, Karl.- *Los fundamentos geográficos de la política exterior. Geopolitica(s),* 3(2):329-336, 212. Original en: Ein Katechismus deutcher Politik, Rev. Süddeutsche Monatshefte, Munich, 1927.

HELFERS, M.C (Lt. Col) U.S. Army. *¡ Asalto ¡ Acciones de combate de pequeñas unidades en el frente del este.* Ed. Salamina, 2019.

HERNANDO ARRIBAS, Luis.- *Trenes hacia el invierno. Burgaleses alistados y fallecidos en la División Azul.* Ed. el autor, 2023.

HITLER, Adolf.- *Mi lucha (Mein Kampf).* Antala, 1984.

IBAÑEZ CAGNA, César.- *La Jura. BlauDivisión*, 386, septiembre 1991.

IGLESIA HERNANDEZ, José Antonio de la; BURGUETE GARCÍA, Daniel.- *Suboficiales españoles en Rusia.* Galland Books, 2015.

ISAEV, Alexei.- *El Heeresgruppe Süd en Ucrania. La batalla de Dubno.* Desperta Ferro, 50:50-58, 2022.

JIMENEZ SOTO, Francisco de Paula.- *Voluntarios de Canarias en la División Azul. Tesis Doctoral*, inédita, Universidad de Las Palmás, 2015.

KACZOROWSKI, Bartosz.- *España ante la invasión alemana y soviética de Polonia en septiembre de 1939.* Cuadernos de Historia Contemporánea, 35:177-192, 2013.

KAY, ALEX J.- *El exterminio de los cautivos del Ejército Rojo.* Desperta Ferro, 56:57-60, 2023.

KEEGAN, John.- *Operación Barbarroja: invasión de Rusia.* Librería Editorial San Martin, 1970.

KLEINFELD, G.R.; TAMBS, L.A.- *La División Española de Hitler. La División Azul en Rusia.* Ed. San Martin, 1983.

KOEHL, Robert Lewis. - *Las SS. El cuerpo de elite del nazismo, 1919-1945.* Crítica, 2014.

KRIVINE, Jean-Michel.- *El Pacto Germano-Soviético: análisis y documentación completa.* https://www.lahaine.org, 2009.

LEGIONES Y FALANGES, nº 1, noviembre 1940.

LÓPEZ-COVARRUBIAS MARTÍN-CARO, Juan Andrés. Toledanos en la División Azul. Entre la memoria y el olvido. Ediciones Covarrubias, 2012

LOPEZ PARREÑO, Javier Luis.- *Recordando. Operación Barbarroja.* BlauDivisión, 482, septiembre, 1999.

LUTHER, Craig.- *Mitte: Brest-Litovsk y los primeros embolsamientos.* Desperta Ferro, 50:35-43, 2022.

MACIÁ RIQUELME, Antonio.- *Alicantinos en el contingente inicial de la División Azul.* BlauDivisión, 753, abril 2022.

MAROTO BARQUERO, Carlos.- *La influencia alemana en el desarrollo de la geopolítica a mediados del siglo XX.* Revista Estudios, 8:57-63, 1989.

MARQUEZ HORRILLO, Fernando.- *Un falangista de filas.* Autoedición, 2004.

MARTÍNEZ BELMONTE, José.- *Con la División Azul en el Ilmen.* Patria (Granada,) 3 noviembre 1942.

MARTÍNEZ DE ORIA, J.- *El espacio vital en la Historia de España.* Legiones y Falanges, 8-9:15-16, 1941.

MARTÍNEZ ESPARZA, José.- *Con la División Azul en Rusia*. Ed. Ejército, 1943.

MARTÍNEZ LEAL, Juan.-

a. *Los socialistas en acción. La II República en Elche (1931-1939)*. Publicaciones Uni versidad de Alicante, 2005.

b. *Elche durante la II República (1931-1936)*. En: Ors Montenegro, Miguel (coord.): Elche, una mirada histórica, Ayuntamiento de Elche, 2006.

McMEEKIN, Sean.- *El Ejército Rojo en 1941*. Desperta Ferro, 50:22-27,2022.

MESTRE, Tomás.- *Tres aniversarios encadenados: de la Iª a la IIª Guerra Mundial....y de una "guerra fría" a otra*. Bajado de la red; sin fecha.

Ministérie des Affaires Etrangers. Documents diplomatiques 1938-1939. Paris, 1939.

MOLINA FRANCO, Lucas; GONZALEZ LOPEZ, Oscar.- *La Invasión de Polonia. Comienza la II Guerra Mundial*. Ares, 70:36-54.

MORENO JULIA, Xavier.-

a. *La División Azul. Sangre Española en Rusia, 1941-1945*. Ed. Crítica, 200

b. *España en la Segunda Guerra Mundial: La División Azul*. IX Congreso de Historia de la Defensa, Instituto Universitario General Gutiérrez Mellado, 2009.

MUÑOZ CESARO, José Santiago.- *Equipo en la División Azul*. BlauDivisión, 343:12-13, 1988.

MUSZINSKY, Wolciech Jerzy.- *Blekitna Dywizja. Ochotnicy hsipanscy na froncie wschodnim. 1941-1945*. Idem in Me, Varsovia, 2022 (op. cit. Caballero 2019)

NAVARRO GARCÍA, Ramón.- *Historia de las Instituciones Sanitarias Nacionales*. Ministerio de Sanidad y Consumo, Instituto de Salud Carlos III, 2010.

NEGREIRA PARETS, Juan José; TORRES GARCÍA, Francisco.- *Casi no tuve tiempo. El Comandante Alemany en la División Azul*. SND Editores, 2021.

NEGREIRA PARETS, Juan José.-

a. *Prietas las filas. División Azul, 1941-1945*. SND Editores, 2022.

b. *La bolsa del Voljov*. García Hispan, 1991.

c. *Los Divisionarios: soldados baleares en la División Azul /1941-1944)*. Lleonard Muntaner, 2011

NUÑEZ SEIXAS, Xose Manuel.-

a. *¿Testigos o encubridores?. La División Azul y el Holocausto de los judíos europeos: entre historia y memoria*. Historia y política, 26:259-290, 2011.

b. *¿Eran los rusos culpables?. Imagen del enemigo y política de ocupación de la División Azul en el frente del Este, 1941-1945*. Hispania, Revista Española de Historia, LXVI:695-750, 2006.

O´BALLANCE, Edgar (Major).- *La División Azul española en la Segunda Guerra Mundial. Ejército*, 303:49-51, 1965. Original en: Royal United Service Institution Journal.

ORIENTE COROMINA, Fernando. Catalanes de la División Azul. Biblioteca del Guripa, 2022.

ORS MONTENEGRO, Miguel.-

    a. *Elche, una ciudad en guerra (1936-1939)*. Ed. Ali i Truc, 2008.

    b. *Elche, una mirada histórica*. Ayuntamiento de Elche, 2006.

    c. *Elche (1900-1949)*. Ed. Ali i Truc. 1998.

    d. *La Prensa Ilicitana, 1836-1980*. Caja de Ahorros Provincial de Alicante, 1985.

ORS MONTENEGRO, Miguel; CASTAÑO BERENGUER, José Vicente.- *180 años de periodismo en Elche, 1836-2016*. Cátedra Pedro Ibarra, UMHE, 2017.

PALACIO PILACÉS, Luis Antonio.- *Tal vez el dia. Aragoneses en la URSS (1937-1977). El exilio y la División Azul*. Ed. Comuniter, Zaragoza, 2013.

PARDO MARTÍNEZ, Serafín. *Un año en la Division Azul*. AF Editores, 2005.

PASCUAL TARONCHER, José María.- *Diario*. BlauDivisión, 727 y siguientes, 2020.

PEREZ MAESTRE, Anselmo.- *La División Azul en Huelva*. Diputación Provincial de Huelva, 2008.

PONS PEON, José Manuel.- Marcelino Gil Martin. *Los padecimientos de una madre*. BlauDivisión, 730, 2020.

POYATO GALAN, Juan Manuel.-

    a. *Bajo el fuego y sobre el hielo. La Sanidad en la campaña de la División Azul*. Actas. 2015.

    b. *Pediatras en el Frente del Este (1941-1943). Cuento de hadas para unos tristes niños rusos*. Ejército, 919:40-47, 2017.

PUENTE FERNÁNDEZ, Jose Manuel. Cántabros en la División Azul, Librucos, 2012.

QUESADA BLANES, Iban.- *Un tast de la prensa il-licitana des de les primeries del segon terç del segle XIX fins a l'actualitat*. La Rella, 27:159-180, 2014.

RAMIREZ COPEIRO DEL VILLAR, Jesus.- *De Huelva a Krasny Bor con la División Azul*. Ed. Niebla, 2023.

RAMOS MOLINA, Manuel.- *Mis 447 días en Rusia*. BlauDivisión 729 y siguientes, 2020.

RATZEL, Frederick.- *Las leyes del crecimiento espacial de los Estados. Una contribución a la Geografía Política científica*. Geopolítica(s), Revista de estudios sobre espacio y poder. Original en: Die Gesetze des räumlichen Wachstums der Staten. Petermanns Geographische Mitteilungen, 42:97-107, 1896.

REESE, Roger R.- *El soldado soviético. Disciplina, motivación, moral*. Desperta Ferro, 56:16-24, 2023.

ROCA AGUSTI, Carmen.- *Russia es culpable. Memória i record de la División Azul*. Pagés editors, 2003.

RODES JUAN, Antonio.- *Elche: Un siglo de Historia Social. En: Cien años de la historia de Elche y de su Caja de Ahorros (1886-1986)*. Caja de Ahorros de Alicante y Murcia, 1986.

RONDIERE, Pierre.- *... Y el mundo contuvo su aliento*. Círculo de Lectores, 1940.

ROSKOSCHEK, Matthias.- *El pacto de no-agresión germano-soviético del 23 de agosto de 1939 y la historiografía occidental no marxista*. Baetica, Estudios de Arte, Geografía e Historia, 10:425-443, 1987

ROYUELA CRISTOBAL, José Luis.- *Mi Diario en la División Azul*. BlauDivisión, 754 y siguientes, mayo, 2022.

RUEDA CUENCA, Jesús Antonio.-

    a. *La Dictadura de Primo de Rivera en Elche (1923-1930)*. Círculo Rojo, 20

    b. *La familia de Dositeo Climent*. Cátedra Pedro Ibarra, 2019.

    c. *Memorias del viaje a Rusia del Oficial Médico de la 1ª Escuadrilla Azul, José Luis Alvarez-Sala Morís*. BlauDivisión 740 y siguientes. 2021.

SAGARRA RENEDO, Pablo Lope.- *Capellanes en la División Azul. Los últimos cruzados*. Actas, 2012.

SALVADOR ESPESO, Tomás.- *División 250*. Plaza&Janés, 1973.

SÁNCHEZ DE LAS MATAS MARTIN, María.- *El punto de vista soviético sobre el pacto Mólotov-Ribbentrop*. Rev. Reflexiones, 86(I):179-195, 2007.

SÁNCHEZ DIANA, José María.- *Cabeza de Puente. Diario de un soldado de Hitler*. García Hispan, 1989.

SANTAMARÍA DIEZ, Jacinto.- *Con la 1ª de Antitanques*. La Biblioteca del Guripa, 2020.

SERRANO SUÑER, Ramón.-

    a. *Entre Hendaya y Gibraltar*. EPESA, 1947.

    b. *Memorias.-* Planeta, 1977

SHIRER, William L.- *Auge y caída del Tercer Reich*. Luis de Caralt, 1963.

SNYDER, Timothy.- *Tierras de sangre. Europa entre Hitler y Stalin*. Circulo de Lectores, 2011.

TOGORES SÁNCHEZ Luis Enrique.- *Franco frente a Hitler*. La Esfera de los Libros, 2020.

TORRES GARCIA, Francisco.-

    a. *El nacimiento de la División Azul*. Historia y Vida, 285, 1991 (op. cit)

    b. *Soldados de Hierro. Los voluntarios de la División Azul*. Ed. Actas, 2014.

UZ, Avelino de la.- *Del diario de un voluntario de la División Azul*. BlauDivisión, 454 y siguientes, 1997-1998.

.VADILLO ORTIZ DE GUZMAN, Fernando.-

    a. *A orillas del Voljov*. Marte, 1971.

    b. *Arrabales de Leningrado*, Marte, 1971

c. *Y lucharon en Krasny Bor*. Marte, 1971.

VICIANA MARTÍNEZ-LAGE, Alfonso. 700. Los almerienses de la División Azul. Instituto de Estudios Almerienses, 2018.

VIDAL Y GADEA, José Antonio.- *Breves notas sobre la División Azul*. García Hispan, 1991.

*Este libro se terminó de imprimir en los
talleres de gráficas Azorín
el día 23 de abril de 2024,
festividad de San Jorge,
Día Internacional del Libro.*